Anna A. Berman

•

Siblings in Tolstoy and Dostoevsky

The Path to Universal Brotherhood

Northwestern University Press

Evanston, Illinois

2015

Анна А. Берман

•

Братья и сестры у Толстого и Достоевского

Путь ко всеобщему братству

Academic Studies Press
Библиороссика
Бостон / Санкт-Петербург
2024

УДК 82.02
ББК 83.3(2Рос=Рус)
Б50

Перевод с английского Надежды Ефимовой

Серийное оформление и оформление обложки Ивана Граве

Берман А. А.

Б50 Братья и сестры у Толстого и Достоевского. Путь ко всеобщему братству / Анна А. Берман ; [пер. с англ. Н. Ефимовой]. — СПб.: Academic Studies Press / Библиороссика, 2024. — 318 с. — (Серия «Современная западная русистика» = «Contemporary Western Rusistika»).

ISBN 979-8-887197-02-9 (Academic Studies Press)
ISBN 978-5-907767-87-4 (Библиороссика)

В книге Анны А. Берман раскрывается значение братства в произведениях Л. Н. Толстого и Ф. М. Достоевского. В исследовательской литературе, посвященной их романам, психология отношений между героями изучалась преимущественно сквозь призму эротической любви у Толстого и конфликта поколений у Достоевского. Внимательно читая главные романы писателей, Берман показывает изображение отношений братьев и сестер как стабилизирующую силу, противостоящую и непредсказуемым, часто разрушительным проявлениям романтического влечения, и строгой патриархальной структуре поколений. Прослеживая творческую эволюцию каждого из писателей, в которой темы отношений внутри семьи постепенно замещаются размышлениями о всеобщем братстве, Берман доказывает, что оба автора приходят к схожему заключению: Толстой и Достоевский принимают братскую любовь как идеальную модель всех человеческих отношений.

УДК 82.02
ББК 83.3(2Рос=Рус)

ISBN 979-8-887197-02-9
ISBN 978-5-907767-87-4

Благодарности

Глубочайшую признательность я выражаю Кэрил Эмерсон — советнику, наставнику, коллеге, близкому другу, спутнице и «единомышленнице в этих делах». Не раз за последние восемь лет за чашкой имбирного чая мы обсуждали и сражались по поводу каждой идеи этой книги, и ее мысли навечно сформировали мои взгляды на Толстого, Достоевского и семью. Мне посчастливилось найти второго наставника вне области славистики, Джулиет Митчелл, чья работа помогла мне взглянуть на неочевидные грани изучения темы братьев и сестер. Джулиет не только мудра, но щедро делится своей мудростью, и я благодарна за часы, проведенные ею за чтением моей работы и за обсуждением общечеловеческих проблем, поднимаемых Толстым и Достоевским при рассмотрении идеи братства.

Эта книга основана на докторской диссертации, написанной мной в Принстонском университете, и я благодарю всех преподавателей, которые поддержали меня и помогли сформироваться как ученому: Ольге Хейсти, Эллен Чансез, Ксане Бланк и особенно Майклу Уочтелу за неизменное возвращение моего внимания от глобальных вопросов к уровню слова. Корни этого проекта выходят за пределы Принстона. Я благодарю моих университетских преподавателей Светлану Евдокимову и Линн Дебенедетт за то, что они вдохновили меня остаться в области славистики. Неподдельный интерес Светланы к моей дипломной работе о братьях и сестрах в «Войне и мире» подтолкнул меня к выбору этого пути. Диана Томпсон ввела меня в мир Достоевского во время подготовки магистерской диссертации и подкрепила мое понимание положительной роли братьев и сестер в его произведениях.

Поскольку идеи этой книги формировались в течение многих лет, я многим обязана вопросам, предложениям и рекомендациям различных исследователей русской литературы. Их теплота, подлинный интерес и забота не только помогли мне отшлифовать свои идеи, но и позволили ощутить себя частью семьи единомышленников в лучшем толстовском смысле. Из поколения моих менторов особую благодарность я адресую Донне Орвин, Робин Миллер, Гэри Солу Морсону и Джейн Таубман. Благодарю своих «братьев и сестер», своих коллег-ученых: Грету Матцнер-Гор, Тома Робертса, Кристин Данбар и особенно Юрия Корригана — в интеллектуальном смысле родственную душу. Этот проект был завершен в Университете Макгилла, где я ощущала тепло и поддержку Люси Партс и Лоры Берахи. Вне области славистики я выражаю признательность Мэри Кун, Амелии Ворсли, Мэтью Биркхолду и Элизе Боннер за их неослабевающий интерес к моей работе и неустанную готовность говорить со мной о русской литературе XIX века. И попутно мои друзья-«троглодиты» поддерживали дух веселья в ней.

Помимо больших идей много невидимого труда вкладывается в создание книги. Студентка Виктория Вайсброт, моя ассистентка в исследованиях в Университете Макгилла, оказала мне неоценимую помощь. Она научилась потрясающе ориентироваться в Полном собрании сочинений Толстого, и ее скрупулезная работа (всегда с неизменной улыбкой!) сэкономила мне бессчетные часы. Я также глубоко признательна сотрудникам редакции Northwestern University Press за их неустанные усилия сделать эту книгу единым целым.

И наконец, я никогда бы не взялась за этот проект, если бы не моя семья. Мне не хватает слов, чтобы поблагодарить моих родителей за создание идиллической «ростовской» семейной атмосферы, благодаря которой я вижу семью как главный источник любви и поддержки. Возможно, самой большой проблемой для меня при написании данной книги было преодоление этого чересчур идиллического взгляда. И если бы Джош не был идеальным братом, возможно, я никогда бы не осознала ключевого значения связи между братьями и сестрами. Эта книга посвящается ему.

Введение

Как вспоминает в своих мемуарах Толстой, когда ему было пять лет, его брат Николенька заявил, что владеет тайной, «посредством которой... все люди сделаются счастливыми... никто ни на кого не будет сердиться и все будут любить друг друга, все сделаются муравейными братьями» [Толстой 1928–1959, 34: 386][1]. Толстой объясняет, что они с братьями даже устроили «игру в муравейные братья», которая заключалась в том, что они садились под стульями, загородившись ящиками и завесившись платками, «и сидели там в темноте, прижимаясь друг к другу» [Там же]. Этот образ братского единения и любви запал столь глубоко, что на восьмом десятке Толстой писал: «Идеал муравейных братьев, льнущих любовно друг к другу, только не под двумя креслами, завешанными платками, а под всем небесным сводом всех людей мира, остался для меня тот же» [Там же: 387]. Почти каждый биограф Толстого упоминает «муравейных братьев», но никто не исследовал влияние этой опоры на братскую привязанность на философскую мысль Толстого[2]. Как явствует из этой

---

1 Все ссылки на Толстого относятся к Полному собранию сочинений (Юбилейное издание) [Толстой 1928–1959]. Многоточия, которых не было в оригинальных цитатах, заключены в угловые скобки. Николай явно подслушал разговор о христианской конфессии под названием «Моравские братья», а поскольку их название созвучно русскому слову «муравей», он, скорее всего, перепутал это с тем, что слышал о масонах и об их стремлении объединить человечество универсальной мудростью.

2 Гэри Р. Ян утверждает, что чувство братьев-муравьев, «кажется, олицетворяет истинное и полное значение слова “братство” для Толстого, но он ограничивается этим и рассматривает в произведениях Толстого только “братство”», а не братьев и сестер. См. [Jahn 1996: 71].

цитаты, путь к вселенскому братству он видел в расширении границ чувства любви, связывавшей его с братьями и сестрой, до всего человечества. Использование реальной связи между братьями и сестрами в качестве модели братства окажет огромное влияние на мировоззрение Толстого и на его подход к описанию семьи и человеческих взаимоотношений в целом.

В творчестве Достоевского самый известный призыв к братству также основывается на модели реальной связи между братьями и сестрами. В финальной сцене «Братьев Карамазовых» Алеша произносит «речь у камня» перед двенадцатью мальчиками, только что побывавшими на похоронах «бедного мальчика, в которого прежде бросали камни», а потом полюбили [Достоевский 1972–1990, 15: 195][3]. Алешина речь, призывающая мальчиков запомнить этот момент и чувство нежности друг к другу, почти слово в слово совпадает с речью из предыдущего романа Достоевского, где ее произносит не модель для подражания перед своими молодыми последователями, а сестра перед братом. В «Подростке» Достоевский развивает идеи активной любви и единения, описывая брата и сестру, выросших порознь, без общей семейной основы; в «Братьях Карамазовых» он расширяет эту концепцию до общечеловеческой семьи. В обоих произведениях путь к единству, будь то между биологическими братьями и сестрами или группой мальчиков, — нелегок. Учитывая присущие братским отношениям огромные возможности единения и сострадания и глубочайшие опасности ревности, соперничества и отвержения, именно они становятся тем полем боя, на котором Достоевский ведет борьбу за утверждение деятельной любви и верности.

В этой книге исследуются братские отношения как поле боя и модель для заветных идеалов, как область ниспровержения и утверждения тех форм любви и единения, которые были наиболее дороги Достоевскому и Толстому.

Исследования семьи в русской литературе распадаются на две крупные категории, связанные с двумя ключевыми темами евро-

---

[3] Все ссылки на произведения Достоевского даны по: Достоевский Ф. М. Полн. собр. соч.: в 30 т. Л.: Наука, 1972–1990 [Достоевский 1972–1990].

пейского романа. Первая сосредоточена на сюжете брака, с акцентом на роль женщины, материнство и опасности эротической любви. Вторая категория уделяет внимание конфликту поколений, акцентируя патриархальный уклад и разлад в отношениях между родителями и детьми. В традиционном понимании творчество Толстого относится к первой категории («Анна Каренин» как русская «Мадам Бовари»), а Достоевского — ко второй («Братья Карамазовы» как эдиповская сага об отцеубийстве)[4]. Эти модели не учитывают горизонтальных кровных связей между братьями и сестрами, населяющими литературные миры Толстого и Достоевского[5]. Выходя за рамки этих традиционных подходов с упором на романтические отношения и конфликт поколений, я рассматриваю труды Толстого и Достоевского через призму отношений братьев и сестер. При таком взгляде внимание фокусируется не только на внутрисемейной любви, которая может служить позитивной и более терпеливой альтернативой эротическому желанию, но и на горизонтальной оси связей между поколениями, которые становятся противовесом нарушенным иерархическим отношениям между родителями и детьми. Раскрывая альтернативные структуры силы и взаимосвязи, такой подход открывает новый способ понимания любви и родства в романах Толстого и Достоевского.

---

4 Симптоматичным примером этого является «Кембриджский компаньон к Толстому» под редакцией Донны Туссинг Орвин, где семья рассматривается в главе Эдвины Круз «Женщины, сексуальность и семья у Толстого» [Cruise 2002]. Центральный ее вопрос — это противоречие между сексуальностью и материнством при создании толстовских героинь, что сводит семью к идее брака и воспитания детей. Напротив, в «Кембриджском компаньоне к Достоевскому» под редакцией У. Дж. Лезербарроу глава Сюзанны Фуссо «Достоевский и семья» [Fusso 2002] посвящена главным образом вертикальным отношениям между отцами и детьми и связанной с ними идее Достоевского о «случайной семье».

5 Недавно опубликованный сборник «Мысль семейная в русской литературе» содержит обзор трактовки семьи в русской литературе и критике, но мало упоминает о братских узах. Вступительная статья включает «тему внутрисемейных отношений между детьми» в число пяти важных семейных тем в русской литературе, но не развивает ее. Как отмечает автор, идея семьи, как правило, сводится к идее супружеских отношений [Строганова 2008: 18].

Я считаю, что Толстой и Достоевский видят в братских связях не только семейный аспект; в их произведениях они выступают моделью общечеловеческих отношений. Для обоих писателей расхождение социального, биологического, юридического и духовного подходов к определению братской связи открывает возможность рассмотреть эти отношения на примерах тесной связи двух кровных братьев, выросших в одном доме, отстраненных отношений при отсутствии всякой общности, кроме общих предков, а также двух чужаков, которых ничто не связывает, кроме общей уверенности, что они дети человечества. Основная мысль этой книги состоит в том, что Толстой и Достоевский основываются на своих идеях развития реальных братских отношений и приходят к идеалам всеобщего братства[6]. Неизменно уделяя внимание тому, как абстрактные философские концепции проявляются в реальной жизни, оба автора используют братьев и сестер — сначала реальных, потом метафорических — как вехи на пути к своим идеям о братстве[7]. В этой книге прослеживается эволюция подходов Толстого и Достоевского к описанию конкретных отношений братьев и сестер в ранних произведениях, через попытки вывести понятие братства за пределы непосредственно семьи и, наконец, к их видению всеобщего братства в поздних романах.

Связь братьев и сестер идеально подходит для соединения столь различных отношений, поскольку она может быть социальным конструктом, равно как и биологической или юридической общностью[8]. В наиболее узком понимании братство возни-

---

[6] Используя этот термин, я не стремлюсь проводить различие между отношениями братьев и родственными узами сестер. Идеал Толстого и Достоевского включал как мужчин, так и женщин.

[7] Несмотря на общее лингвистическое происхождение концепции братства и буквального братского родства, они редко исследуются вместе. В книге «Лев Толстой и концепция братства» [Donskov, Woodsworth 1996] братья и сестры почти не упоминаются.

[8] История братских отношений — относительно новая область. Книга Леоноры Давидофф «Гуще воды» [Davidoff 2012] дает превосходный обзор темы, а также подробный анализ английского братства в течение долгого XIX века. Для России XIX века не существует сопоставимой социальной истории братских отношений и семьи.

кает в результате биологического родства — единых генов и крови — либо юридических актов, таких как усыновление или брак, благодаря которым появляются приемные и сводные братья и сестры[9]. Однако в России XIX века родство понималось более широко и семейные связи нередко основывались скорее на действиях и поведении, на отношении как к родственникам, а не на кровном родстве [Tovrov 1987: 66–108]. Братьями и сестрами могли считаться люди, выросшие под одной крышей или воспитанные одними родителями.

Многие концепции братских отношений выводят их за пределы семьи (как бы широко она ни определялась). Связывать людей могут поступки; пролитие крови и обмен ею может сделать людей братьями, как в знаменитой речи Генриха V (в одноименной пьесе Шекспира): «О нас, о горсточке счастливцев, братьев. / Тот, кто сегодня кровь со мной прольет, / Мне станет братом» [Шекспир 1959, 5: 453]. В XIX веке появилось много сообществ, члены которых становились «братьями и сестрами» (масоны, братство прерафаэлитов, сенсимонисты и др.). С расцветом национализма набирают силу идеи братства по национальному и этническому признаку; в семье Левиных в конце «Анны Карениной» рассуждают о том, когда русские отправятся воевать — на помощь «братьям славянам» в Сербии. Наконец, многие религиозные ордена призывают к духовному братству (например, монахов и монахинь называют братьями и сестрами). В отличие от других семейных отношений, каждый имеет возможность стать братом или сестрой этих общественных структур.

В английском (как и в немецком) языке есть одно слово — siblings, — значение которого включает понятия как братьев, так и сестер, но в русском и французском единого термина нет, и для этих категорий имеются лишь отдельные слова. Хотя нередко я буду говорить об отношениях братьев и сестер как о едином концепте, роли сестер и братьев в разные исторические периоды и в разных культурах четко разграничены. В Европе XIX века

---

[9] В некоторых культурах младенцы, вскормленные одной кормилицей, становятся «молочными братьями».

братья были иерархически выше сестер, и от сестер ожидалось жертвенное отношение к братьям (модель, действующая для роли женщины в целом). Во многих культурах в высших слоях общества сестры воспитывались дома и в тесном контакте друг с другом, а братьев отправляли учиться вне дома, где у них завязывались братские отношения с более широким кругом сверстников. И Толстому, и Достоевскому эти различия были знакомы, и их отношение к братьям и сестрам открывает их глубинные взгляды на роли мужчин и женщин. В поздних произведениях Толстой стремился уйти от гендерных различий, включая и мужчин, и женщин в бесполое братство.

Невидимые братья и сестры

Может показаться удивительным, что в рамках исследований литературной традиции, которая породила и «Братьев Карамазовых», и «Трех сестер», до сих пор не было написано книги о братьях и сестрах. Однако ее отсутствие вполне вписывается в более широкую модель недостаточного внимания к теме братских отношений в различных областях знания[10]. В психологии братья и сестры заняли место рядом с родителями в связи с формированием понимания семейной системы и развития идентичности только в 1980-х годах[11]. Создавая концепцию психоанализа, Зигмунд Фрейд много писал о долгосрочном влиянии отношений человека с отцом и матерью, почти не говоря о братьях и сестрах. В них он видел соперников, и немногие упоминания о них почти исключительно сосредоточены на отрицательных сторонах братских связей[12]. Только в 2000 году Джулиет Митчел

---

[10] Давидофф дает краткий, но всеобъемлющий обзор как недостаточного внимания, так и недавних усилий по исследованию этой темы в различных областях. См. [Davidoff 2012: 13–45].

[11] Обзор психологических исследований темы братьев и сестер до 1982 года смотрите в [Bank, Kahn 1982: 5–9]. Обсуждение отсутствия научных исследований братских отношений см. [Akhtar, Kramer 1999: 4; Coles 2003: 2; Frenchel 2003: 5].

[12] См., например, [Фрейд 2020a: 209].

опубликовала первую книгу, где была предпринята попытка уделить братьям и сестрам место в теории психоанализа [Mitchell 2000][13]. Она утверждает, что «главным [новым] положением является введение в теорию психоанализа понятия латеральности — именно горизонтальные, не вертикальные отношения как угрожают личности, так и укрепляют ее» [Ibid.: 318–319]. Митчелл отслеживает смещение фокуса в теории психоанализа XX века «от роли отца к роли матери» [Mitchell 2003: 49].

Это смещение может быть связано с упадком патриархального уклада, поскольку детей стали воспринимать скорее как принадлежность матери, а не отца, и оба родителя начали играть равные роли авторитетных фигур. Митчелл утверждает, что роль матери, ускользнувшая от внимания, — это роль законодателя. «Материнский закон» существует параллельно отцовскому, но действует между детьми латерально, предписывая им не убивать друг друга и не совершать инцест [Ibid.: 43]. Этот закон помогает сформировать отношения между братьями и сестрами, превращая ненависть из-за того, что кто-то занял твое место, в любовь к тому, кто похож на тебя, но не идентичен тебе. Я согласна с предупреждением Митчелл о том, что фокус на горизонтальном никоим образом не означает сброса со счетов важности вертикальных отношений между ребенком и родителем, а, скорее, позволяет усилить и расширить образ, который мы создали, основываясь только на них.

Идя по следам психологии и психоанализа, литературоведческие исследования не скоро обратились к братьям и сестрам. Как отмечалось выше, традиционные исследования семейного романа были сосредоточены на супружеских отношениях и связях между родителями и детьми в ущерб братьям и сестрам[14]. Теоре-

---

[13] Митчелл продолжила исследование в [Mitchell 2003].

[14] Например, исследуя изображение семьи во французских романах XVIII века, Линн Хант описывает две категории семейных неурядиц: романы, написанные женщинами, в которых основное внимание уделяется жестоким мужьям, и романы, написанные мужчинами, в которых основное внимание уделяется отцам-тиранам и мятежным сыновьям [Hunt 1992: 23].

тики романа как жанра внесли свою лепту в акцент на патриархальность. Приведу только два ярких примера: Питер Брукс называет отцовство «доминирующим мотивом в великой традиции романа XIX века... фундаментальным воплощением ее сосредоточенности на авторитете, законности, конфликте поколений и передаче мудрости» [Brooks 1984: 63]. Эдвард Саид связывает эту озабоченность патриархальностью с самим процессом художественного творчества, указывая на «отцовскую роль романа — в отношении автора, отца, порождающего иную реальность» [Said 1975: 152]. Как кратко резюмировал один критик, «Саид утверждает, что роман рождается из заботы о генеалогии и притязаний на патриархальность» [Kilroy 2007: 24].

Поскольку теории романа были сосредоточены на патриархальном укладе, неудивительно, что на братьев и сестер в этих романах стали обращать внимание только в последние двадцать пять лет. Больше всего внимания им уделялось в английском литературоведении, упоминания о них во французских и немецких исследованиях редки. Эти исследования в основном сосредоточены на отношениях отдельных пар братьев и сестер и акцентируют более сенсационные аспекты любви и сексуальности[15]. Наибольшее внимание уделялось инцесту, прежде всего в романтической и готической литературе[16]. Некоторые модели, найденные мной у Толстого и Достоевского, были подмечены и в британской литературе: например, связь между братьями и сестрами как модель для романтических отношений, или сестры, прино-

---

15 См., например, [Bernard et al. 2010; Bouchenafa 2004; Brown 2003; Cohen 1995; Gruner 1993; Hudson 1992; Levin 1992; May 2001; Sanders 2002].

16 Известным примером является книга Отто Ранка «Тема инцеста в литературе и легенде: основы психологии литературного творчества» [Rank 1992], вторая половина которой полностью посвящена братьям и сестрам. Полезный обзор темы кровосмешения между братьями и сестрами в европейской романтической литературе предложен Питером Л. Торслевом [Thorslev 1965]. Алан Ричардсон отмечает различие между изображением кровосмешения между братьями и сестрами в готической литературе, где это обычно происходит непреднамеренно и совершается между людьми, которые были разлучены при рождении, и в английской романтической поэзии, где влечение проистекает из общего прошлого. См. [Richardson 1985: 739].

сящие себя в жертву братьям. Мне нигде не встречалось мое ключевое положение — что конкретные отношения между братьями и сестрами являются моделью для более абстрактной идеи вселенского братства. Толстой и Достоевский усовершенствовали свои английские модели и привнесли больший философский потенциал в описания связи братьев и сестер. Помимо углубления нашего понимания их произведений, я преследую и вторую цель — выяснить, что их описания отношений между братьями и сестрами могут сказать нам об этих отношениях и об их литературной, политической, социальной и духовной значимости во второй половине XIX века.

Братские отношения и семья у Толстого и Достоевского

Традиционно у человека в жизни бывает две семьи, кровная и супружеская: семья, где он вырастает, и новая семья, создаваемая им в браке. Для Толстого и, в меньшей степени, для Достоевского кровная семья прежде всего определяется отношениям с братьями и сестрами, а не с родителями. Эта первая «семья братьев и сестер» связана с детством и невинностью, не осложнена сексуальными страстями и взрослыми заботами. В жизни Толстого и Достоевского братья и сестры были одним из самых стабильных источников любви, товарищества и поддержки. Воспитываясь в семейном поместье Ясная Поляна, Толстой был младшим из четырех братьев, у них была младшая сестра. Его мать умерла, когда Толстому не исполнилось и двух лет, а отца не стало, когда будущему писателю было девять; пятеро детей остались сиротами. Из-за этого отношения Толстого с братьями и сестрой оказались в ряду наиболее значимых в его жизни и помогли сформировать его взгляд на семью и человеческие взаимоотношения в целом[17]. Лишившись родителей, дети не соревновались между собой за родительское внимание, и дух

[17] Детские отношения Толстого с его братьями и сестрами описаны в [Гусев 1927а: 57–59, 66–68; Maude 2008: 27–29; Simmons 1960: 20–30].

соперничества среди них не был силен[18]. Горизонтальные связи заменили вертикальные, став основным каркасом семьи.

Достоевский был вторым из семерых детей и провел первые тринадцать лет дома с семьей[19]. Из-за своего вспыльчивого и властного отца мальчик рано понял, чем опасен деспотичный патриарх[20]. Достоевский и его старший брат Михаил были вместе отправлены в Инженерный институт в Санкт-Петербурге (во время обучения в котором их родители умерли), и Михаил остался одной из самых значимых фигур в жизни Достоевского. Возможно, под влиянием личного опыта Толстой и Достоевский сделали отношения между братьями и сестрами магистральной темой в описании семей своих героев, у которых родители либо отсутствуют, либо играют второстепенную роль.

Несмотря на выдающуюся роль братьев и сестер в творчестве Толстого и Достоевского, ни один из этих писателей не делает никаких заявлений о сущности связи между братьями и сестрами и не указывает, какой она должна быть. Хотя произведения Толстого полны поучительных рассуждений о разных формах любви — супружеской, материнской, самоотверженной, патриотической, христианской, божественной, — насколько мне известно, он никогда не делал прямых теоретических утверждений о братской любви. Их отсутствие у автора, который все детально анализировал (и чьи крупнейшие произведения неизменно включают в себя значимые братские отношения), просто пора-

---

[18] В наиболее полном на сегодняшний день психологическом исследовании братьев и сестер Бэнк и Кан обсуждают решающую роль родителей в определении отношений между братьями и сестрами. См. [Bank, Kahn 1982: 56–59]. Они отмечают, что «в большинстве семей есть только один человек, который может занимать определенное психологическое пространство в семье в каждый момент времени», и что родители стремятся проводить различие между братьями и сестрами, ограничивая каждого уникальной ролью [Ibid.: 23]. Фрэнк Дж. Саллоуэй предлагает дарвиновское объяснение различению между братьями и сестрами и поиску ниши в семье как способа максимизировать родительское внимание. См. [Sulloway 1996: 83–100].

[19] Детский опыт Достоевского подробно описан Джозефом Франком в [Frank 1976: 23–41].

[20] См. [Гроссман 1962: 9–28; Frank 1976: 38–41].

зительно. Я считаю, что Толстой неоднократно пытался дать определения супружеской и божественной любви, потому что его представления о них были парадоксальны и противоречивы, а концепция братских отношений не вызывала у него сомнений, и, следовательно, давать им определение не было необходимости. Аналогично, Достоевский подробно писал в «Дневнике писателя» о роли родителей и их отношений с детьми, но и он тоже не делал открытых заявлений о братских отношениях, о том, как они дожны выглядеть и ощущаться. В «Дневнике писателя» он обращается к отцам, но никогда — к братьям. При отсутствии декларативных заявлений о ви́дении писателями реальных братских отношений мы вынуждены составлять представление о них на основе художественных описаний этих отношений в их произведениях (об этом в основном в первой и второй главах).

Я вижу в представлениях Толстого и Достоевского четыре определяющих характеристики братской связи, которые в совокупности позволяют отличить ее от других видов отношений. Во-первых, хотя она и последовательна, но горизонтальна, что допускает определенное равенство, невозможное в отношениях между поколениями. Во-вторых, она лишена сексуальности, что позволяет исключить опасность и нестабильность, которые ассоциировались у обоих писателей с эротическим желанием. В-третьих, она безусловна (то есть ее не выбирают и от нее не отказываются), чем отличается от дружбы, которая может быть построена и разрушена. И наконец, братские отношения включают в себя *своих* людей — по-русски «родных». В русском языке существует противопоставление «свой» — «чужой», что гораздо сильнее, чем просто «другой», ибо подразумевает нечто инородное, чуждое, и, возможно, внушающее подозрение. Благодаря общей крови, имени, дому и/или отношениям братья и сестры занимают особенно близкое к человеку место. Кровные братские связи внутри семьи, которые усиливают чувство горизонтальной близости между *своими*, становятся, для обоих авторов, основой идеалов любящей и поддерживающей семьи, которая, в свою очередь, может стать основой идеального общества.

Может показаться, что эта книга слишком идиллически описывает отношения братьев и сестер, но я полагаю, что взгляд Толстого и Достоевского на эти отношения оправдывает такой подход. Именно любви они по умолчанию ждут от братьев и сестер, хотя их герои не всегда живут по этому принципу. Даже если героям не удается воплотить в жизнь свои взгляды на долг брата или сестры, ни один из писателей не ставит под вопрос, какую роль братья и сестры *должны* играть.

Так, Левин укоряет себя за свою неспособность чувствовать ту привязанность к своему сводному брату Кознышеву, которую он хотел бы иметь и ожидает от себя, — несмотря на очевидное отношение как самого Левина, так и его создателя Льва Толстого к Кознышеву как к далеко не самому привлекательному человеку. В любящем клане Ростовых неспособность Веры сблизиться с братьями и сестрами вызывает удивление. Утверждение, в свое оправдание, Ивана Карамазова о том, что он не обязан оставаться в городе и присматривать за братом Дмитрием, раскрывает его глубинное убеждение в том, что это именно та роль, которую брат *должен* играть. Дуня не считает, что идет на крайности, когда предлагает Раскольникову свою жизнь, если она ему понадобится (да и его это предложение не удивляет).

Хотя я акцентирую аспекты сходства во взглядах Толстого и Достоевского, в произведениях которых семейные связи занимают центральное место, их концепции семьи во многих отношениях радикально противоположны[21]. Тепло, безмятежность и единение семей Щербацких и Ростовых едва ли имеют что-либо общее с надрывом и тревогой в домах Версиловых и Карамазовых, помимо названия «семья»[22]. В действительности «случайные семейства» у Достоевского были отчасти задуманы в противовес идиллическому ви́дению семьи у Толстого, об этом

---

[21] Как отметила Донна Тассинг Орвин, Толстого и Достоевского (а также Тургенева в ее исследовании) связывают волнующие их вопросы, «но не конкретные решения этих проблем, которые часто расходились» [Орвин 2022: 15].

[22] Г. М. Фридлендер, однако, отмечает, что семьи у Толстого на самом деле не столь гармоничны. Он предполагает, что в семьях Толстого и Достоевского больше общего, чем мы часто признаем [Фридлендер 1985: 212–213].

я подробнее пишу в четвертой главе. Эти разительные противоречия приводят к различным формам отношений между братьями и сестрами в творчестве обоих писателей. Для Толстого эта связь основана на теплых детских воспоминаниях и времени, проведенном в непосредственной близости друг к другу, — пассивное накопление, дающее близкое знание скрытых сторон человеческого характера. Любовь между братьями и сестрами возникает из этой близости. Для братьев и сестер Достоевского из неблагополучных семей, выросших порознь и зачастую в большой нужде, братское единство зависит от «деятельной любви» и осознания общей доли. Братские отношения персонажей Достоевского переживают больше разрывов и тягот, но способность героев преодолеть эти испытания подтверждает стойкость и мощь, которую он видел в братских отношениях.

Сравнивая взгляды Толстого и Достоевского на братские связи, я основываюсь на долгой традиции противопоставления этих двух писателей. Критики традиционно определяют их в контексте оппозиций: один был выходцем из дворянских кругов, описывавшим жизнь в сельском поместье; другой был горожанином, который описывал жизнь в убогих жилищах Санкт-Петербурга[23]. Один был переполнен чувством вины за свою привилегированность и идеализировал жизнь простого крестьянина; другой жил среди таких «простых крестьян» в сибирском остроге и понимал как животную, так и божественную стороны сущности русского человека. Один смотрел в прошлое, другой — в будущее. Среди писателей русского Серебряного века Д. С. Мережковский, возможно, наиболее знаменит тем, что создал дихотомию Толстого как тайновидца плоти и Достоевского как тайновидца духа [Мережковский 2000][24]. Исследование Джорджа

---

[23] См., например, [Фридлендер 1985: 198–250, особенно 208–212]. Орвин одновременно сопоставляет и противопоставляет одно другому. Ее исследование детства выявляет больше сходства между ними, особенно их зависимость от Диккенса. См. [Орвин 2022: 248–280].

[24] Аналогичным образом Бердяев полагал, что Достоевский озабочен духовной сферой, тогда как Толстой «пребывает в душевно-телесном» [Бердяев 2016: 323].

Стайнера «Толстой и Достоевский» [Steiner 1996] определило это противопоставление для англоязычных читателей[25]. Для настоящей работы особенно важно его положение о том, что герои Толстого приходят на Землю за спасением, тогда как для Достоевского царство Божие на Земле невозможно [Ibid.: 93, 257–264]. Хотя эти полюса не являются определяющими, они дают ценную базу, поскольку они предопределяют подход обоих писателей к теме братства. В «Воскресении» Нехлюдов отправляется в Сибирь, чтобы служить своим братьям, страдающим в гнетущей тюремной системе. Цель здесь — братский союз на Земле. Для персонажей Достоевского, таких как Зосима, братство рождается не в преобразовании общества, но через духовное перерождение и единение[26].

Традиция: унаследованные модели братства

Наши представления о братстве сформированы отчасти мифами, которые мы наследуем и которые, в свою очередь, отражены в литературе. Благодаря, прежде всего, гегелевскому комментарию (в «Феноменологии духа», 1807), Антигона стала одной из фундаментальных моделей связей между братом и сестрой в западной философии. Гегель использовал речь Антигоны, обосновывающую решение похоронить своего брата — помещающую ее обязательства по отношению к нему выше обязательств по отношению к родителю, ребенку или государству, — как основание для утверждения о привилегированном статусе этой связи. Он утверждал, что брат и сестра связаны кровными узами, но не испытывают желания по отношению друг к другу, а значит, могут существовать в состоянии равенства, независимости и взаимной самореализации, невозможном в иных типах отно-

---

[25] Его главный аргумент заключается в том, что Толстой писал эпос, тогда как Достоевский писал трагедию.

[26] Персонажам Толстого тоже нужно работать над собой, прежде чем они смогут по-настоящему помогать другим (см., например, «Отец Сергий», осознание Левина в конце «Анны Карениной» и опыт Нехлюдова в «Воскресении»).

шений [Гегель 2000: 425]. Это идеализированное ви́дение внесло вклад в изображение братских отношений в литературе XIX века как пространства, где родственная любовь существует без дисбаланса власти, присутствующего в отношениях родителей и детей или дестабилизирующего сексуального желания, присутствующего в супружеских отношениях, желания, которое может победить доводы рассудка, угрожать свободной воле и даже внушать ненависть.

В дополнение к этому ви́дению сугубо братских отношений западная традиция предлагает два контрастных ви́дения братства — одно построено на соперничестве и ревности, другое на сострадании и любви. Эти противоборствующие взгляды исходят из противоположных взглядов на человеческую природу, крайности которой были описаны Гоббсом и Руссо — первый утверждал, что естественным состоянием человека является антагонизм и война, а второй настаивал на врожденной добродетели человека[27].

Эти оба взгляда на братские отношения присутствуют в Библии. Ветхий Завет поддерживает негативный взгляд. Согласно Исходу, первая пара детей одних родителей — это Каин и Авель. Они завещали нам модель братства как ревности и соперничества; отношения опосредуются соперничеством за благосклонность

---

[27] Томас Гоббс (1588–1679) утверждал, что природа наделила людей стремлением «покорить и уничтожить друг друга» [Гоббс 2021: 131–132]. Следовательно, цивилизация должна сдерживать «звериную» природу человека, чтобы способствовать братским отношениям или даже построить гражданское общество. В противоположность этому, Жан-Жак Руссо (1712–1778) утверждал, что человек рождается невинным и развращается обществом («Эмиль», 1762). Хотя он и не считал, что естественный/дикий человек был связан с другими людьми братскими чувствами, Руссо утверждал, что естественный человек обладает одной ключевой добродетелью — состраданием, — которая создает в нем естественное «отвращение к содеянию зла» (в отличие от идеи «поступай с другими...», приобретаемой разумом) [Руссо 1969: 67]. Ви́дение общества Руссо, изложенное в «Общественном договоре» (1762), основывалось на предпосылке, что человек хочет лучшего как для своих собратьев, так и для самого себя. Хотя в «Общественном договоре» никогда не используются слова «брат» или «братство по крови», люди интерпретировали его как защиту братских отношений.

высшей силы. В Библии Каин и Авель никогда не появляются вместе, кроме того момента, когда Каин зовет Авеля в поле, чтобы его убить. Первые братья совершают первое братоубийство. Миф об основании Рима Ромулом и Ремом также следует этой модели.

В начале XX века Фрейд создал вокруг идеи братского соперничества еще один значимый миф. Несмотря на то что он появился после Толстого и Достоевского, он может помочь нам в прочтении их произведений. Основываясь на дарвиновской идее первобытной орды, Фрейд создал миф о деспотичном отце, чьи сыновья в конце концов восстают, чтобы сбросить его с трона («Тотем и табу», 1912–1913). В этой модели братья далеки от доброжелательности и отнюдь не проникнуты братской любовью; их объединяет соперничество с доминирующим отцом, которому подчинены все женщины. Их связывает акт отцеубийства, но потом чувство вины заставляет их «отречься от содеянного», наложив табу на убийство и отвергая тех женщин своего клана, которые раньше принадлежали их отцу. Братья соглашаются между собой, что «никто из них не должен поступать с другими так, как они все вместе поступили с отцом», и к «религиозно обоснованному запрещению убийства идола» они теперь добавляют «социально обоснованное запрещение убивать брата» [Фрейд 2005: 231]. Таким образом, Фрейд объясняет мир, поддерживаемый в рамках «братского клана», как мир, основанный на запретах, которые держат под контролем соперничество и ненависть.

В противовес этим патологически негативным моделям, Новый Завет основывается на положительной идее о человеческой природе, предлагая братскую любовь Христа в качестве альтернативы смертоносной ревности Каина. Отступая от кровного родства, Христос призывает к духовному союзу всех людей как потомков Бога Отца[28]. Называя себя первым среди братьев (Рим. 8:29), Христос предлагает модель горизонтальной связи, основанной на любви, а не на соперничестве. Конфликт между взглядами на

---

[28] В Евангелии от Матфея Иисус говорит своим ученикам: «И всякий, кто оставит домы, или братьев, или сестер, или отца, или мать, или детей, или земли, ради имени Моего, получит во сто крат и наследует жизнь вечную» (Мф. 19:29).

братство, декларируемыми Ветхим и Новым Заветами, лежит в основе романов Достоевского, где соперничество и ревность существуют в постоянном противоречии с христианской концепцией братства. Ни одна из этих моделей не удовлетворяла Толстого. Он никогда не обращается к модели Каина и Авеля и создает собственную версию христианского братства, которая избегает чудес или мистицизма. По мнению Толстого, люди не становятся единой плотью с Христом, но вместо этого ощущают себя частью большего Целого (Бога), которое достигается любовью.

В России существуют собственный основополагающий миф о братьях, который во многом схож с фрейдовским, и все же полностью отвергает Каина и Авеля во имя христианской братской любви. Первые русские святые, братья Борис и Глеб, подражая кроткому Христу, позволили умертвить себя собственному брату Святополку, чтобы избежать войны, которая разделила бы их народ. Летописец Нестор указывает на Каина и Авеля, называя Святополка «поистине вторым Каином»[29]. И все-таки Нестор рассказывает о русских святых, расставляя иные акценты, чем его библейский предшественник. Он делает упор на братской любви и на кротком смирении Бориса и Глеба, а не на соперничестве и ненависти Святополка. Борис просит Христа помочь ему стойко выдержать муки и взывает к Господу: «Ведь Ты знаешь, Господи, не противлюсь я, не перечу и, имев под своей рукой всех воинов отца моего и всех, кого любил отец мой, ничего не замышлял против брата моего» [Сказание о Борисе и Глебе 1997: 337]. Последние его слова, обращенные к убийцам, были: «Братья, приступивши, заканчивайте порученное вам. И да будет мир брату моему и вам, братья!» [Там же: 339][30]. Подобным образом,

---

[29] Один летописец назвал его ветхозаветным Авимелехом, убившим семьдесят своих братьев. См. [Lenhoff 1989: 114].

[30] Как отмечает Ленхофф, «пассивное сопротивление такого рода нельзя было рассматривать как княжескую добродетель, поскольку это поставило бы под угрозу способность князя править: это, скорее, была добродетель святого» [Ibid.: 36]. Ленхофф утверждает, что здесь вводятся в действие три моральных кодекса: православное христианство, восточнославянская языческая тради-

когда Глеб узнает о смерти Бориса, он рыдает и молится: «Лучше бы мне умереть с тобою, нежели одинокому и осиротевшему без тебя жить на этом свете» [Там же: 341]. После убийства Глеб «поднялся в небесные обители к Господу, и свиделся с любимым братом, и восприняли оба венец небесный, к которому стремились, и возрадовались радостью великой и неизреченной, которую получили» [Там же: 343] Русский основополагающий миф — это горизонтальная версия фрейдовской первобытной орды. Брат убивает брата, и все же эта часть мифа преуменьшается, и кульминацией повествования становится прославление братской любви.

Культурные корни: братья и сестры в русском контексте

Для российской культурной традиции характерно более позитивное представление о братских отношениях, чем для западной. Отчасти это связано с тем, что в России не учитывались права первородства, а отчасти с большей значимостью кровного родства, но братские отношения в России не характеризуются соперничеством и завистью, которые Фрейд считал их определяющими чертами, хотя подобные примеры появляются в некоторых сказках[31]. Толстой и Достоевский восхищались тем, что традиционная русская культура (то есть культура крестьянская) подчеркивает коллективное в противовес индивидуальному как фокусу западной культуры[32].

ция и закон Моисея; Святополк наказан «как за нарушение родственных уз, так и за нарушение норм христианского поведения, и противопоставляется своим братьям-мученикам и Ярославу, которые отстаивают честь семьи» [Lenhoff 1989: 113].

31 Во многих сказках рассказывается о трех братьях, младший из которых дурак или лентяй. Конфликт часто возникает, если он отправляется искать счастья и оказывается более удачливым, чем его старшие братья.

32 Социальный класс оказывает огромное влияние на структуру родства и тип связей между братьями и сестрами. Я не буду обсуждать родство между братьями и сестрами среди крестьян, поскольку это не было главной темой ни для Толстого, ни для Достоевского.

Традиционное русское представление о семейных связях более обширно[33]. Как утверждает Катерина Кларк,

> рассматривая родство в пределах горизонтальной оси, можно обнаружить, что русские считают родственниками более широкий круг людей, чем на Западе (молочные братья, выкормленные одной кормилицей, приемный брат, родственники супруга/супруги, ритуальные братья и сестры и т. д.) [Clark 2000: 116].

Отмечая распространенную практику русских крестьян обращаться к незнакомцам как к родственникам, Г. П. Федотов утверждает: «Таким образом, вся социальная жизнь становится как бы расширенной семейной жизнью, и все взаимоотношения между людьми поднимаются до уровня кровного родства. Это имеет огромное значение для понимания русской общественной этики» [Федотов 2015, 10: 27][34]. Понятие братских отношений также расширяется благодаря особенностям русского языка. В то время как английский язык располагает особыми словами для обозначения брата и сестры, а далее расширяет понятие родства начиная с понятия кузенов и кузин (двоюродных, троюродных и далее), русский расширяет понятие родства исходя из слов «брат» и «сестра». Кузины и кузены буквально являются двою-

---

[33] Товров приводит пять определений семьи (семейства), которые сосуществовали в России XIX века, и только одно из них ограничивается кровными родственниками. Остальные включают родственников и домочадцев или людей, которые признают одного и того же «главу семьи» [Tovrov 1987: 66–67]. Она подчеркивает, что поведение — вести себя как родственник — было более важным для определения семьи, чем фактические кровные узы [Ibid.: 70–71]. Л. П. Найденова отмечает, что термин «семья» в *Домострое* XVI века относился ко всем домочадцам (семья, прислуга, иждивенцы и т. д.) [Найденова 1996: 303]. Однако такая всеохватность термина была характерна не только для России. См. [Nelson 2007: 124–144; Perry 2004: 15–16].

[34] Товров также обсуждает эту тенденцию [Tovrov 1987: 72]. С. А. Ушакин отметил аналогичную модель использования «структуры и/или логики семейных отношений для организации и осмысления индивидуальной жизни» в современном российском обществе [Ушакин 2004: 11].

родными сестрами и братьями, а далее троюродными, четвероюродными и т. д. Ритуалы Русской православной церкви также расширяют в России понятие братства. Церковью предлагался древний обряд *адельфопоэзиса* (*братотворения*), в ходе которого два человека, обычно мужчины, могли стать братьями, обмениваясь крестами. При совершении таинства венчания в русской церкви целые семьи вступают в отношения родства (а не только супруг или супруга входят в новую семью), поэтому все братья и сестры невесты становятся таковыми и для братьев и сестер жениха.

Эти возможности расширения братских отношений в России через язык, формы обращения и церковные обряды подтверждают мнение Достоевского о том, что братство — это национальная черта[35]. В знаменитой речи о Пушкине (1880) он утверждал, что стать русским — значит «стать братом всех людей» и что «ко всечеловечески-братскому единению сердце русское, может быть, изо всех народов наиболее предназначено» [Достоевский 1972–1990, 26: 148][36]. Вторя Достоевскому, Вирджиния Вулф называла чувство подлинного братства определяющей чертой русской литературы, поскольку слово «брат» выражает «не только отношение героев друг к другу, но и отношение автора к миру» [Woolf 1918: 641].

Исторический контекст

Таким образом, Россия оказалась плодородным полем для исследования идей братства. Более того, Толстой и Достоевский творили в те времена, когда и политические, и семейные структуры подвергались пересмотру в том, что касается братских

---

[35] Достоевский был далеко не единственным, кто подчеркивал общинный дух русских. Орвин доходит до того, что утверждает, что «"я" в понимании русских [в девятнадцатом веке] по своей природе социально, а не индивидуалистично» [Орвин 2022: 21].

[36] Речь была произнесена 8 июня 1880 года и опубликована в «Дневнике писателя» Достоевского за август того же года [Достоевский 1972–1990, 26: 136–149].

связей. В XVIII веке европейская политика определялась авторитарным правлением, которое соответствовало патриархальному укладу, господствующему в доме[37]. В конце столетия, однако, Французская революция привела к смещению от метафоры отцовского авторитета к братскому равенству [Hunt 1992; MacCannell 1991; Spencer 2005: 132]. В рамках психоаналитической интерпретации этого смещения Джульет Флауер Маккеннелл утверждает, что падение отца как главного законодателя открыло двери «режиму брата» [MacCannell 1991: 12–17][38].

Линн Хант анализирует метафоры семьи, лежащие в основе Французской революции, уже не в психоаналитическом ключе, но ее выводы аналогичны. Изучая речи и периодику, а также художественную литературу, живопись, гравюры и историю права этого периода, Хант обнаруживает смещение метафор от короля как отца к группе братьев, исходя из метафоры фрейдовской первобытной орды [Hunt 1992: 59]. Братья старались использовать законные средства для установления мирного сосуществования, уравнивая право наследования (отказываясь от права первородства) и создавая систему универсального образования [Ibid.: 88]. В попытке обуздать власть деспотичных отцов, однако, они в конце концов предоставили больше власти государству, не определив точно, как оно будет поддерживать контроль, оставаясь группой равных братьев. Каким образом, в сущности, должны *liberté, égalité, et fraternité* (*свобода, равенство и братство*) функционировать как политическая система? Разрушив узы почтения, которые поддерживали иерархию, революционеры не сумели

---

[37] Английский юрист и политик Уильям Блэкстоун дошел до того, что назвал юридическое господство мужчин в доме «империей отца» (Комментарии к законам Англии, 1765–1769). Цит. по: [Broughton, Rogers 2007: 1].

[38] Она обращается к первобытной орде Фрейда, чтобы объяснить новое место брата: подражание отцу, служение объектом любви для матери (но только в мечтах), риторический возлюбленный своих братьев (мужское братство) и истинный начальник над своими сестрами. Таким образом, согласно анализу Маккенелл, сексуальное неравенство, которое могло быть устранено падением патриархата, вместо этого при новом порядке усилилось.

создать новую основу для политического контроля. Послушание не является автоматическим, и чувства братства оказались слишком слабы, чтобы обуздать насилие и кровопролитие. Группа братьев неизбежно добавляла фатальное «*...ou la mort*» («*...или смерть*») к своему революционному лозунгу и обращала это насилие на себя.

Во многих отношениях философские теории, возникшие в середине XIX века, были попытками исправить ошибки французского революционного *fraternité* (*братства*). В Германии политические философы, такие как Карл Маркс (1818–1883) и Фридрих Энгельс (1820–1895), предсказывали братство, которое возникнет из союза рабочих (включая и мужчин, и женщин). Их ви́дение технологического прогресса сформировалось под влиянием гоббсовского взгляда на человека, поскольку они считали двигателем исторического развития «человеческую жажду наживы и стремление к власти» [Kessous 1996: 23]. Но, в отличие от Гоббса и позднейших социал-дарвинистов, Маркс и Энгельс считали, что эгоизм в человеческом характере не был основан на «природном состоянии», а был связан со структурой капиталистического общества, где доминируют конкуренция и стремление к личной выгоде [Reiman 1991: 163]. Выступая за объединение трудящихся и ниспровержение капиталистической системы, они предсказывали новое братство, которое наступит с приходом коммунизма. Как утверждал Энгельс в заключительных строках речи 1847 года: «Так как положение рабочих всех стран одинаково, так как их интересы одинаковы, враги у них одни и те же, то и бороться они должны сообща, и братскому союзу буржуазии всех наций они должны противопоставить братский союз рабочих всех наций» [Маркс, Энгельс 1955: 373].

Это представление о жестком классовом конфликте развилось отчасти в ответ на более мирное ви́дение социалистов-утопистов, во главе с такими философами, как Шарль Фурье (1772–1837) во Франции. Подход Фурье к человеческим отношениям основывался на идее Руссо о добродетели человека, и, следовательно, он верил, что прогресс неизбежно приведет общество к более высокому уровню[39]. Новый порядок, который он предсказывал, был разработан им самим и включал жизнь во дворцах-фаланстерах, где разные классы не исчезнут, а обретут гармонию. Это признание человеческих различий найдет отражение во взглядах Достоевского. Хотя Фурье не был вполне материалистом — не видя, как его собственные идеи формируются благодаря обществу, в котором они возникли, и полностью приписывая их логике, — он все же разделял ключевой взгляд материалистов на то, что общество можно избавить от всех несчастий, улучшив материальные условия жизни людей.

Наряду с этими изменениями на уровне общества во второй половине XIX века нападкам подверглась структура семьи, и, возможно, наиболее справедливо это было для России (где этот сдвиг произошел позднее, чем в остальной Европе). Дебаты о патриархальном укладе разворачивались вокруг законодательных реформ второй половины столетия, поскольку критики ставили под вопрос неограниченную власть мужей и родителей, в которой они видели отражение автократического политического уклада[40]. Когда Александр II в 1856 году заговорил об отмене крепостного права, беспокойство социально сознательных русских о структуре семьи возросло[41]. Как и общество в целом, семья также испытывала сдвиг: вертикальные отношения утратили гегемонию, а горизонтальные связи в дебатах о семье обрели значимость. В числе способов избавления от «тирании» патриархальной семьи были совместное проживание незамужних девушек со своими братьями и сестрами, состоящими в браке, совместное проживание незамужних сестер — «старых дев» и фиктивные браки с друзьями или незнакомцами, часто называемыми «братьями».

---

[39] Нааман Кессус отмечает, что у Фурье была более позитивная и недвусмысленная вера в прогресс, чем у Руссо, который считал, что общество оказывает развращающее воздействие на людей, и который рекомендовал «использовать естественные добродетели для исправления пороков общества» [Kessous 1996: 24].

[40] См. [Wagner 1994: 61–137].

[41] См. [Engel 1983: 45].

Многие из этих идей подхвачены Н. Г. Чернышевским (1828–1889) в романе «Что делать?» (1863), одном из самых влиятельных произведений в России XIX века. Связывая идеи, касающиеся индивидуальной любви, с вопросами об обществе в целом, Чернышевский предложил модель преобразования общества, которая начиналась с преобразования семьи и отношений между полами[42]. Его центральной парадигмой в этом рациональном и уравнительном пересмотре личных и практических общественных отношений были связи между братьями и сестрами. Роман «Что делать?» пропагандирует фиктивный брак и создание рабочих коллективов, причем концептуальной основой и того, и другого становятся братские отношения. Браки без супружеских отношений должны были напоминать отношения братьев и сестер, что подчеркивается именованием фиктивных мужей «братьями» (Чернышевский не был сторонником подчинения сексуальных отношений жесткой структуре брака) [Паперно 1996: 31, 121]. Рабочие кооперативы, появившиеся благодаря идеям Фурье, были основаны на горизонтальном разделении власти как в пределах семейной группы. Эти идеи не остались лишь на страницах книг, многие читатели Чернышевского с энтузиазмом воплощали их в жизнь [Drozd 2001: 9–10; Паперно 1996: 27–34][43].

---

[42] Ирина Паперно утверждает, что в романе «Что делать?» «общественная гармония рассматривалась как продолжение гармонии семейной, которая, в свою очередь, была результатом практической реализации идеи о том, что любовь — опосредованное чувство — имела, по своему существу, коллективистскую природу» [Паперно 1996: 134].

[43] Акцент Чернышевского на значении женской эмансипации и свободного выбора в любви восходит к «Юлии, или Новой Элоизе» Руссо (1761) и «Жаку» Жорж Санд (1834). См. [Feuer 1986: XII; Паперно 1996: 103–105, 120]. «Новая Элоиза» выражает идеал коммунальной жизни Руссо и является примером тройственного союза, который Чернышевский повторит в своей собственной жизни, а также в романе «Что делать?». Тройственный союз — это уже один шаг от полного слияния двух людей, лежавшего в основе романтизма, и на один шаг ближе к общинному духу, который будет характеризовать его общественные идеалы. Толстой открыто полемизировал с этой точкой зрения в «Анне Карениной».

Отвечая этим писателям и мыслителям и разделяя их неприятие иерархических отношений, Толстой и Достоевский (оба крайне критично относились к Чернышевскому) внесли в идею братства духовный компонент. Заботясь не только о материальных условиях этого мира, но и о состоянии человеческой души, они оба писали о братстве как о духовном состоянии и как о форме отношения к окружающим. У Толстого этот акцент берет начало в его интенсивной направленности вовнутрь: на собственные мысли, чувства, реакции и моральные ограничения (ибо Царство Божие *внутри* нас), причем нуждам и индивидуальным особенностям окружающих уделяется намного меньше внимания. У Достоевского в основе лежало убеждение в том, что жизнь по принципам братства невозможна в этом мире, но является духовным состоянием, достигаемым мгновенно через веру. Ни один из них не выдвигал программы социальных реформ. Напротив, их идеи братства остались парадоксальными: хоть они и основывались на реально проживаемом опыте любви к ближним как к братьям, они в то же время были оторваны от общественной и политической реальности. Как Толстой, так и Достоевский представляли себе мир, в котором все люди смогут называться «братьями» и «сестрами», и в своих произведениях они исследуют, что должны значить эти понятия.

Эта книга — прежде всего литературоведческое исследование, основанное на тщательном анализе прозы Толстого и Достоевского, но еще одна ее цель — внести вклад в растущую сферу литературоведческих исследований братских отношений. Хотя отношения братьев и сестер можно назвать моей «основной темой», они также являются, метафорически, тем методом или той призмой, сквозь которую я исследую тексты, чтобы раскрыть те слои содержания, которые оставались в тени из-за традиционных подходов к их исследованию. Акцентирование братских связей помогает опровергнуть доминирующие концепции семьи и общества в романе XIX века и предлагает новую картину реорганизации динамики власти. Определяющей чертой личности в этих романах перестает быть наследие прошлого и отношения с ним, на первый план выступает место человека среди равных в настоящем. Моей целью не является отрицание роли отца или его ниспровержение; мне важнее раскрыть структуру параллельно сосуществующих горизонтальных связей, которые при обсуждении этих текстов не вписывались в стандартные парадигмы.

Помимо этого смещения фокуса от вертикальных структур власти к горизонтальным отношениям между равными, подход, основанный на братстве, переключает внимание с эротического желания, существующего в преходящих вспышках страсти, на более стабильные и устойчивые формы родственной любви и близости. В исследовании романа И. С. Тургенева «Отцы и дети» (1862) Гари Сол Морсон утверждает, что роман является частью долгой традиции противопоставления «романтического идеала любви как чего-то трансцендентного, экстраординарного, рокового, таинственного, поэтического и бесконечно далекого от обычной жизни» «*прозаической* любви, в которой [герои] чувствуют себя не оторванными от привычного, но у себя дома» [Morson 1991: 370]. Морсон противопоставляет романтические отношения двух пар: между Базаровым и Одинцовой и между Аркадием и Катей, но братская любовь предположительно является основной формой «прозаической любви». Прозаическая братская любовь — это любовь без истории, которая не приводит к действию и у которой нет сюжетной линии; она противопоставлена драме желания, которую Дени де Ружмон столь открыто критиковал в книге «Любовь в западном мире» (1939). Обращаясь к братским историям прозаической любви, я не отрицаю важности эротического желания для развития сюжета романа, но, скорее, предлагаю дополнительный способ рассмотрения любви и человеческих связей в этих текстах. Фокус на семейных формах любви также позволяет по-новому взглянуть на роль женщин в романе, делая их не только объектами (и источниками) эротического желания, но и действующими лицами в повествовании о родстве, которое зачастую избегает (либо сострадательно делает второстепенными) типичных сюжетов о браке, измене и падших женщинах.

Рассмотрение литературы через описываемые ею братские отношения неизбежно подразумевает вовлечение этой литературы в диалог с другими дисциплинами, предлагающими важные наблюдения относительно этих отношений. Изучение братских отношений находится на пересечении психологии, психоанализа, антропологии, философии, теологии, истории культуры и гендерных исследований. Я не ограничивалась какой-то одной из этих «призм», но полагалась на перспективы этих различных областей, когда они могли способствовать моему анализу художественных миров Толстого и Достоевского. В особенности необходимо сказать несколько слов о моем использовании неизменно спорного фрейдистского подхода. Поскольку Фрейд был наиболее влиятельным теоретиком семьи прошлого столетия, его взгляды нельзя просто отмести как устаревшие[44]. Нельзя также — при всем гигантском объеме критики, обрушившейся на него, — использовать его лишь как мишень для атаки. Хотя я не признаю Фрейда абсолютным авторитетом, я считаю, что многие его идеи дают значимое, хотя порой и провокативное представление о сложных человеческих проблемах, к которым я обращаюсь, изучая мировоззрение Толстого и Достоевского. Так, я применяю фрейдистский подход как одну из возможных, но не единственную модель понимания различных форм любви и человеческих связей. Я помещаю его идеи в контекст диалога с идеями изучаемых авторов, равно как и с идеями литературных критиков и других теоретиков, чья работа равно важна и ценна для понимания идей Толстого и Достоевского.

Хотя это прежде всего исследование литературных образов, персонажей и тропов, я иногда опираюсь на нехудожественное наследие Толстого и Достоевского, чтобы пролить свет на их идеи в художественной прозе. Такой подход представляется особенно

---

[44] Джиллиан Бир метко определяет место Фрейда в современной мысли: «Сейчас мы живем в постфрейдистскую эпоху: в нашей культуре невозможно прожить жизнь, которая не была бы наполнена фрейдистскими предположениями, моделями оценки опыта, способами восприятия отношений... Фрейд в достаточной степени разрушил все возможные модели восприятия опыта, а его идеи были настолько узаконены, что даже те, кто подвергает сомнению его взгляды или не доверяет им, оказываются неспособны создать мир, очищенный от фрейдизма» [Beer 2009: 3].

уместным для этих двух авторов, поскольку грань между художественным и нехудожественным в их творчестве очень часто размыта. Целый ряд перспектив используется мной для выявления различных функций братьев и сестер в художественном творчестве и мировоззрении Толстого и Достоевского, а также для открытия нового подхода к семье в романе XIX века.

Краткое содержание книги по главам

В первых двух главах исследуется динамика отдельных отношений братьев и сестер в ранних произведениях Толстого и Достоевского, причем братская любовь отчетливо противопоставляется эротическому желанию. В начале первой главы взгляды Толстого на любовь помещены в контекст романтической традиции, которой он следовал; далее в ней рассматриваются его подход к определению братской связи («Отрочество» и «Юность») и предпочтение, отдаваемое им семейной любви в противовес эросу («Война и мир»). Во второй главе исследуется «тройственность» любви в прозе Достоевского раннего и среднего периодов и подвергается пересмотру наше традиционное понимание его любовных треугольников через осознание роли в них братьев и сестер («Белые ночи», «Униженные и оскорбленные», «Идиот»). В этой главе также рассматривается духовное переосмысление родства в «Преступлении и наказании».

В третьей главе подчеркивается смещение в более поздних работах Толстого и Достоевского фокуса внимания с индивидуальных братских связей на поиск универсального братства. Глава посвящена анализу горизонтальной сети родственных связей в «Анне Карениной». По мере того как все персонажи благодаря узам родства через брак постепенно объединяются в единой непрерывно растущей семье, Толстой задается вопросом о границах этого расширения. В противоречивой восьмой части он завершает роман попыткой русских защитить братьев-славян в Сербии, явно высмеивая мысль о том, что братские отношения можно поднять на национальный уровень, особенно когда это подразумевает войну и насилие.

Четвертая и пятая главы посвящены изучению идей Толстого и Достоевского об универсальном братстве в их поздних произведениях. В четвертой главе, начинающейся с предложенной Достоевским картины катастрофически неудачного братства в «Бесах», далее рассматривается возродившаяся (хотя все еще сложная и спорная) надежда на христианское братство в «Братьях Карамазовых». Последние три романа Достоевского известны изображением падения отцов, но в этой главе внимание смещается к горизонтальным связям, подчеркивая роль братьев как альтернативного источника моральных ценностей. В пятой главе показано, как Толстой переходит от реальных отношений братьев и сестер к идеалу универсального братства. Рассматривая трилогию, включающую три основных романа Толстого, я отслеживаю в ней переход писателя от его семейного идеала («Война и мир» в 1860-х) через угрозу ему («Анна Каренина» в 1870-х) к итоговому духовному переосмыслению семьи как братства всех людей («Воскресение» в 1890-х).

В заключении я резюмирую свой анализ взглядов Толстого и Достоевского как сторонников горизонтальной родственной связи. Изучая их произведения в контексте других русских и английских романов этого периода, я пытаюсь показать, что в их подходе к братским отношениям было уникальным. В то время как англичане используют братьев и сестер, чтобы обратиться к вопросам социального статуса и сексуальности, Толстой и Достоевский выходят за пределы этих аспектов и поднимают братские отношения на духовный уровень. Оба писателя проповедовали универсальное братство на основе братской связи как свой высочайший идеал, но ни один из них не предложил прагматического пути его достижения. Братство в понимании Достоевского оставалось духовным братством, укорененным в способности человечества к любви — потенциале, который, как он понимал, никогда не реализуется в этом мире. Толстой отвергал все институты и организационные системы власти и провозглашал братство, которое должно воплотиться в этом мире через обращение к любви в каждом человеке, но которое никогда не сможет существовать в рамках структуры какого-либо общества.

Неспособность двух величайших русских реалистов XIX века изобразить реальное и достижимое братство не является приговором этому идеалу; ее можно рассматривать как форму его реабилитации. Хотя Толстой и Достоевский не выдвигали конкретной социальной программы, их приверженность к братству как к *идеалу*, нравственной истине, за которую мы должны бороться, указывает на огромное влияние, которое братство оказывало на их образ мышления. Идеалы существуют не для того, чтобы быть реализованными, а для того, чтобы указывать нам направление. Как утверждает Толстой в «Послесловии к "Крейцеровой сонате"», нравственный идеал подобен стрелке компаса: она дает направление, которому мы должны пытаться следовать, даже если мы неизбежно столкнемся с трудностями [Толстой 1928–1959, 27: 88–89]. Склоняясь к идеалу универсального братства, оба писателя поддерживают идею о том, что людям нужна зависимость — не от высшего существа, но взаимная зависимость, идущая от возможности поддержать и быть поддержанным теми, кто равен тебе по человеческому достоинству. Даже если братство вселенского масштаба терпит провал, первый шаг к этому идеалу все же сделан; братья и сестры здесь и сейчас дают подлинный источник связи художественным мирам Толстого и Достоевского. В их работах отражена важнейшая роль «ближних», сестер и братьев, в создании единства и гармонии, которых они столь отчаянно жаждали.

Глава 1

Идеальная любовь по Толстому: эротика против семьи

Все чувства, имеющие источником любовь ко всему миру, хороши, все чувства, имеющие источником самолюбие, дурны.

Дневник Толстого, март — май 1847 года
[Толстой 1928–1959, 46: 267]

Я опять *преподаю*; но что делать, я не понимаю без этого отношений с человеком, которого люблю. И вы мне иногда преподаете, и я радуюсь ужасно, когда вы правы. В этом-то и любовь. Не в том, чтоб у пупунчика целовать руки (даже мерзко выговорить), а в том, чтобы друг другу открывать душу, поверять свои мысли по мыслям другого, вместе думать, вместе чувствовать.

Письмо Толстого к В. В. Арсеньевой, 7 декабря 1856 года
[Там же, 60: 140]

Она прелесть и какие могут быть отрадные отношения. Отчего с сестрой я не нахожу такого наслаждения? Может, вся прелесть состоит в том, чтобы стоять на пороге любви.

Дневник Толстого, 3 февраля 1857 года
[Там же, 47: 13]

Любовь душит меня, любовь плотская и идеальная. М[арья] Я[ковлевна] прелесть. Я сам себя интересую чрезвычайно. И даже люблю себя за то, что любви к другим во мне много.

Дневник Толстого, 12/24 мая 1857 года
[Там же: 129]

М[аша] дорогого стоит, серьезна, умна, добра. Упрек ей делают, что она не имеет привязан[ностей] исключительных. А это-то и показывает ее истинную любовь. Она любит всех

> и заставляет всех себя любить — не так же, но больше, чем любящие исключительно своих.
>
> *Дневник Толстого, 14 мая 1889 года*
> [Там же, 50: 81]

> Когда я буду умирать, я желал бы, чтобы меня спросили: продолжаю ли я понимать жизнь так же, как я понимал ее, что она есть приближен[ие] к Богу, увеличение любви... Если не буду в силах говорить, то если да, то закрою глаза, если нет, то подниму их к верху.
>
> *Дневник Толстого, 29 ноября 1901 года*
> [Там же, 54: 113]

Идеи Толстого о любви пронизаны парадоксами и противоречиями. Будучи наделен огромным сластолюбием, он пришел к осуждению секса как чего-то низкого и безнравственного. Будучи одержим самим собой, он желал верить в то, что истинна только самоотверженная любовь. Он искал идеальной любви, которая была бы и возвышающей, и приземленной, и широкой, и глубоко душевной. Эта любовь должна соединить человека с чем-то бóльшим, в то же время оставив пространство для глубинных личных привязанностей. Сама несовместимость этих столь различных идеалов помешала Толстому соединить их. На разных этапах жизни он выражал различные взгляды на то, какой должна быть любовь, но в его творчестве прослеживается некая модель. В отличие от вдохновлявших его писателей и художников — а все они считали романтическую любовь высшей формой любви — Толстой отводил почетное место любви семейной, стремясь связать то, что он воспринимал как долговечность и чистоту, с мощью и возвышенностью романтической любви. Я считаю, что именно любовь между братьями и сестрами, а не эротическую любовь Толстой считал идеалом[1].

На размышления Толстого о любви значительное влияние оказывали философы прошлого — от Платона до Руссо и роман-

---

[1] Здесь я даю широкое определение понятиям «брат» и «сестра», как, по-моему, это делал сам Толстой. В пятой главе мы рассмотрим, как концепция семьи у Толстого расширялась и становилась более абстрактной в его более поздних работах.

тиков, а затем Шопенгауэра[2]. В начале этой главы мы поместим идеи Толстого в их интеллектуальный контекст, с тем чтобы подчеркнуть, в чем и как он одновременно и опирался на более ранние философии любви, и отказывался от них. Затем следует анализ работ Толстого, посвященных любви и семье, начиная с заявлений в нехудожественных произведениях, далее переходя к полуавтобиографической ранней трилогии и завершаясь полностью художественным описанием отношений братьев и сестер в «Войне и мире». Нехудожественные произведения дают представление о провозглашаемых Толстым убеждениях или о том, что он проповедовал; художественная проза показывает, как он видел фактическое воплощение функционирования этих отношений в жизни. «Отрочество» и «Юность» Толстого включают самое подробное и тщательно проанализированное описание братской привязанности, которое послужит конкретным примером того, как Толстой понимал братскую любовь: ее основания, способы проявления и влияние на личностное развитие. Если в трилогии дана модель близости между братьями, то в «Войне и мире» автор обращается к привязанности между братом и сестрой и пытается свести воедино глубину и близость, которую он видел в их отношениях, с возвышенной страстью романтической любви.

Философии любви: интеллектуальный контекст Толстого

В классической западной философии, поэзии и беллетристике представление о любви выражалось в одах эросу, обожествлении недоступной возлюбленной, возвеличении союза душ, защите брака или нападках на него, в оправдании либо осуждении сексуального желания. Несмотря на различия во взглядах на соот-

---

2 Эти влияния обсуждаются в [Barran 1992; Berlin 1994; Love 2008: особенно 136–141 о Руссо и Шопенгауэре; McLean 2008: 143–158 о Руссо; Орвин 2022; Orwin 1993: особенно 36–49 о Руссо, 150–170 о Шопенгауэре; Sherman 1980: 14–24 (о Платоне)].

ношение секса и любви, в течение многих столетий в западной философии романтическая любовь занимала привилегированное положение (за пределами Церкви). Нежность без влюбленности и душевная привязанность описывались гораздо реже, хотя и им было дано имя «любовь»[3]. И все же это вторичное представление — о неполовой, платонической или «братской» любви — неизменно присутствовало, в качестве альтернативы, в размышлениях философов, поэтов и даже их героев. Знаменитая отповедь Онегина Татьяне «Я вас люблю любовью брата / И, может быть, еще нежней» [Пушкин 1978: 72] напоминает о еще одной форме любви, присутствующей в традиционном мышлении как альтернатива страсти (которая может оказаться для Татьяны лучше столь желанной романтической любви). Эта идея братской любви сквозит между строк у многих мыслителей, оказавших влияние на Толстого.

Серьезно увлекаясь европейской литературой и философией, Толстой во многом опирается на Платона и его высказывания в диалогах «Пир» и «Федр». В «Пире» Сократ отслеживает переход от любви к физической красоте одного объекта (или субъекта) к почитанию ее во многих, далее говоря о любви к нравственной красоте в человеке, в обществе и действиях и, наконец, о любви к знаниям и абсолютной красоте [Платон 2015: 472–477]. Платон считал, что физическое желание должно быть преодолено, о чем он говорил и в «Федре» (подробнее ниже). Основополагающей для Толстого и вдохновлявших его мыслителей была идея поэтапного развития любви, от физической к духовной.

В начале своего писательского пути в 1850-х годах Толстой находился под серьезным влиянием Жан-Жака Руссо (1712–1778) и процветавшей тогда западноевропейской традиции романти-

---

[3] Для английского языка характерно широкое толкование слова «любовь». Ховард В. Хонг указывает во введении к «Делам любви» Кьеркегора, что в датском языке есть слова, обозначающие два вида любви: *Elskov* (эротическая любовь) и *Kjerlighed* (любовь-дружба), поэтому в философии Кьеркегора различие между ними легко прослеживается [Hong 1995: x–xi]. В русском языке, как и в английском, для обоих видов любви используется одно и то же слово.

ческой литературы и философии в целом[4]. Как и Сократ в «Пире», Руссо в «Новой Элоизе» (1761) описывает переход любви от плотского начала к возвышенному и чистому состоянию[5]. В последнем письме бывшему возлюбленному перед происшествием, стоившим Юлии жизни, она превозносит себя и его за то, что переход этот для них свершился:

> Я горжусь соединяющей нас дружбой, как беспримерным преображением чувства. Великую страсть можно подавить, но очень редко она обретает чистоту. Забыть то, что было дорого, когда честь того требует, — для этого нужно огромное усилие, однако благородная душа сего достигает; но после того, что меж нами было, прийти к тому, что ныне сближает нас, — вот истинное торжество добродетели [Руссо 1968: 625][6].

Юлия уверена, что им удалось преодолеть сексуальное желание, и предлагает братские отношения как чистую альтернативу страсти. Она пишет Сен-Пре: «Друг мой, никогда я не буду считать, что мы слишком тесно сблизились; мне даже мало того, чтобы вы стали моим родственником, мне хотелось бы, чтобы вы были родным моим братом» [Там же: 653]. В ее представлениях братские отношения — это для них самая тесная, самая интенсивная, чистая и целомудренная связь. И все же, умирая, она осознает, что все еще влюблена и хочет от возлюбленного большего, чем братской любви. В последнем письме со смертного одра Юлия выражает благодарность за то, что смерть позволила ей остаться добродетельной и спасла от соблазнов страсти, от которой, как ей хотелось верить, она очистилась. Она прощается с жизнью, превознося романтическую любовь как высшее сча-

4 Влияние Руссо на Толстого подробно обсуждается в [Orwin 2013: 36–49], особенно с. 44–45 о любви. Влияние «Новой Элоизы» на российского читателя в целом (хотя и не конкретно на Толстого) обсуждается в [Barran 2002].

5 Ирвинг Зингер описывает внутреннюю эволюцию возлюбленных в романе как «стадии развития, соответствующие эстетическому, этическому и религиозному» [Singer 1984a: 308].

6 Этот фрагмент обсуждается Сингером в [Ibid.: 309].

стье: «Но разве без тебя душа моя может существовать? Что мне за радость без тебя в вечном блаженстве? Нет, я не расстаюсь с тобою, я буду ждать тебя» [Там же: 704]. Руссо этот союз душ, возможный лишь при романтической связи, представляется абсолютным идеалом, а братство отходит на второй план.

У других писателей-романтиков, прочитанных Толстым, любовные и братские отношения тоже противопоставлены. В романе «Жак» (1833), пронизанном темой романтической любви, Жорж Санд описывает непостоянство романтической страсти в противовес полному взаимопониманию, столь естественному между братом и сестрой[7]. Фернанда, страдающая супруга (которой вскоре предстоит стать неверной), пишет: «...мой муж и Сильвия воображают, что я не в состоянии понять их чувства и мысли. Оба они замкнулись в своем мирке, считают, что он доступен только им одним, и безжалостно запирают передо мною вход в него» [Санд 2009: 155]. Для Фернанды братские отношения — это безмятежное царство взаимопонимания, в то время как ее страстная любовь с ее ярчайшими радостями оказывается недолговечной. Герои называют друг друга «братом» или «сестрой», подчеркивая чистоту привязанности и глубину взаимопонимания. Но несмотря на все положительное в братской любви, она не может соперничать с любовью романтической, предстающей в сочинениях Санд как высшее призвание. Как и в других упоминаемых нами произведениях, братские отношения здесь словно мелькают в отдалении, как возвышенный идеал, никогда не выступая на авансцену, как у Толстого.

В отличие от Жорж Санд, Руссо стремится не только органично соединить эти два вида любви, но и создать связь, которая объединила бы все общество (эту цель преследовал и Толстой). В книге «Эмиль, или О воспитании» (1762) Руссо пишет, что, в отличие от естественного человека, который существует «весь для себя», человек-гражданин является лишь «дробной едини-

---

7 Выпады Жорж Санд против патриархального уклада — прославление любви и права женщины следовать зову сердца — встретили в России широкий отклик. См. [Engel 1983: 22, 36–37].

цей», и значение ее «заключается в ее отношении к целому — к общественному организму» [Руссо 1981, 1: 28]. В этом сочинении Руссо развенчивает ценность отношений между отдельными людьми, призывая к единству на уровне общества:

> Хорошие общественные учреждения — это те, которые лучше всего умеют изменить природу человека, отнять у него абсолютное существование, чтобы дать ему относительное, умеют перенести его *я* в общую единицу, так как каждый частный человек считает себя уже не единым, частью единицы и чувствует только в своем целом [Там же].

Этот тип единения с чем-то бóльшим крайне значим для Толстого. Предлагаемая Руссо гармонизация этого союза и романтического союза двух душ — его идеал общественной жизни, описанный в «Новой Элоизе». Вводя в свою семью бывшего возлюбленного, Юлия обретает покой в единении семьи и любимых, создавая некий микрокосм общества. У Толстого вымышленные семьи будут играть аналогичную роль модели для общества в целом.

Если Руссо дал Толстому позитивные модели любовных отношений, то следующий важнейший идол Толстого — Шопенгауэр — способствовал очернению идей Толстого о романтической любви. Подвергая резкой критике сексуальную страсть, Шопенгауэр опирался на идеи Иммануила Канта. В «Лекциях по этике» (1780–1781) Кант провел четкую границу между сексуальным желанием и любовью:

> Однако если он любит ее исключительно по половой склонности, то это не может быть любовью, а только желанием. Любовь как человеколюбие есть любовь благоволения (Gewogenheit), содействие счастью и радость о счастье других. Однако же очевидно, что люди, испытывающие только половую склонность, не любят эту особу в каком-либо из этих видов подлинного человеколюбия. <...> Если они любят ее по половой склонности, то они делают эту особу объектом своего желания. <...> Половая склонность может быть, правда, соединена с человеколюбием, и тогда

> она сопровождается также человеколюбивым намерением, однако взятая в отдельности и сама по себе, она есть не что иное, как лишь желание. Таким образом, в этой склонности заключается все же некоторое унижение человека. Ибо как только эта особа становится объектом желания другого, то все мотивы нравственных отношений тут же отпадают, потому что как предмет желания другого она есть вещь, которою утоляется желание другого и которую всякий может употреблять как подобную вещь [Кант 2000: 155].

В философии Шопенгауэра этот взгляд на сексуальное желание рассматривается как принижение и объективация возлюбленного. В работе «Метафизика половой любви» (1844) он смело заявляет:

> Ибо любая влюбленность, какой бы эфирный вид она себе ни придавала, имеет свои корни исключительно в половом влечении, да и в сущности вся она — только точно определенное, специализированное, в строжайшем смысле слова индивидуализированное половое влечение [Шопенгауэр 2011: 445].

По утверждению Шопенгауэра, в такой страсти на карту ставится создание следующего поколения: «Возрастающая склонность двух любящих существ — это уже собственно воля к жизни нового индивида, который они могут и хотят произвести...» [Там же: 448]. С учетом этого, «существенной стороной в любви является не взаимность, а обладание, т. е. физическое наслаждение» [Там же: 447]. Он не оставляет места возможности истинной духовной или эмоциональной связи; эта идея является простым желанием искусно жить, надевая «личину объективного восхищения», чтобы «обманывать наше сознание» [Там же][8]. Во второй половине жизни Толстой находился под глубоким впечатлением от аргументации Шопенгауэра.

---

[8] Кант, в отличие от Шопенгауэра, верил, что истинная «человеческая любовь» (а не просто похоть) может сочетаться с сексуальностью в браке: «Единственное условие, при котором имеется свобода употребления своей половой

Толстой о любви: отвергая плоть

Если ранние новеллы Толстого, такие как «Семейное счастье» (1859), демонстрируют неоднозначность относительно интеграции сексуального желания в любовные отношения, то в поздней прозе и в философских произведениях он доходит в своих взглядах до крайности. В «Крейцеровой сонате» (1889) Толстой выдвигает, вероятно, наиболее жесткое обвинение половой любви, хотя и устами одного из самых неуравновешенных персонажей — женоубийцы Позднышева. В отличие от современника Толстого В. С. Соловьева (1853–1900), утверждавшего, что половая любовь — это путь к достижению любви божественной и единению с Целым[9], Позднышев утверждает, что страсть (особенно похоть) скорее разделяет, чем объединяет. «Духовное сродство! Единство идеалов! <...> Но в таком случае незачем спать вместе», — заявляет он, проводя жесткую границу между духовным и физическим единением [Толстой 1928–1959, 27: 14][10]. Хотя Позднышев не Толстой и взгляды их не следует путать, писатель и сам высказывает немало подобных сомнений в «Послесловии

склонности, основывается на праве свободно располагать всею своей личностью. Это право располагать всей личностью другого касается всецелого состояния счастья и всех обстоятельств, касающихся всей ее (ihre) личности». Это право возникает только в браке, где «одно лицо вверяет себя другому... не только свой пол, но всю свою личность» во взаимном обмене. «Если же я отдаю другому лицу всю мою личность и получаю тем самым взамен всю личность другого, то я вновь обретаю себя самого, а тем самым я вновь завладел самим собою, ибо я отдал себя другому в собственность, но я, в свою очередь, имею другого в своей собственности, и так я вновь обретаю себя самого, ибо я обретаю то лицо, которому я отдал себя в собственность» [Кант 2000: 158].

9 Соловьев приводит этот аргумент в «Смысле любви» (1892–1894). Эта работа является ответом и Шопенгауэру, и Толстому. Синтия Хупер изучала взаимосвязь между представлениями Толстого и Соловьева о любви и их «конкурирующими этическими системами». См. [Hooper 2001].

10 Идеи Толстого о сексе в «Крейцеровой сонате» широко известны и уже привлекли большое внимание научной критики, поэтому я не буду здесь вдаваться в подробности. Смотрите, например, [Benson 1973: 111–138; Christian 1969: 230–234; Hooper 2001: 369–370; Matich 2005: 40–55].

к "Крейцеровой сонате"». Он призывает рассматривать «плотскую любовь» как «унизительное для человека животное состояние», а не «поэтическое и возвышенное состояние», каковым, по его мнению, считает его современное общество (и, по сути, вся западная культура и искусство) [Там же: 80]. Аналогичные идеи в смягченной форме звучат уже в «Войне и мире»[11]. Откровенная сексуальность Элен подвергается порицанию, тогда как возвышенная духовная любовь Андрея восхваляется. Княжна Марья не может даже подумать о «земной любви» без чувства вины, тогда как низменные моральные качества Анатоля показаны через его поиск физического удовлетворения в объятиях хорошенькой приживалки Болконских.

Не допуская даже мысли о сосуществовании физической и духовной любви, Толстой все больше истолковывает любые сексуальные отношения как удовлетворение грубых животных аппетитов, которые пятнают или разрушают истинное уважение, нежность и любовь. В письме сыну в 1895 году Толстой вторит Шопенгауэру, утверждая: «Ты скажешь: зачем же вложено в человека это сильнейшее всего другого стремление к женской любви, если человек не должен стремиться к нему? Вложено оно в нас, как ты знаешь, для продолжения рода, а никак не для наслаждения» [Там же, 68: 242]. Для Толстого секс не вносит положительного вклада в союз мужа и жены (и это для человека, которому жена родила тринадцать детей!). В своем нежелании соединить секс и любовь Толстой иногда стремится свести любовь исключительно к духовному, как, например, когда Андрей Болконский утверждает (и искренне верит), что любит в Наташе только душу, всего лишь помещенную в ее тело. Аналогичным образом, в письме жене в 1897 году Толстой говорит, что любит ее «самой хорошей не плотской и не рассудочной, а душевной

---

[11] В произведениях Толстого почти нет положительных моментов физической близости. Мне известны только два, оба с участием Китти и Левина; оба едва начинались, и оба быстро прервались (первый — на диване в кабинете Левина, второй — на прогулке, когда Китти объясняет, почему Кознышев не сделал предложение Вареньке).

любовью» (хотя, конечно, его действия опровергают это утверждение) [Там же, 18: 213][12].

В поздних произведениях Толстой приходит к соединению этой любви к душе со стороны другой души с идеей Бога и учением Христа. Признавая душу подлинным «я», Толстой пытается истолковать похоть как нечто противоречащее естественной воле «я»:

> Различие христианского учения от прежних — то, что прежнее учение общественное говорило: живи противно твоей природе (подразумевая одну животную природу), подчиняй ее внешнему закону семьи, общества, государства; христианство говорит: живи сообразно твоей природе (подразумевая божественную природу), не подчиняя ее ничему, — ни своей, ни чужой животной природе, и ты достигнешь того самого, к чему ты стремишься, подчиняя внешним законам свою внешнюю природу [Там же, 28: 85].

Разделяя «животное» и «духовное» начала личности, Толстой выделяет две природы человека, уподобляя их черному и белому коням, описанным Платоном в «Федре». Там Платон изображает личность трехчастной: возничий колесницы, запряженной двумя конями — один белый, он «рассудителен и совестлив» и сдерживает свой бег перед любимым; другой черный, «друг наглости и похвальбы», который мчится навстречу любимому в поисках сексуального наслаждения [Платон 2015: 524–525]. Платон представляет личность возничим, примиряющим эти две стороны. Он полагает, что сексуальный импульс необходимо контролировать и преодолевать, но он должен существовать[13]. Толстой, напротив, хочет полностью очистить любовь от сексуальности, принимая только духовное «я» как подлинную личность.

---

[12] Письмо не включено в юбилейное издание.

[13] Только у неоплатоников эпохи Возрождения этот второй конь был полностью отвергнут, а «платоническая любовь» приобрела «бестелесный, неземной, полностью трансцендентный характер» [Singer 1984a: 74].

За пределами эроса: выбор Толстого

Толстой считал, что люди не могут начать прямо с духовной любви. Он полагал, что любовь развивается поэтапно, во многом соглашался с описанием Сократа в «Пире» Платона. Оба мыслителя помещают физическую любовь на самый нижний уровень, который следует преодолеть, но Толстой формулирует свои взгляды скорее в этических, чем в эстетических терминах, пытаясь найти единение с бóльшим целым, а не с идеальной красотой. С типичной для него эгоцентричностью Толстой описывает этапы любви на собственном примере. Согласно дневнику (31 октября 1889 года), сначала «человек живет только для своих страстей, еда, питье, веселье, охота, женщины, тщеславие, гордость» — этап, пройденный Толстым в ранние годы. Затем «начался интерес блага людей, всех людей, человечества. <...> Всё религиозное сознание мое сосредоточивалось в стремлении к благу людей, в деятельности для осуществления Ц[арства] Б[ожия]...» Наконец, он стал находить в себе самом «новую основу жизни», «[которая] заменит, включив в себя стремление к благу людей, так же как стремление к благу людей включило в себя стремление к благу личному. Эта основа есть служение Богу, исполнение его воли по отношению к той его сущности, к[оторая] поручена мне» [Толстой 1928–1959, 50: 170–171].

Этим этапам, обнаруженным Толстым в собственной жизни (или этапам, ради соответствия которым он переосмысливал свою жизнь), он позже придал универсальный характер в работе «Царство Божие внутри вас», дав им названия «личное, или животное», «общественное, или языческое» и «универсальное, или Божественное» [Там же, 28: 69][14]. Здесь он снова описывает любовь, начинающуюся с собственной личности, затем смещающую фокус на других и, наконец, включающую себя и другого, поскольку все они являются частью Бога. Независимо от того, когда он впервые осознал эту трехэтапную модель, ее элементы присутствуют в его прозе.

---

[14] Они подробно обсуждаются в [Густафсон 2003; Gustafson 1978].

С переходом от первого ко второму этапу любовь перестает касаться только индивидуальных союзов и обретает социальную функцию. Толстого волновало усовершенствование общества, а не только отдельного человека; он не мог и помыслить о любви как об абстрактном понятии, оторванном от семьи и более крупного сообщества или человечества в целом. Подобно Толстому в его дневниках и письмах, Левин в «Анне Карениной» «любовь к женщине... не только не мог себе представить без брака, но он прежде представлял себе семью, а потом уже ту женщину, которая даст ему семью» [Там же, 18: 101]. Главный герой «Воскресения» Нехлюдов, будучи чистым и добродетельным юношей, мыслит подобным же образом.

Эта озабоченность вопросами семьи и общества включается в финальный этап божественной любви или единения с Богом, которого Толстой иногда называет «всё» или «целое». На этом этапе происходит осознание того, что Бог в человеке и человек является частью Бога[15], как и другие существа; следовательно, исчезает различие между любовью к себе и любовью к другим. «Христианское учение есть указание человеку на то, что сущность его души есть любовь, что благо его получается не оттого, что он будет любить того-то и того-то, а оттого, что он будет любить начало всего — Бога, которого он сознает в себе любовью, и потому будет любить всех и всё» [Там же, 28: 85]. Именно это познают самые лучшие герои Толстого в моменты прозрения.

Эти три этапа представляют обобщенную схему, однако они не объясняют, как именно следует людям любить друг друга здесь и сейчас. Отказавшись от эротической любви как идеала, Толстой оказался перед необходимостью превозносить иную форму любви. В своем эссе «Смысл любви» Соловьев перечисляет и отвергает многие альтернативы, чтобы обосновать свое предпочтение эротической любви, и они предоставляют удобный

---

[15] Толстой проводит различие между прежней идеей себя, «животного» и этого себя, «себя — бога, искры божьей, себя — сына божия, бога такого же, как и отец» [Толстой 1928–1959, 28: 85].

шаблон для оценки возможностей, с которыми сталкивается его старший современник Толстой. Соловьев полагает, что любовь должна быть взаимной и что родительская любовь не может быть полностью взаимной, поскольку любящий и любимый принадлежат к разным поколениям и «родители не могут быть для детей целью жизни в том смысле, в каком дети бывают для родителей» [Соловьев 1988, 2: 510]. Он отрицает дружбу между людьми одного пола, поскольку в ней отсутствует «всестороннее различие восполняющих друг друга свойств» [Там же: 508]. По его мнению, патриотизм и любовь к человечеству не уничтожают эгоизм, так как «ни человечество, ни даже народ не могут быть для отдельного человека таким же конкретным предметом, как он сам» [Там же: 510][16]. Толстой исследует все эти виды любви в своих художественных произведениях и приходит к тем же сомнениям касательно их глубины или возможности расширения. Однако это исследование привело его не к эросу, а к иной форме любовных отношений, о которой не говорит Соловьев, — к братской связи. Братья и сестры друг другу ближе, чем просто друзья, которых можно обрести и утратить в течение жизни. Они принадлежат к одному поколению, что порождает взаимность, которой требует Соловьев. Несопоставимость любящего и любимого, которая создает проблемы для патриотизма, здесь не является препятствием. Как полагает Джульет Митчелл, брат или сестра — это «кто-то, кто стоит точно на том же месте, что и ты сам» в психоаналитическом смысле, разделяя ту же позицию по отношению к родителям [Mitchell 2003: 43].

На первых двух этапах любви, до открытия божественной любви, Толстой считал, что самые нежные, сострадательные, безусловные формы любви существуют именно дома между

---

[16] Толстой делает почти то же самое утверждение в книге «Царство Божие внутри вас»: «Любовь своего одноплеменного, одноязычного, одноверного народа еще возможна, хотя чувство это далеко не такое сильное, не только как любовь к себе, но и к семье или роду; но любовь к государству... уже почти невозможная... <...> ...для любви должен быть предмет, а человечество не есть предмет, а только фикция» [Толстой 1928–1959, 28: 82].

родными. Семья дает высшее ощущение связи и причастности. Как отмечает Ричард Густафсон:

> Самое идеальное представление Толстого о самом себе, самое драгоценное ощущение жизни, самая твердая его вера проистекают из желания и потребности найти свое место в мире, быть причастным миру. Долгие годы семейной жизни в Ясной Поляне в окружении жены и многочисленных детей свидетельствует о глубинной потребности ощущать себя частью мира [Густафсон 2003: 22].

Это утверждение может показаться парадоксальным, если взглянуть на итоги семейной жизни Толстого: распад его брака, напряженные отношения со многими из детей и, наконец, его последний уход из дома посреди ночи. Дом, где он воистину был «дома», — тот, который он идеализировал в своих произведениях, — не был домом его взрослой жизни, где его преследовали сексуальные желания и следующее за ними чувство вины, постоянные конфликты из-за той меры дворянских привилегий, которую он готов был принять, и вопросы о его материальном, интеллектуальном и духовном наследии. Напротив, как упомянуто во введении, таким идеализированным домом был дом его детства, где семья определялась отношениями с братьями и сестрами.

Толстой формулирует эту идеализацию и стремление воссоздать прошлое в письме тетушке, Татьяне Ергольской (12 января 1852 года), где он описывает свою мечту вернуться в Ясную Поляну и жить с ней там:

> Жизнь идет по-прежнему. <...> Мы вспоминаем о тех, кто нам были дороги, и которых уже нет; вы плачете, и я тоже, но мирными слезами. Мы говорим о братьях, которые наезжают к нам, о милой Машеньке, которая со всеми детьми будет ежегодно гостить по несколько месяцев в любимом ею «Ясном». <...> Чудесный сон, но я позволю себе мечтать еще о другом. Я женат — моя жена кроткая, добрая, любящая, и она вас любит так же, как и я. Наши дети вас зовут «бабушкой»; вы живете в большом доме, наверху, в той комнате, где когда-то жила бабушка; всё в доме по-прежнему, в том порядке, который был при жизни папа, и мы

> продолжаем ту же жизнь, только переменив роли... я — роль папа, но я не надеюсь когда-нибудь ее заслужить; моя жена — мама, наши дети — наши роли; Машенька — в роли обеих тетенек. <...> Три новых лица будут являться время от времени на сцену — это братья и, главное, один из них — Николенька, который будет часто с нами. Старый холостяк, лысый, в отставке, по-прежнему добрый и благородный [Толстой 1928–1959, 59: 162–163].

Примечательно частое присутствие братьев и сестры Толстого в его мечте. Идеальный дом Толстого-взрослого имеет ту же структуру семьи, что и дом его детства; у сестры и братьев есть там постоянное место.

Выше обсуждались нашумевшие нападки Толстого на сексуальность в «Крейцеровой сонате». Обширные литературоведческие исследования этой повести почти не упоминают о том, что Позднышев видит в братских отношениях альтернативу ущербным сексуальным отношениям между мужчиной и женщиной. Называя всякого мужчину, который спал со многими женщинами, безнадежно потерянным *блудником*, он утверждает, что «простого, ясного, чистого отношения к женщине, *братского*, у него уже никогда не будет» [Там же, 27: 19] (*курсив мой. — А. Б.*). Он заходит дальше, призывая всякого, кто увидит такого блудника в обществе, защитить от него свою сестру или дочь. Для Толстого сестра — бесспорный и чистый объект любви. Оставаясь вторичными для европейских писателей, упомянутых в начале этой главы, братские отношения были основополагающими для взглядов Толстого на человеческие связи. В конце данной главы я покажу, что в «Войне и мире» эта братская связь заменяет эрос в толстовских представлениях о любви.

Художественное описание братских отношений: «Детство. Отрочество. Юность»

Исследовав интеллектуальный контекст Толстого и его утверждения о любви, мы готовы проанализировать, как эти идеи воплотились в его художественном творчестве. В ранней автобиографической трилогии Толстого «Детство. Отрочество. Юность» (1852, 1854, 1856) дается подробное описание семейной жизни русского дворянства во второй четверти XIX века[17]. Эти повести, в которых отслеживается путь взросления Николеньки Иртеньева, чувствительного мальчика, столь напоминающего самого Толстого, сосредоточены на отношениях Николеньки со старшими и сверстниками в его поисках любви, поддержки и образцов для подражания. В то время как большинство критиков пишет о «Детстве», я буду говорить об «Отрочестве» и «Юности», где Володя, любимый старший брат Николеньки, выступает как основная сила, направляющая развитие младшего брата. Будучи источником как сильной гордости, так и зависти, Володя становится стандартом, по которому Николенька судит о мире. Поскольку трилогия посвящена ранним годам жизни и системе отношений дома, она, естественно, уделяет больше внимания семейным связям, чем романтической любви. Она дает самые живые толстовские описания непосредственного живого опыта братства и выводит на передний план его чувствительность к сложной психологической динамике семейной системы.

В одной из первых глав «Отрочества», названной «Старший брат», Николенька говорит читателю:

> Кто не замечал тех таинственных бессловесных отношений, проявляющихся в незаметной улыбке, движении или взгляде между людьми, живущими постоянно вместе: братьями, друзьями, мужем и женой, господином и слугой, в особенности когда люди эти не во всем откровенны между собой [Там же, 2: 17].

Это утверждение подразумевает, что интимная связь между мужем и женой или между близкими друзьями основана на том

---

[17] Достоевский часто ссылался на трилогию в своих рассуждениях о Толстом. Как будет обсуждаться в четвертой главе, через концепцию «случайной семьи» в своих поздних работах он попытался скорректировать или обновить созданный Толстым чересчур радужный образ аристократической семьи, хотя, как указывает Г. М. Фридлендер, семья в «Детстве» совсем не такая идиллическая, какой ее изображает Достоевский; отец — игрок, а мать явно страдает от его безразличия [Фридлендер 1985: 211–213].

же пассивном накапливании совместного опыта, которое возникает с братьями и сестрами. Эти невысказанные отношения, которые столь важны для психологической прозы Толстого, являются основным жизненным фокусом молодого Николеньки. Болезненная сосредоточенность на себе и самокритика приводят его к одержимости мнением о себе сверстников, и самое важное — брата. Николеньку ранит ощущение, что Володя пытается действовать как старший и демонстрирует превосходство, притворяясь, что не понимает его[18]. Драматизм всей трилогии заключается именно в этом тонком психологическом лавировании. Размышляя о случающихся иногда моментах молчания между собой и Володей, Николенька замечает: «Мы чувствовали, что слишком хорошо знаем друг друга. А слишком много или слишком мало знать друг друга одинаково мешает сближению» [Там же: 69]. Толстой вновь возвращается к этой теме в «Анне Карениной», когда Левин и его умирающий брат с трудом находят, что сказать, при этом *не* говоря о приближающейся смерти брата.

Вместо подражания своему несколько отстраненному отцу Николенька обращается к брату как к своему идеальному «я»[19], во многом подобно тому, как младший Козельцов восхищается страшим братом в рассказе Толстого «Севастополь в августе» (1855)[20]. Николенька мечется между попытками подражать Володе и доказывать свою независимость[21]. Достоевский отметил

---

[18] Толстой делает аналогичный комментарий о своем брате Николеньке в своей дневниковой записи от 13 января 1851 года [Толстой 1928–1959, 46: 44].

[19] У Митчелл брат или сестра рассматривается как идеальное «я». См. [Mitchell 2003: 4].

[20] В этом раннем рассказе о войне Толстой обращает особое внимание на иерархию между братьями, почти никогда не называя их по именам, а только «младший» или «меньшой» и «старший».

[21] Например, когда Николенька сдает вступительные экзамены в университет, он чувствует необходимость поступить так, как поступил его брат, и купить литографию «лошади Виктора Адама», табак и трубку, но в то же время боится купить точно такие же вещи и быть обвиненным «в обезьянстве Володе» [Толстой 1928–1959, 2: 110–111].

это противоречие между восхищением и отторжением. Отвечая на толстовскую трилогию в «Дневнике писателя» (январь 1877 года), Достоевский подчеркивал и даже усиливал вертикальные аспекты в отношениях Николеньки и Володи: «Он завидует брату и считает его несравненно выше себя, особенно по ловкости и по красоте лица, а между тем он втайне предчувствует, что брат гораздо ниже его во всех отношениях, но он гонит свою мысль и считает ее низостью» [Достоевский 1972–1990, 25: 32]. Достоевский был более внимателен к вопросам гордыни, чем Толстой. В его описании эти отношения выглядят так, как если бы о них писал он сам, их драматизм проистекает из внутренней борьбы Николеньки между самоосознанием и ощущением собственной ущербности или превосходства. Толкование толстовской повести Достоевским высвечивает различные проблемы, которые писатели видят в братских отношениях.

Для Николеньки этапы жизни отмечаются развитием Володи, и у него никогда не получается догнать его. Когда Володя начинает готовиться к экзаменам с собственным репетитором, Николенька признается: «...я с завистью и невольным уважением слушаю, как он, бойко постукивая мелом о черную доску, толкует о функциях, синусах, координатах и т. п., которые кажутся мне выражениями недосягаемой премудрости» [Толстой 1928–1959, 2: 59]. Все, что делает Володя, обретает ценность. «Хотя в обществе знакомых Володи я играл роль, оскорблявшую мое самолюбие, я любил сидеть в его комнате, когда у него бывали гости, и молча наблюдать все, что там делалось» [Там же: 67]. Не участвуя в разговоре, Николенька впитывает мнения группы. Он с болью осознает: «Володя как будто стыдился иногда перед ним [Дубковым] за мои самые невинные поступки, а всего более за мою молодость» [Там же: 68]. Николенька впервые ощущает отдаленность своего брата, когда Володя начинает посещать взрослые балы[22]. Хотя он по-прежнему уверен в их взаимной любви, Николенька замечает: «Мы чувствовали слишком большую разни-

[22] Балы указывают на то, что Володя достигает возраста полового созревания, в то время как Николенька все еще ребенок.

цу — между мальчиком, к которому ходят учителя, и человеком, который танцует на больших балах, — чтобы решиться сообщать друг другу свои мысли» [Там же: 87]. Для него нет сомнений, что они с братом воспринимают ситуацию одинаково. Как самый близкий Николеньке человек — с точки зрения времени, проводимого вместе, общих интересов и положения в семье, — Володя больше, чем кто-либо, влияет на формирование у Николеньки осознания себя как личности.

На отношения Николеньки с ровесниками влияет опыт отношений с братом. Во время первой попойки Николенька и его одноклассники пьют на брудершафт, что подчеркивает сходство братских и дружеских отношений. В «Юности» Николенька сближается с Володиным другом Нехлюдовым, и эта дружба — точное подобие его отношений с братом. Николенька даже фантазирует о женитьбе на сестре Нехлюдова, которая сделает его членом его семьи, соединяя семейные и дружеские узы. Он рассуждает о любви, выделяя разные ее виды, во многом подобно самому Толстому, но его жизненный опыт ограничен неромантическими формами любви[23].

В трилогии описаны отношения между детьми и родителями и братские отношения; Толстой дает понять, почему он ценит последние выше: большее равенство и более глубокое взаимопонимание[24]. Будучи неизменно озабочен вопросами статуса и иерархии, Николенька больше всего бывает доволен, находя моменты равенства по горизонтали, — эта тема постоянно присутствует в прозе Толстого. В «Детстве» родители обитают в ином мире, чем дети, и Николенька идеализирует их, не чувствуя с ними полного единения (в то же время автор дает понять читателю, что отношения родителей не столь безмятежны, как пола-

---

23 Николенька называет три вида любви: «любовь красивая», «любовь самоотверженная» и «любовь деятельная» [Толстой 1928–1959, 2: 147].

24 В «Севастополе в августе» великая мечта младшего Козельцова — проявить себя в бою и умереть рядом со своим обожаемым братом, по сути уравнявшись с ним в героизме и служении Родине [Там же, 4: 74–75].

гает Николенька)[25]. В «Юности» Николенькин отец свергнут с пьедестала, куда сын его поместил. Мальчики огорчены планами отца на новую женитьбу, и он становится для них просто человеком, чью неправоту можно критиковать. Это еще один важный шаг в развитии Николеньки. Отец говорит сыновьям: «...я теперь ваш не дядька, а друг, по крайней мере, хочу быть другом и товарищем и советчиком, где могу, и не больше» [Там же: 163–164]. Такое выравнивание отношений помогает Николеньке стать ближе к отцу, но эта близость не может сравниться с уровнем понимания между мальчиком и братом.

> В нашем семействе, между папа и нами, братьями, понимание это было развито в высшей степени. <...> Но ни с кем, как с Володей, с которым мы развивались в одинаковых условиях, не довели мы этой способности до такой тонкости. Уже и папа давно отстал от нас, и многое, что для нас было так же ясно, как дважды два, было ему непонятно [Там же: 168].

Это один из немногих отрывков, где Толстой указывает на причину близости между братьями, связывая ее с общим воспитанием и многолетним опытом совместной жизни. Николенька рассказывает, как они с братом придавали свой особый смысл словам, которые служили своего рода собственным языком. Эта модель близости между братьями и сестрами будет перенесена в описание отношений между братом и сестрой в «Войне и мире» (1865–1869). Дети в семье Ростовых разделяют схожую глубину понимания и близости, основанную на детских воспоминаниях и ассоциациях. Сохраняя множество личных деталей, «Война и мир» на шаг отступает от реалистичного, тщательно продуманного описания родственных отношений братьев в трилогии,

---

[25] В тексте неоднократно упоминаются азартные игры отца и возникают даже некоторые сомнения в его супружеской верности, хотя они остаются на уровне предположений. Николенька передает речь других людей и свои собственные наблюдения, но слишком мал, чтобы понимать их подтекст.

к немного более романтизированному взгляду на родственную связь. У Толстого глубина и понимание, которые характеризуют братство в трилогии, сливаются воедино с идеалами романтической любви. Благодаря этому отношения между братьями и сестрами становятся образцом для романтических союзов.

Братья и сестры в «Войне и мире»

Хотя «Война и мир» слишком сложная книга, чтобы иметь только один тематический фокус, во многих смыслах это семейный роман, отслеживающий эволюцию трех основных семей — Ростовых, Болконских и Курагиных — в годы, предшествующие и следующие за войной 1812 года с Наполеоном[26]. Описание каждой из этих семей, в свою очередь, строится вокруг пары «брат — сестра», предлагая три противопоставляемых друг другу ви́дения семьи и братских отношений. Семейство Ростовых — идеализированный толстовский образ теплой, радостной, спонтанной семейной жизни и любви. Брат и сестра Болконские представляют более сдержанный и духовный образ семейных связей. И наконец, Курагины — это поругание семейного идеала; в этой семье нет подлинной заботы друг о друге, здесь царит фальшь и эгоистичное желание, приводящее к инцесту между братом и сестрой[27]. Толстой понимал, что не все семьи счастливы, и Курагины — пример губительного влияния воспитания в такой неблагополучной семье.

---

[26] Толстой работал над этой книгой (которую он категорически отказывался называть романом) с 1860 по 1869 год, в период величайшего семейного счастья, так что вопросы семьи занимали в его мыслях видное место. Исследуя войну 1812 года, он также попросил свою невестку Елизавету Берс помочь ему собрать материалы о домашней и общественной жизни в разных городах в тот период (комментарий Э. Е. Зайденшнур к «Войне и миру» в Полном собрании сочинений [Толстой 1928–1959, 16: 25]).

[27] Толстой также планировал написать об инцесте между братом и сестрой в комедии, над которой он работал в 1856 году. Он описал главную тему как «разврат в деревне. Барыня с лакеем. Брат с сестрой. Незаконный сын отца с его женой et cet.» [Там же, 47: 80].

Как идеал семьи Ростовы впервые появляются в романе в своем доме, в отличие от Курагиных, которых мы видим на светском приеме. Это подтверждает утверждение Гэри Сола Морсона о том, что «Толстой обладал особым даром создавать семьи, которые были не просто набором личностей, но своего рода маленькой культурной единицей» [Morson 1988: 7]. Граф, графиня и их старшая дочь Вера развлекают гостей, когда младшие дети буквально врываются в гостиную, кипя избытком энергии. Их слышно еще до того, как они появляются, — слышны топот детских ног и звук расталкиваемой мебели. Их появление и заразительный смех Наташи пронизывают гостиную, разрушая все социальные условности и привнося вкус подлинной семейной любви, которая заражает даже посторонних. «Гостья, принужденная любоваться семейною сценой, сочла нужным принять в ней какое-нибудь участие» [Толстой 1928–1959, 9: 48].

Описав, как детям удается адаптироваться к этому внезапному столкновению с декорумом взрослых гостей, Толстой отмечает: «Видно было, что там, в задних комнатах, откуда они все так стремительно прибежали, у них были разговоры веселее, чем здесь о городских сплетнях, погоде и comtesse Apraksine [о графине Апраксиной]» [Там же]. Затем Толстой проводит нас за закрытые двери, в мир первой любви, мечтаний и планов, отдавая ему предпочтение перед шаблонными разговорами взрослых во время светского приема. Спрятавшаяся за цветочными горшками Наташа наблюдает поцелуй между Соней и Николаем, а затем имитирует его со своим возлюбленным, Борисом, — первый пример того, как отношения между братом и сестрой могут стать моделью для романтических отношений.

Обе пары обсуждают свои наивные идеи о любви и представляют, как будут складываться их жизни. Смещая фокус внимания на внутренние комнаты дома, Толстой утверждает, что заботы домашнего мира равны по важности вопросам о Наполеоне и политике, обсуждаемым в параллельных взрослых пространствах. Именно в этой домашней сфере проявляется самая искренняя забота.

Глубина сопереживания во взаимоотношениях сестер впервые видна между Наташей и Соней, двоюродными сестрами, которые воспитываются как родные (в это время «Соня графиню и считала и называла матерью»). Заметив, что Соня ускользнула с празднования именин, и предугадывая причину ее исчезновения, Наташа оставляет гостей, надеясь найти Соню на сундуке в коридоре — «месте печалей девушек дома Ростовых». Несмотря на хорошее настроение, как только Наташа видит Соню в слезах, она сама начинает плакать, «не зная причины и только оттого, что Соня плакала» [Там же: 79–80]. Однако комментарий рассказчика здесь не вполне верен; хотя Соня еще не объяснила своей печали, Наташа инстинктивно угадала, что причиной ее был Николай и что, вероятно, этот всплеск случился из-за Веры. Она утешает Соню и приводит ее обратно к гостям, чтобы петь трио с Николаем, хотя изначально был задуман дуэт Наташи и Николая.

Пение оказывается в центре нескольких сцен тесного единения братьев и сестер Ростовых. Связь Наташи и Николая, возможно, наиболее ярко проявляется в сцене, когда Николай слушает пение Наташи, после того как он проиграл Долохову в карты огромную сумму[28]:

> И вдруг весь мир для него сосредоточился в ожидании следующей ноты, следующей фразы, и все в мире сделалось разделенным на три темпа: «Oh mio crudele affetto... [О моя жестокая любовь.] Раз, два, три... раз, два... три... раз... Oh mio crudele affetto... Раз, два три... раз. Эх, жизнь наша дурацкая! — думал Николай. — Все это, и несчастье, и деньги, и Долохов, и злоба, и честь, — все это вздор... а вот оно — настоящее... Ну, Наташа, ну, голубчик! ну, матушка!.. Как она этот si возьмет... Взяла? Слава Богу». — И он, сам не замечая того, что он поет, чтобы усилить этот si, взял втору в терцию высокой ноты. <...>

---

[28] Это совместное музицирование брата с сестрой, возможно, имеет автобиографические отголоски, поскольку Толстой обычно играл на фортепиано в четыре руки со своей сестрой. См. [Гусев 1927а: 162; Maude 2008: 298].

> О, как задрожала эта терция, и как тронулось что-то лучшее, что было в душе Ростова. И это что-то было независимо от всего в мире, и выше всего в мире [Толстой 1928–1959, 10: 60].

Через вдохновение, полученное им от пения сестры, Николай переходит от отчаяния к ликованию[29]. Музыка играет важную роль во многих ключевых сценах «Войны и мира» (игра на балалайке у дяди, оперная музыка во время соблазнения Наташи, Петин сон о фуге перед смертью и т. д.), и в этой сцене Толстой связывает эмоциональную и духовную силу музыки с глубиной и силой братской связи, показывая, как они взаимно дополняют друг друга. Когда Николай спонтанно подпевает Наташе в самый напряженный момент арии, мы наблюдаем момент полного единения этой пары.

В центре «Крейцеровой сонаты» находится сила музыки и ее коварное свойство выпускать на волю страсти, которым не дано выхода в обстановке гостиной, где музыка исполняется. Позднышев подозревает, что к роману со скрипачом его жену подтолкнуло совместное музицирование. В «Войне и мире» мощное влияние музыки ограничено сферой братских отношений, оно чисто и изображается как союз душ, свободный от сексуальной страсти[30]. Критики утверждали, что Толстой не мог создать полноценных отношений между героем и героиней, поскольку не хотел запятнать героиню сексуальностью [Benson 1973: 10–15; Holbrook 1997: 149][31]. Я считаю, что сцена пения Наташи и Ни-

---

[29] Этот отрывок прекрасно описан Донной Орвин, которая видит, как Николай отказывается от «своей индивидуальности со всеми ее атрибутами» и опускается до уровня «духа» [Orwin 1993: 118]. «Он нисходит к законной “совместной жизни”, в которой люди действуют в согласии и оставляют причины своего поведения Богу» [Ibid.: 125].

[30] Толстой еще больше подчеркивает невинность этой сцены, комментируя перед отрывком, что в голосе Наташи была «девственная нетронутость» [Толстой 1928–1959, 10: 59].

[31] Круз пишет: «Только в “Воскресении”, с его полным отказом от сексуальности, женщины и мужчины вместе могут достичь гармоничных отношений друг с другом и с самими собой» [Cruise 2002: 204].

колая хорошо иллюстрирует, что Толстой *действительно создает* полноценные отношения между мужскими и женскими персонажами и моменты их полного единения. Однако эти моменты наиболее сильно выражены для его пар братьев и сестер, а не любовных пар, и потому они ускользают от внимания. Используя язык и образы эротической поэзии — движение душ, совместное пение, ария о страстной мучительной любви — применительно к паре брат — сестра, Толстой остраняет этот язык. Близость оказывается незамеченной не потому, что описана менее сильным слогом, а потому, что нам привычно приравнивать сильную любовь к эросу, и потому мы игнорируем союз поющих душ, принадлежащих брату и сестре, которые не испытывают друг к другу сексуального влечения. Хотя совместное пение кульминационного момента арии могло бы в ином контексте иметь сексуальную коннотацию, здесь пара не осознает потенциально инцестных полутонов, которые можно прочесть в их поведении[32].

Возможно, еще один поразительный пример близости Наташи и Николая дан в философском разговоре, который переходит в обмен детскими воспоминаниями. Усевшись на кушетке, где у них всегда случались «самые задушевные разговоры», Наташа и Николай начинают обсуждать моменты внезапного опустошения, которые им случилось испытать. Сцена часто прерывается

---

[32] Существуют две основные научные школы, объясняющие табу на инцест. Первая основана на теориях финского антрополога Эдварда Вестермарка, а вторая — на теориях Фрейда. Э. Вестермарк утверждает, что близость в детстве приводит к решительному отвращению к инцесту [Westermarck 1926: 80]. Обсуждаемая сцена согласуется с теорией Вестермарка о том, что братья и сестры, выросшие вместе, как Ростовы, естественно, не испытывают желания иметь сексуальные отношения. В противовес этой точке зрения, Фрейд утверждает, что первый любовный выбор людей обычно связан с кровосмесительством и что запреты на инцест были созданы для противодействия этому желанию. Детальное сравнение различных теорий о реакции на стимул инцеста смотрите в [Fox 1962: 130–136]. Я думаю, что точка зрения Толстого, вероятно, лучше всего согласуется с утверждением Канта о том, что «природа... уже сама по себе заложила в нас естественную неприязнь к инцесту» и что «природа... уже сама по себе ограничила склонность к братьям и сестрам» [Кант 2000: 159]. Толстой никогда не ставит под сомнение предосудительность инцеста или причину нашего отвращения к нему.

рефреном «ты помнишь?» — «я помню», связывающим их в едином прошлом, к которому другие — включая их кузину Соню, присутствовавшую при многих событиях, — как будто не имеют доступа. В какой-то момент Наташа вспоминает, как дядя позвал их, маленьких, в кабинет и показал... «арапа» — вставляет Николай, замечая: «Я и теперь не знаю, что это был арап, или мы во сне видели, или нам рассказывали» [Толстой 1928–1959, 10: 276–277]. По словам Ростовых-родителей, такого события не было никогда, но Наташа и Николай оба помнят его, и даже мелкую деталь — белые зубы арапа. Они на одной волне и перебирают «улыбаясь с наслаждением воспоминания, не грустного старческого, а поэтического юношеского воспоминания, те впечатления из самого дальнего прошедшего, где сновидение сливается с действительностью...» [Там же: 278][33].

После этой сцены совместных воспоминаний Наташу и Николая зовут петь. Толстой вновь подчеркивает тесную связь между ними, отмечая, что «Николай не спускал глаз с сестры, и вместе с нею переводил дыхание» [Там же: 280]. Это совместное прерывание дыхания символизирует их единство и снова обладает потенциально инцестным подтекстом, о котором герои пребывают в блаженном неведении. Защищенные своей родственной связью, Николай и Наташа считают свои действия полностью невинными и потому не знают ограничений в своей привязанности. На протяжении всего романа романтические партнеры, как представляется, стремятся к простой, ничем не ограниченной связи, которой наслаждаются братья и сестры.

Отношения братьев и сестер как модель романтических отношений

В «Войне и мире» чувства между братьями и сестрами напоминают чувства между мужьями и женами, а пары братьев и сестер и пары супругов взаимодействуют одинаково. Толстой

---

[33] Значение идеализированного детства в «Войне и мире» обсуждается в [Cruise 2002: 196–197].

подчеркивает это, создавая параллельные сцены с такими парами. Как и Николай, Андрей ощущает единение с Наташей через пение. Придя в дом Ростовых после Наташиного первого бала и слушая ее пение, он задыхался от слез, и «в душе его произошло что-то новое и счастливое» [Там же: 212], что напоминает переживания Николая после проигрыша. Для Андрея слушать пение Наташи — это духовный опыт, подтверждающий, что существует «вдруг живо-сознанная им страшная противоположность между чем-то бесконечно-великим и неопределимым, бывшим в нем, и чем-то узким и телесным, чем был он сам и даже была она» [Там же]. Как для Николая, так и для Андрея Наташино пение приводит в движение нечто возвышенное в их душах.

Подобно тому, как Наташины отношения с Андреем порой зеркально отражают ее отношения с Николаем, то же происходит с ее отношениями с Пьером. Когда Николай впервые возвращается домой из армии, Наташа ждет его утреннего пробуждения, чтобы поговорить. «Они не успевали спрашивать друг друга и отвечать на вопросы о тысячах мелочей, которые могли интересовать только их одних» [Там же: 7]. Разговор перескакивает с одной темы на другую, Наташа показывает ожог, который сама нанесла себе на руку как доказательство любви к Соне:

> ...глядя в эти отчаянно-оживленные глаза Наташи, Ростов опять вошел в тот свой семейный, детский мир, который не имел ни для кого никакого смысла, кроме как для него, но который доставлял ему одни из лучших наслаждений в жизни; и сожжение руки линейкой, для показания любви, показалось ему не бесполезно; он понимал и не удивлялся этому [Там же: 8].

Это взаимодействие подчеркивает глубокий уровень понимания между ними. Им нет необходимости заканчивать вопросы и ответы, поскольку они мгновенно понимают друг друга. Столь же важно и то, что они ведут разговор, который постороннему показался бы бессмысленным.

Подобным образом Толстой описывает разговор Наташи с Пьером после женитьбы. Когда Пьер возвращается домой после отсутствия (подобно Николаю, вернувшемуся с войны), Наташа счастлива заполучить его на разговор с глазу на глаз.

> Наташа, оставшись с мужем одна, тоже разговаривала так, как только разговаривает жена с мужем, т. е. с необыкновенной ясностью и быстротой познавая и сообщая мысли друг друга, путем противным всем правилам логики... [Там же, 12: 290].

Как и между Наташей и Николаем, между ними возникает глубокое понимание, не требующее той логики и организации, которые большинству людей необходимы в общении. Это разговор,

> ...противный всем законам логики, противный уже потому, что в одно и то же время говорилось о совершенно различных предметах. Это одновременное обсуждение многого не только не мешало ясности понимания, но, напротив, было вернейшим признаком того, что они вполне понимают друг друга. <...> ...последовательны и ясны не речи, а только чувство, которое руководит ими [Там же: 291].

Хотя Толстой утверждает, что Наташа и Пьер говорят, «как только разговаривает жена с мужем», мы уже наблюдали такую же непосредственную связь во время разговора Наташи с братом.

Романтические отношения между Николаем и Марьей Толстой также моделирует на основе отношений между братьями и сестрами. В начале знакомства Николай приносит Марье письмо от своей матери, где говорится, что ее брат в числе раненых уезжает с Ростовыми из Москвы. Прочитав вместе с ней письмо, «Николай вдруг сблизился с княжной в почти родственные отношения» [Там же: 30], что создает между ними связь, подобную братской.

Отношения Марьи и Николая похожи на ее отношения с братом, Андреем. Хотя последний и не в состоянии понять возвышенную духовную сторону своей сестры, он признает эту сторону и начинает осознавать ее ценность. Когда Андрей ранен, он думает о высшей любви, которая привязывает его к жизни: «...та любовь, которую проповедовал Бог на Земле, которой меня учила княжна Марья и которой я не понимал» [Там же, 11: 258]. Тем самым он подчеркивает свое восхищение тем, что есть у сестры, и невозможность самому достичь ее духовных высот. Точно так же Николай восхищается духовностью Марьи и видит в ней нечто недоступное его пониманию. После свадьбы «главным основанием его твердой, нежной и гордой любви к жене» было «чувство удивления перед ее душевностью, перед тем, почти недоступным Николаю возвышенным, нравственным миром, в котором всегда жила его жена» [Там же, 12: 287][34]. Подобно тому, как Марья мягко пыталась научить Андрея любви и состраданию к окружающим, точно так же она побуждает Николая прощать, говоря, например, что бить крепостных неправильно.

Если идеальные романтические отношения у Толстого очень напоминают родственные узы, то у его пар братьев и сестер бывают моменты, которые могут быть прочитаны как супружеские сцены. Когда Андрей покидает Лысые Горы, чтобы отправиться на войну, Толстой не рассказывает подробно о его расставании с женой Лизой, описывая классическую сцену двух влюбленных, разлученных войной, восходящую по крайней мере к Гомеру и его изображению расставания Гектора с Андромахой. Вместо этого он сосредотачивается на расставании Андрея и Марьи, описывая их последний разговор и крест, который Марья дарит Андрею и надевает ему на шею. Когда Андрей произносит прощальные слова, Лиза падает в обморок, и Андрей оставляет ее в кресле, чтобы в последний раз попрощаться со своей сестрой, поцеловав ее. Толстой завершает сцену, описывая ее «заплаканные прекрасные глаза», в то время как она осеняет крестным знамением пустой дверной проем [Там же, 9: 136].

После смерти Лизы Андрей и Марья вместе ухаживают за его новорожденным сыном. Говоря о том, что Марья заменяла, «как

---

[34] Толстой разработал образ Марьи на основе идеализированного образа своей матери, а Николая — на основе образа своего отца, что, возможно, укрепило его желание сделать их отношения более чистыми и возвышенными. Биографическую справку об этих лицах смотрите в [Кук 2005: 196–198; Wilson 1988: 23; Maude 2008: 422].

умела, мать маленькому племяннику» [Там же, 10: 92], он в некотором смысле делает Марью и Андрея родителями одного ребенка, хотя в их отношениях нет сексуальной составляющей. Ссорясь из-за того, как ухаживать за больным младенцем, эти двое напоминают мужа и жену — в основе их мелких споров о лекарствах и отдыхе лежит глубокая привязанность. По завершении кризиса болезни происходит еще одна сцена, похожая на супружескую, в которой Андрей и Марья стоят вместе у кроватки, глядя сверху вниз на своего младенца. Кроватка окружена пологом, и когда Марья присоединяется к Андрею, эта занавеска отделяет пару с младенцем от остального мира.

> Князь Андрей посмотрел на сестру. Лучистые глаза княжны Марьи, в матовом полусвете полога, блестели более обыкновенного от счастливых слез, которые стояли в них. Княжна Марья потянулась к брату и поцеловала его, слегка зацепив за полог кроватки. Они погрозили друг другу, еще постояли в матовом свете полога, как бы не желая расстаться с этим миром, в котором они втроем были отделены от всего света. Князь Андрей первый, путая волосы о кисею полога, отошел от кроватки. — Да, это одно что осталось мне теперь, — сказал он со вздохом [Там же: 102].

Это стремление к уединению и отделению от остального мира обычно ассоциируется с влюбленными, а не с братьями и сестрами. Повторяя слово «полог» (а именно, *полог кровати*), Толстой подчеркивает, что Андрей и Марья сошлись внутри полога кровати и у них есть ребенок; это почти сцена продолжения рода, однако без секса.

Между Николаем и Наташей также происходит подобная сцена отделения от остального мира во время поездки в экипаже домой от дяди в ночь охоты на волков. Ночь столь темна, что им даже не разглядеть лошадей; им кажется, что они находятся в другом мире. Николай даже предполагает, что, быть может, они едут не домой, а в «волшебное царство» [Там же: 269]. По своему обыкновению, Наташа спрашивает Николая, о чем он думает, а он, в свою очередь, задает этот же вопрос ей. Затем она вдруг заявляет: «Я знаю, что никогда уже я не буду так счастлива, спокойна, как теперь» [Там же: 270]. Хотя ни один из них этого не говорит, Николай думает: «Что за прелесть эта моя Наташа! Такого другого друга у меня нет и не будет. Зачем ей выходить замуж? — всё бы с ней ездили!», а Наташа думает: «Экая прелесть этот Николай!» [Там же][35]. Это желание всегда быть в пути вот так, вдвоем, напоминает типичные описания влюбленных, оторванных от всего света и погруженных в свой личный мир. Николай задается вопросом, почему Наташа вообще должна выйти замуж, прямо перед тем, как он задумывается о желании быть с ней парой навсегда; таким образом происходит совмещение места, которое он занимает как брат, и места мужа, который заменит его. Романтический партнер становится соперником брата или сестры (Марья тоже почувствует это по отношению к Наташе)[36].

Пока Николай на войне, его мысли сосредоточены на сестре, а не на его романтическом увлечении, Соне. Однажды ночью, засыпая верхом на лошади, Николай видит во сне Наташу. Толстой записывает поток сознания Николая, постоянно прерывающийся, когда его что-то будит. Каждый раз, когда Николай дремлет, его мысли возвращаются к Наташе. Когда его мысли уплывают к императору, Николай думает: «Да это пустяки, а главное — не забывать, что я нужное-то думал, да. На — ташку» [Там же, 9: 326]. Тогда как большинству главных героев снятся возлюбленные, Николаю снится сестра, и даже император — его кумир — оказывается менее важен.

Когда на раненого Андрея смотрит сверху вниз его неизменно почитаемый герой, Наполеон, Андрей тоже переживает момент безразличия к великим людям, вместо этого он ощущает ценность

---

[35] Это желание навсегда остаться парой соответствует типу родственной привязанности, известному как близнечество, и описано в [Akhtar, Kramer 1999: 11–12].

[36] На обратном пути от ряженых, после того, как он решает жениться на Соне, Николай подбегает к Наташиной карете, чтобы несколько раз спросить ее, правильно ли он поступил. Его потребность в ее одобрении и настойчивость в повторении вопроса наводят на мысль, что он также обеспокоен ее заменой.

сестры. «Глядя в глаза Наполеону, князь Андрей думал о ничтожности величия, о ничтожности жизни, которой никто не мог понять значения, и о еще большем ничтожестве смерти, смысл которой никто не мог понять и объяснить из живущих» [Там же: 359]. Несмотря на то что все, казалось бы, стало для него незначительным, мгновение спустя, увидев икону, которую Марья надела ему на шею, Андрей думает: «...хорошо бы это было, ежели бы всё было так ясно и просто, как оно кажется княжне Марье» [Там же], и мечтает обрести ту веру, которая есть у нее и которая могла бы успокоить его, когда он чувствует, что столкнулся с «силой неопределенной». Хотя Андрей не имеет веры Марьи, она не утрачивает для него своей ценности.

В «Войне и мире» различия между родственными и романтическими отношениями размыты[37]. При изображении браков Толстой опирается на модель отношений брата и сестры из своего идеализированного детства[38]. В свою очередь, для его персонажей родственные отношения оказываются формой опыта для последующих любовных отношений, из-за чего их родственные связи порой похожи на лишенные секса браки[39]. В то время эта закономерность наблюдалась и в английской литературе. Валери Сандерс отмечает: «Во многих викторианских семьях братьев и сестер окружала аура романтической верности и преданности, причем сестры играли роль воспитательниц, а мальчики — естественных

---

[37] Бенсон указывает, что Толстой не делает никаких различий между реакциями Наташи и Марьи на смерть Андрея, хотя можно было бы ожидать, что возлюбленная и сестра отреагируют на потерю по-разному [Benson 1973: 65].

[38] Лора Джей Олсон называет Наташу «сестрой», которая становится «возлюбленной» нескольких персонажей мужского пола, но она не комментирует связь между этими двумя ролями [Olson 1997: 516].

[39] Психологи, изучающие братьев и сестер, отметили сходные закономерности. Марджори Робертс Грей и Лоуренс Стейнберг пишут, что ранние отношения детей, включающие отношения между братьями и сестрами, функционируют как «шаблон для формирования характера и качеств более поздних отношений» [Gray, Steinberg 1999: 245]. Элис Б. Колонна и Лотти М. Ньюман обсуждают влияние отношений между братьями и сестрами на выбор романтических партнеров в дальнейшей жизни. См. [Colonna, Newman 1983: 297].

защитников» [Sanders 2002: 4]. Герои Толстого узнают о близости, общаясь со своими братьями и сестрами, а затем стараются воссоздать такие связи в своих взрослых супружеских отношениях[40]. Эти попытки перенести опыт, основанный на асексуальных отношениях, на супружество усугубляют сложность, для толстовских персонажей, интеграции секса в их интимные отношения. Возможно, отчасти по этой причине браки в «Войне и мире» описываются в совершенно неэротическом ключе.

Неловкость по поводу сексуальности и отсутствие полноценных романтических отношений

В «Войне и мире» многие персонажи представлены лишенными секса или испытывают неловкость по этому поводу. Хотя они и испытывают половое влечение, они часто ощущают неловкость, думая о себе и о других как о сексуальных существах. Как крайнее проявление, Марья, которая считается воплощением образа матери Толстого [Кук 2005: 198; Maude 2008: 387; Wilson 1988: 23], старается не позволять себе задумываться о любви, и когда Анатоль приехал в Лысые Горы, она «чувствовала себя оскорбленною в чувстве собственного достоинства тем, что приезд обещанного ей жениха волновал ее» [Толстой 1928–1959, 9: 267]. Хотя Толстой и говорит нам, что «главною, сильнейшею и затаенною ее мечтою была любовь земная» [Там же: 270], Марья, будучи некрасивой женщиной, запертой в уединенном загородном поместье без потенциальных женихов, приучает себя считать это желание дьявольским искушением[41]. Отказавшись от надежды

---

[40] Исследование стилей разрешения конфликтов Марлой Риз-Вебер и Сьюзен Бартл-Харинг показало, что модели взаимодействия между братьями и сестрами переносятся на то, как люди взаимодействуют с романтическими партнерами [Reese-Weber, Bartle-Haring 1998]. В частности, негативные методы, которые используют братья и сестры при разрешении конфликтов, напрямую влияют на то, как они разрешают конфликты в романтических отношениях.

[41] Морсон подчеркивает тот факт, что ее стремление не поддаваться сексуальным желаниям является «напряженным упражнением воли» [Morson 1987: 263].

завести семью, она обращается к религии и самопожертвованию — той форме существования, которая помогает ей справляться с тяготами судьбы и придает ценность ее досадному одиночеству.

Едва в их мыслях или поступках появляется сексуальность, персонажи Толстого обычно ощущают себя нечистыми и заслуживающими порицания, даже если они не предпринимали никаких действий. С Пьером это случается, когда чары Элен начинают подчинять его своей обольстительной силой.

> Пьер принадлежал к числу тех людей, которые сильны только тогда, когда они чувствуют себя вполне чистыми. А с того дня, как им овладело то чувство желания, которое он испытал над табакеркой у Анны Павловны, несознанное чувство виноватости этого стремления парализовало его решимость [Там же: 255–256].

Этот отрывок напрямую отсылает к Евангелию от Матфея: «...всякий, кто смотрит на женщину с вожделением, уже прелюбодействовал с нею в сердце своем» (Мф. 5:28); Пьер теряет невинность просто из-за сексуального желания.

Наташа ощущает такую же неловкость и чувство вины, впервые испытывая настоящее сексуальное желание, когда Анатоль соблазняет ее в опере. Оперный театр видится ей полным обнаженных рук и плеч, выставленных напоказ грудей, обтягивающих панталон и танцоров и танцовщиц с голыми ногами. В этой сексуально заряженной атмосфере Наташа знакомится с Анатолем, физической привлекательностью которого она восхищалась на расстоянии. Только что подвергшись унижению во время визита к старому князю Болконскому и княжне Марье, она настроена принять его ухаживания. После пяти минут разговора с Анатолем, в ходе которого он с нескрываемым желанием смотрел на ее обнаженные плечи, Наташа «чувствовала, что они близки, как она никогда не была с мужчиной» [Там же, 10: 332], что указывает на то, что это ее первый опыт истинного сексуального влечения. Хотя это ощущение ей приятно, она все же боится и испытывает неловкость из-за своих чувств (в конце концов, она помолвлена с другим). Когда она позднее попыталась разобраться в своих эмоциях, «все казалось ей темно, неясно и страшно» [Там же: 333].

Наташа — важнейший источник вдохновения для многих героев на протяжении всего романа, но никто никогда по-настоящему не обладает ею и не создает с ней полноценной романтической связи в ее чарующем зрелом состоянии[42]. Денисов отвергнут, Борис отослан прочь. Андрей все же заключает помолвку, но вместо того, чтобы заявить права на свою невесту, он просит «через год сделать [его] счастие» и оставляет Наташу свободной, сохраняя помолвку в секрете. Наташа остается нетронутой. Андрей навещал Ростовых каждый день, «но не как жених обращался с Наташей: он говорил ей *вы* и целовал только ее руку» [Там же: 227–228]. Отсутствие сексуальности относится не только к тому, как ведет себя пара, но и к тому, как они говорят и размышляют о своих отношениях. После разрыва помолвки Андрей вспоминает, как он любил Наташу: «...но эту-то душевную силу, эту искренность, эту открытость душевную, эту-то душу ее, которую как будто связывало тело, эту-то душу я и любил в ней» [Там же, 11: 212]. Как и его сестра, он пытается отвергнуть физическое, утверждая, что душа, которую он любил, была просто «связана» телом Наташи. Как ни странно, эта мысль приходит ему в голову, когда он вспоминает, как Наташа рассказывала ему о сборе грибов — распространенном символе сексуальности в русской культуре[43]. Андрей сознательно выступает против сексуальности, утверждая для себя превосходство духовного над физическим. Только на смертном одре, когда исчезнет всякая возможность сексуального союза, Андрей сможет любить Наташу не на расстоянии и без ограничений.

Хотя Пьер и женится на Наташе, Толстой не изображает их влюбленной парой. Во время французской оккупации Москвы,

---

[42] Холбрук более подробно обсуждает эту идею в [Holbrook 1997: 82–83].

[43] Мандейлькер пишет о грибе как о сексуальном символе, рассматривая неудавшийся роман Вареньки с Кознышевым в «Анне Карениной» [Mandelker 1993: 170]. Подробное обсуждение символического значения грибов в русской культуре можно найти в [Топоров 1979].

за несколько лет до того, как он на ней женился, Пьер описывает свою любовь к Наташе французскому капитану Рамбалю.

> Потом Пьер объяснил, что он любил эту женщину с самых юных лет; но не смел думать о ней, потому что она была слишком молода, а он был незаконный сын без имени. Потом же, когда он получил имя и богатство, он не смел думать о ней, потому что слишком любил ее, слишком высоко ставил ее над всем миром и потому тем более над самим собою [Там же: 376].

На это Рамбаль отвечает только: «Платоническая любовь, облака...» («L'amour platonique, les nuages...») [Там же: 377]. Здесь Толстой обнажает свою проблему создания романтических отношений: если женщина достойна любви на всю жизнь, тогда она должна стать чем-то святым, чем-то «над всем миром», и поэтому к ней нельзя прикасаться.

После Наташиного неудачного побега и ее попытки отравиться Пьер постоянно навещает ее и просит «считать своим другом» и вспомнить о нем, когда ей понадобится помощь или доверенное лицо. Он оставляет ее в середине книги со своим знаменитым предложением в сослагательном наклонении: «Ежели бы я был не я, а красивейший, умнейший и лучший человек в мире и был бы свободен, я бы сию минуту на коленях просил руки и любви вашей» [Там же, 10: 373–374]. Используя сослагательное наклонение, Пьер удерживается от истинно романтического высказывания и оставляет роль друга единственной ролью, которую он, по сути, предложил. Наташа воспринимает его заявление не как признание в любви, а как проявление его доброты и сострадания. «Добрее, великодушнее, лучше вас я не знаю человека, и не может быть», — говорит она позднее [Там же, 11: 82]. Связь Пьера с Наташей напоминает связь с ней ее братьев: смесь очарования (Петина привязанность описывается как «любовная») и глубокого понимания.

Даже когда Пьер наконец готов сделать предложение Наташе, ему неудобно признавать любовную природу своих чувств. В обычном для него самоуничижительном стиле он сообщает

Марье: «Я все знаю. Я знаю, что не стою ее; я знаю, что теперь невозможно говорить об этом. Но я хочу быть братом ей. Нет, я не этого... не хочу, не могу...» [Там же, 12: 227]. Сам Пьер, пытаясь сказать, что любит Наташу, путается между желанием быть ее братом и ее мужем, хотя это то, чего он действительно хочет. Исправляя свои слова, он даже не может произнести слово «муж», что указывает на его неловкость от добавления сексуальности к чистой любви. Мы не видим Пьера женатым на очаровательной Наташе из «бала», «охоты на волков» или из сцен «вечернего пения». Вместо этого Толстой пропускает первые семь лет их брака и показывает нам Пьера только с той Наташей, которая утратила все свое очарование и стала плодовитой матерью. Их жизнь сосредоточена на семье и детях, и мы почти не видим признаков сексуальной страсти между ними[44].

Еще одни значимые романтические отношения — между Марьей и Николаем — также основаны на идеализации и лишены сексуального компонента. С Николаем «в первый раз вся та чистая, духовная, внутренняя работа, которою она [Марья] жила до сих пор, выступила наружу» [Там же: 24][45]. Николай видит и ценит это и влюбляется в «нравственную красоту» Марьи. «Он чувствовал, что существо, бывшее перед ним, было совсем другое, лучшее, чем все те, которые он встречал до сих пор, и лучшее, главное, чем он сам» [Там же]. Как Пьер ставит на пьедестал Наташу, так и Николай возносит туда Марью. Несмотря на свое восхищение и любовь, а возможно, из-за них Николай изначально не может представить себе супружескую жизнь с Марьей, как он мог это делать с другими женщинами,

---

[44] Описывая взаимодействие Наташи со своим ребенком Петей, Круз пишет, что «Наташа достигла цельной и полной любви, в которой роли жены и матери неделимы и взаимозаменяемы» [Cruise 2002: 199]. Я согласна, что Толстой не хотел, чтобы эти два понятия были разделены, но даже с учетом этого идея взаимозаменяемости кажется мне нелогичной.

[45] Круз отмечает, что Марья — единственная героиня Толстого, чьи «духовные устремления толкают ее в сферу умственной деятельности, обычно предназначенную для персонажей мужского пола» [Ibid.].

такими как Соня; он считает ее слишком святой, чтобы вступать в сексуальные брачные отношения.

Сама Марья, осознавая свою некрасивость и непривлекательность, с трудом верит, что может вызвать романтическую любовь. Даже после нескольких лет брака это ее тревожит, но Николай напоминает ей, что человек «не по хорошу мил, а по милу хорош» [Там же: 264]. Толстой, по-видимому, устами своих персонажей проповедует то, во что он хотел верить сам. Николай выдвигает совершенно неромантичную идею любви, говоря Марье: «...а жену разве я люблю? Я не люблю, а так, не знаю, как тебе сказать. Без тебя и когда вот так у нас какая-то кошка пробежит, я как будто пропал и ничего не могу. Ну, что я люблю палец свой? Я не люблю, а попробуй, отрежь его» [Там же]. Это утверждение свидетельствует о том, что для Николая любовь к Марье — это слияние личностей; она становится частью его самого, но совершенно несексуальной частью[46].

Несостоятельные модели братских отношений: Вера, Элен и Соня

До сих пор мы рассматривали счастливые, здоровые отношения между братьями и сестрами и то, как они служат образцом для брака и дальнейшей семейной жизни. В мире Толстого любимые сестры становятся счастливыми матерями. Но как быть с сестрами, лишенными заботы и опеки братьев? Вера Ростова и Элен Курагина представляют две альтернативы — отказ от братства или его осквернение — которые обе основаны на эгоизме и обе ведут к бесплодию.

В то время как остальные дети Ростовых предстают перед читателем все вместе, играя в радостной гармонии, Вера изолирована от них с самой первой сцены. В романе дети впервые появляются в задних комнатах дома, в то время как Вера сидит с матерью,

---

[46] Этот тип слияния отличается от «метафизической тяги к единству» романтиков (как описано в [Singer 1984b: 285]).

развлекая посетителей. Это говорит о ее предпочтении общества семье. Вера — старшая, и графиня Ростова отмечает, что она была с ней строже, чем с другими детьми, но Толстой никогда полностью не объясняет причину отчуждения Веры от семьи[47]. Вера отстранена не только от братьев и сестер, но и от родителей: это становится заметно в сцене, когда Ростовы получают письмо от Николая из армии с описанием того, как он был ранен и получил награду[48]. Все доведены письмом до слез, а Вера остается невозмутимой и спрашивает, почему ее мать плачет. Графиня и Наташа обмениваются взглядами, и графиня думает: «И в кого она такая вышла!» [Там же, 9: 289]. Веру не трогают слова брата, и ей непонятна реакция на них со стороны сестры и матери. Она словно чужая, вне семейных уз, она не играет как следует роль сестры. После первой тягостной сцены, когда мы видим, как Вера разрушает момент гармонии между Наташей и Николаем и их первыми возлюбленными, Наташа говорит ей: «Ты этого никогда не поймешь... потому что ты никогда никого не любила; у тебя сердца нет...» [Там же: 56].

В этой первой сцене Наташа имеет в виду поклонника Веры, Берга, указывая на связь Веры с ним, а не со своими братьями и сестрой[49]. На самом деле, эта связь с Бергом — это единственная положительная характеристика Веры, которую дает ей

---

[47] Морсон называет ее «исключением, подтверждающим правило» о том, что семьи имеют свою собственную культуру [Morson 1988: 7]. У графини было двенадцать детей, из которых выжили только четверо, поэтому, в зависимости от того, какое место в порядке рождения занимали восемь умерших, это могло бы помочь объяснить различный подход графини к воспитанию младших выживших детей.

[48] Вера не улавливает социальных сигналов, и когда ее мать хочет поговорить наедине с подругой детства, она поворачивается к своей старшей дочери, «очевидно нелюбимой», и сердито спрашивает ее: «Как у вас ни на что понятия нет? Разве ты не чувствуешь, что ты здесь лишняя?» [Толстой 1928–1959, 9: 55].

[49] Бенсон отмечает: «Вера уже связана с Бергом, который сам является аутсайдером, ибо Наташа говорит ей: “Мы тебя с Бергом не трогаем” — и действительно, Берг полностью отстраняет Веру от остальных Ростовых» [Benson 1973: 50].

Толстой; во всех остальных случаях он пишет только о ее недостатках[50]. Толстой создает впечатление, что как связь Веры с братьями и сестрой лишена глубокого понимания и значимых эмоций, так и ее связь с Бергом лишена подлинной заботы. Их помолвка напоминает сделку, основанную на практических соображениях и эгоистичных мотивах. Как объясняет Берг свое предложение товарищу: «Я не из-за денег женюсь, я считаю это неблагородно, но надо, чтобы жена принесла свое, а муж свое» [Там же, 10: 187]. Затем Берг подробно описывает, что такое это «свое», и с ее, и с его стороны, и только затем подводит итог замечанием:

> А главное она прекрасная, почтенная девушка и любит меня...
> Берг покраснел и улыбнулся.
> — И я люблю ее, потому что у нее характер рассудительный... [Там же][51].

К прагматичным деловым рассуждениям Берга не примешиваются возвышенные чувства или духовные устремления. Он хочет получить приданое Веры, а она хочет создать свой собственный дом с мужем, принятым в обществе. Насмешливое отношение Толстого к этой паре заставляет забыть тот факт, что в описываемое время это были очень веские причины для брака. Он слишком мало говорит нам о внутренней жизни Берга и Веры, чтобы судить, действительно ли их отношения так поверхностны, как он хотел бы заставить нас поверить.

Неудивительно, что эгоистичные цели Берга и Веры, показанные в романе, приводят к появлению лишь званых вечеров, а не

---

50 Толстой отмечает, что Вера производила на всех «раздражающее, неприятное действие» [Толстой 1928–1959, 9: 56].

51 Он буквально затевает сделку, загоняя отца Веры в угол и выпытывая подробности о приданом. «...Берг, приятно улыбаясь, объяснил, что, ежели он не будет знать верно, что будет дано за Верой, и не получит вперед хотя части того, что назначено ей, то он принужден будет отказаться» [Там же, 10: 188].

детей. Когда Москва горит, а Ростовы разгружают телеги, чтобы эвакуировать раненых солдат, отказавшись от своих вещей, Берг просит у графа повозку, чтобы купить Вере шифоньерку и туалетный столик, которые он видел в другом эвакуируемом доме. Посреди разрушенной столицы Берг и Вера все еще могут думать только о собственном материальном благополучии. Эта пара всегда больше озабочена тем, как их воспринимает общество, чем подлинными эмоциями или личными ощущениями, которые не видны внешнему миру (или, по крайней мере, они также остаются невидимыми для читателя). Ожидая прибытия гостей на их званый вечер, Берг замечает, что им не следует заводить детей слишком рано, с чем Вера соглашается, говоря: «...я совсем этого не желаю. Надо жить для общества» [Там же: 214]. Это нежелание быть матерью — окончательный приговор Толстого любой женщине. Вера не научилась заботиться о других и преодолевать свой собственный эгоизм в доме своего детства, со своими братьями и сестрами, и поэтому ее брак не создает семью и не расширяет круг ее любви. Толстой не испытывал ни сочувствия, ни братского сострадания к своим персонажам, которым не удалось стать братьями и сестрами.

Погруженность в светскую жизнь и отсутствие заботы о семье — общая черта Веры и Элен Курагиной. По сути, все аспекты семейной жизни Элен натянуты и искусственны. Когда князь Василий пытается использовать со своей дочерью любящий, отеческий тон, это звучит фальшиво и откровенно неестественно [Там же, 9: 260]. Мать Элен редко появляется в романе, и всегда в те моменты, когда она испытывает ревность и неприязнь по отношению к дочери. Вместо семьи Элен связана с высшим светом и впервые появляется на вечере Анны Павловны. В своем первом полном описании Элен Толстой сообщает:

> Слегка шумя своею белою бальною робой, убранною плющом и мохом, и блестя белизной плеч, глянцем волос и бриллиантов, она прошла между расступившимися мужчинами и прямо, не глядя ни на кого, но всем улыбаясь и как бы любезно предоставляя каждому право любоваться кра-

> сотою своего стана, полных плеч, очень открытой, по тогдашней моде, груди и спины, и как будто внося с собою блеск бала, подошла к Анне Павловне [Там же: 14].

Сосредоточившись на Элен и на отношении к ней мужчин, наблюдающих за ней, Толстой заставляет читателя увидеть ее так, как мог бы ее увидеть один из них, замечая только ее внешность, без доступа к чему-либо внутри (заставляя нас забыть, что у нее есть внутренняя жизнь). Таким образом, Толстой определяет Элен через ее физическую красоту, как объект вожделения. Так же она относится и к своему брату Анатолю. Первый намек на их кровосмесительные отношения Толстой вводит во время соблазнения ею Пьера, когда тот думает про себя: «Мне говорили, что ее брат Анатоль был влюблен в нее, и она в него, что была целая история, и что от этого услали Анатоля» [Там же: 253][52]. После этой мысли Пьер визуализирует тело Элен и ее «женственную красоту», тем самым утверждая ее для себя как сексуальный объект[53]. Позже Пьер вспоминает: «Анатоль ездил к ней занимать у нее денег и целовал ее в голые плечи. Она не давала ему денег, но позволяла целовать себя» [Там же, 10: 29]. Это братство в его наиболее искаженной форме.

При таких отношениях в родительском доме неудивительно, что у Элен не возникает желания создать собственную семью.

---

52 В своей работе «Тотем и табу» Фрейд признает, что первым объектом инцеста, который выбирает мужчина, может быть его сестра, а также мать. Он пишет: «Путь к выбору объекта обычно вел его через образ *матери, может быть, еще и сестер*: вследствие ограничений инцеста его любовь отошла от *обоих дорогих лиц* его детства, с тем чтобы остановиться на чужом объекте, выбранном по их образу и подобию» [Фрейд 2005: 35] (*курсив мой. — А. Б.*). Очевидно, Фрейд осознавал возможность кровосмесительных братских чувств, хотя он никогда не развивал эту идею.

53 Даниэль Ранкур-Лаферьер указывает, что Пьер и Элен состояли в дальнем родстве, проводили время вместе в детстве и жили в одном доме во время ухаживания, и дает понять, что их отношения имели отчасти кровосмесительный характер. См. [Rancour-Laferriere 1998: 52]. Ранкур-Лаферьер трактует Элен как икону матери, но я бы сказала, что традиционная эдипова модель неприменима, и это чувство скорее ближе к кровосмешению между братом и сестрой (в котором она уже виновна с Анатолем).

Пьер вспоминает, как вскоре после женитьбы, когда он спросил Элен, не думает ли она, что может быть беременна: «Она засмеялась презрительно и сказала, что не дура, чтобы желать иметь детей, и что от *меня* детей у нее не будет» [Там же]. Толстой явно указывает, что Элен отвергает именно то, что он, ее создатель, сам считал (в 1860-х годах) высшим призванием женщины, — материнство. Вместо того чтобы расширить сферу своей заботы, посвятив ее растущей семье, она делает свой физический союз с Пьером лишь источником сексуального удовлетворения. В конце концов даже эта связь разрывается, и он становится только источником дохода.

Наконец, устав от Пьера, Элен решает снова выйти замуж и не может выбрать между двумя богатыми поклонниками. Толстой критикует эту идею в «Первом эпилоге», сравнивая брак с обедом.

> Если цель обеда — питание тела, то тот, кто съест вдруг два обеда, достигнет, может быть, большего удовольствия, но не достигнет цели, ибо оба обеда не переварятся желудком. Если цель брака есть семья, то тот, кто захочет иметь много жен и мужей, может быть, получит много удовольствия, но ни в каком случае не будет иметь семьи [Там же, 12: 268].

Элен переходит в католичество, чтобы расторгнуть брак с Пьером и снова выйти замуж. Толстой отмечает: «В ее понятиях значение всякой религии состояло только в том, чтобы при удовлетворении человеческих желаний соблюдать известные приличия» [Там же, 11: 284]. Когда ее духовник говорит Элен, что второй брак приемлем, только если заключается «с целью иметь детей», ей становится скучно, и она прерывает его. Рождение детей, конечно, не входит в планы Элен во втором браке, как это было и в браке с Пьером, и в конце концов она умирает от осложнений после аборта. Модель ее сексуализированных отношений с братом переносится на все отношения Элен с мужчинами, а ее сексуальные страсти и отказ от материнства буквально убивают ее.

Роль Сони более сложна. В начале романа она видит себя членом семьи Ростовых, считая графиню своей матерью, а Наташу — сестрой. Но в то же время она влюблена в Николая, к которому никогда не относится как к брату[54]. По ходу действия она отдаляется от Ростовых, и ее отношения с графиней становятся враждебными, по мере того как растет вероятность ее брака с Николаем. Толстой последовательно описывает Соню на протяжении всего текста органическими метафорами (в его мире это положительный показатель), но в то же время они лишают героиню человеческих черт. Соня появляется в начале как игривый котенок, а в конце становится кошкой, привязанной к дому, а не к людям. Даже Наташа в «Первом эпилоге» имеет о своей бывшей лучшей подруге довольно негативное и безличное мнение, называя ее «неимущей» из Библии. Она говорит Марье: «Она *пустоцвет*, знаешь как на клубнике? Иногда мне ее жалко, а иногда я думаю, что она не чувствует этого, как чувствовали бы мы» [Там же, 12: 259–260][55].

Клубничный кустик — удачная метафора, поскольку он пускает побеги, растущие горизонтально, не давая глубоких корней. Ростовы рассказывают детям, что Соня «под капустою родилась» и у нее нет корней в семье (у нее нет фамилии). Пример Сони напоминает нам, что недостаточно вырасти в семье и иметь общий детский опыт. Как показывает сцена обмена воспоминаниями между Наташей и Николаем, важно отношение человека к своему прошлому, а *оно* у Сони иное. Ей недостает глубины духа ее приемных братьев и сестер, и она никогда не станет настоящей Ростовой[56]. Ее путь в романе — скорее путь единствен-

---

[54] Эротические отношения между двоюродными братьями и сестрами не были редкостью в русской и французской культуре XIX века, и Анна Михайловна даже использует поговорку «Le cousinage est un dangereux voisinage», чтобы описать Николая и Соню [Толстой 1928–1959, 10: 218].

[55] Вдумчивый анализ этого отрывка и различные способы интерпретации Наташиной библейской цитаты см. в [Grenier 2001: 94–95].

[56] Гренье утверждает, что по стандартам Толстого Соня совершила два «преступления». Во-первых, «она нечестна с собой и другими, скрывая свои подлинные (эгоистичные) чувства и притворяясь кем-то другим (например, изображая самопожертвование)», а во-вторых, она виновна во «внутреннем отделении от других» и слишком занята собой перед лицом войны, которая

ного ребенка (как у Бориса Друбецкого), кульминацией которого становится не семья, а бесплодие[57]. Мы вернемся к Соне в пятой главе, чтобы рассмотреть, как развивается такой тип героини в трех главных романах Толстого и что это, в свою очередь, говорит нам о его идеалах в отношении женщин.

Для каждого из героев, обсуждавшихся в этой главе, отношения между братьями и сестрами служат моделью взаимоотношений с другими людьми в более широком социальном мире. В «Войне и мире» отношения между братьями и сестрами становятся образцом для супружеских отношений. В «Отрочестве» и «Юности» отношения Николеньки с братом служат примером для других его отношений со сверстниками. То, как относится к нему его брат, формирует его представление о себе и о своей роли в социальных ситуациях. Начиная с ранней трилогии и заканчивая последним романом Толстого «Хаджи-Мурат» (опубликованным посмертно), он отдает должное большому значению братских связей как одному из самых важных типов отношений в жизни человека и их огромному потенциалу в качестве модели для других видов отношений.

Братство служит не только моделью романтических отношений и отношений со сверстниками, но и уравнивающей альтернативой иерархическим отношениям. Точно так же, как Николенька в «Юности» ищет горизонтальные связи, чтобы утвердить свое самоощущение, герои «Войны и мира» также упиваются моментами, когда иерархия рушится и они оказываются на равных.

угрожает всей России [Grenier 2001: 96]. Гренье считает, что второй «грех Сони, эгоцентричная озабоченность своими личными делами, отрезает ее от общей жизни» [Ibid.], что может объяснить отсутствие у нее должного толстовского духа единства. Однако я полагаю, что Гренье чрезмерно подчеркивает отрицательные черты Сони и преуменьшает вину Толстого в том, что он обесценил ее менее одухотворенную, более практичную заботу по отношению к страстным увлечениям своей любимой Наташи.

57 Кук утверждает, что «только дарвинизм» может объяснить судьбу Сони; поскольку Николай представлял отца Толстого, а Марья — его мать, роман должен был оправдать их сближение (приведшее к рождению автора) [Кук 2005: 199].

Армия — организация, основанная на жесткой военной иерархии, — функционирует в «Войне и мире» лучше всего, когда персонажи забывают о своих званиях и работают вместе, как братья (мы наблюдаем это у русских, но никогда среди французов). Структура семьи Ростовых представляет собой еще один пример такого братского равенства, обретающего место среди традиционно вертикальных отношений. Когда Наташа противостоит своей матери и убеждает своих родителей выгрузить вещи и вместо этого взять с собой при отступлении из Москвы раненых солдат, все Ростовы инстинктивно чувствуют, что это нарушение традиционной семейной иерархии правильно. «Яйца... яйца курицу учат... — сквозь счастливые слезы проговорил граф и обнял жену, которая рада была скрыть на его груди свое пристыженное лицо» [Там же, 11: 316]. В мире романа даже родители на высоте тогда, когда могут относиться к своим детям как к братьям и сестрам.

В прозе 1850–1860-х годов Толстой разработал модель братства, основанную на чистых отношениях и взаимной поддержке; в ней он видел альтернативу непостоянству и животным аппетитам эротического желания и эгалитарную альтернативу иерархическим связям. Хотя Толстой никогда не указывал на значимость братьев и сестер прямо, его проза и публицистика пронизаны верой в силу и глубину братской любви, которая к концу его творческого пути станет, для него, идеальной формой взаимоотношений во всех сферах — от личных отношений в браке до неиндивидуализированной заботы, которую он проповедовал для всего человечества. Отвернувшись от романтических идеалов любви, Толстой пытался соединить братство и эрос, усилив первое и очистив второй. Достоевский, напротив, охотно противопоставляет эти две формы. В следующей главе мы рассмотрим, как он использовал напряженность между ролями брата/сестры и любовника/любовницы для создания напряжения во многих ранних произведениях.

Глава 2
Динамика братской любви у Достоевского: от Мечтателя к Идиоту

> Мы с ней дали друг другу слово быть как брат с сестрой.
>
> *Ф. М. Достоевский. Униженные и оскорбленные* [Достоевский 1972–1990, 3: 243]

Для Достоевского любовь — еще более проблемный вопрос, чем для Толстого. Во мраке и холоде его мира нет места человеческому теплу, столь характерному для взглядов Толстого. В предыдущей главе рассматривались противоречивые взгляды Толстого на любовь; герои Достоевского — это люди, столкнувшиеся с дилеммой. Они жаждут вырваться из изоляции, но в то же время яростно защищают свою свободу и в любых человеческих отношениях видят угрозу. Достоевский отвергал высокие идеалы романтиков и видел в романтической любви порабощающую страсть, а не равноправный союз душ. В его мире тирания эротического желания уничтожает свободу воли, поскольку это желание превращается во всепоглощающую страсть, которая полностью управляет личностью. Кроме того, он считал, что иерархия, присущая отношениям между поколениями, бросает вызов автономии как ребенка, так и родителя. Поэтому для отцов свобода означает отречение от священного долга по отношению к своим детям и, следовательно, к будущему нации; для сыновей это означает бунтарство и угрозу общественному порядку.

В бурном мире Достоевского братская любовь может стать объединяющей и поддерживающей силой. По его мнению, взаимная природа родственных уз делает их отношениями между равными, основанными на взаимной заботе и поддержке, не подавляющими личную свободу. В ранних произведениях Достоевского мало пар братьев и сестер в буквальном (биологическом или юридическом) смысле, но многие герои берут на себя роль «брата» или «сестры» по отношению друг к другу. Поступая таким образом, они пытаются создать горизонтальные связи, свободные от сексуального желания. В силу этих двух важных особенностей родственных отношений (в понимании Достоевского) — их горизонтальности и отсутствия сексуальности — братья и сестры могут воплощать идеалы Достоевского относительно сострадания и взаимопомощи.

Брат и сестра или возлюбленные

Хотя в большинстве произведений Достоевского присутствуют романтические связи, он не изображает взаимную эротическую *любовь*[1]. У него нет таких романтических любовных сюжетов, как у Наташи и Андрея, Николая и Марьи или даже Анны и Вронского. Напротив, страсть для Достоевского — опасная форма безумия, помолвка — отказ от свободы, а брак — форма взаимного рабства. По словам В. В. Вересаева, для героев Достоевского «высшее счастье любви — это мучить и терзать любимое существо» [Вересаев 1999: 66]. Н. А. Бердяев утверждает:

> Мужчина у Достоевского приковывается к женщине страстью. Но это остается как бы его делом с самим собой мужчина привязан к женщине страстным желанием, но эта страсть остается... делом между ним и им самим... она никогда не сможет соединить его с желанной женщиной [Бердяев 2016: 406].

---

[1] Когда такая здоровая эротическая любовь, основанная на взаимной поддержке, вероятно, существует, как между Дуней Раскольниковой и Разумихиным, Достоевский демонстративно не описывает ее, подобно семи годам брака Наташи и Пьера, которые Толстой предпочитает пропустить в «Войне и мире».

В основе этих сюжетов — гордость и власть, а не любовь. Бердяев пишет: «Любви принадлежит огромное место в творчестве Достоевского. Но это не самостоятельное место. Любовь не самоценна, она не имеет своего образа, она есть лишь раскрытие трагического пути человека, есть испытание человеческой свободы» [Там же: 404].

Утверждение Бердяева справедливо, только если любовь в нашем узком понимании — не более чем эротическое желание. И все же моменты величайшей нежности, теплоты и человеческой близости в произведениях Достоевского проистекают не из *эроса*, а из *агапе* и *филии*[2]. Эти религиозные и семейные формы не только имеют «ценность сами по себе», но и необходимы для сияющей веры Достоевского. В его романах они подвергаются серьезной проверке. В противовес любящим дворянским семьям Толстого, Достоевский создал идею «случайного семейства». Его глубоко верующие герои — Соня Мармеладова, Макар Долгорукий, старец Зосима — все приходят к вере через испытания и страдания. Но для всех них эта вера основана на их способности любить.

Религиозное понимание любви, веры и братства у Достоевского полностью раскрывается только в более поздних романах. В первой половине своего творческого пути, под влиянием

---

[2] Значение этих трех слов, обозначающих любовь, менялось на протяжении веков, от Платона к Аристотелю и вплоть до христианской традиции. Платонический «эрос» включал в себя стремление к благу, которое по своей сути не было сексуальным, но позже этот термин стал обозначать земную или сексуальную любовь, в отличие от «агапе». См. [Singer 1984a]; Eros, n. // Oxford English Dictionary Online (второе определение слова eros). Дуглас Н. Морган подчеркивает разницу между понятиями «эрос» и «агапе»: первое означает любовь «*само*-реализующуюся, *само*-вознаграждающуюся, *само*-поглощающуюся», в то время как последнее — «трансцендентный акт самопожертвования, любовь скорее исходящую, чем достигающую, любовь, которая отдает, не думая о получении» [Morgan 1964: 66]. «Агапе» можно понимать как тип любви, которую Бог дарует человечеству, любви, которая «не разжигается привлекательностью и не гаснет из-за непривлекательности своего объекта» [Watson 1953: ix]. «Филия», напротив, относится к типу любви, возникающей в дружбе, — бесполой форме любви, которая в своей христианской разновидности «объединяет разных людей [и] создает общество, в котором каждый придает ценность другим» [Singer 1984a: 213].

многих западных писателей (Шиллера, Бальзака, Гюго, Диккенса и других), он стремился определить чувства, которые могли бы объединять людей. Многие произведения Достоевского, написанные до 1870 года, построены на контрасте между различными формами любви. Дружба ставится рядом с супружескими узами («Белые ночи», 1848), братская нежность — рядом с романтической любовью («Униженные и оскорбленные», 1861), христианская жертвенная любовь — с идеализацией семейной любви («Преступление и наказание», 1866), сострадание — со страстью («Идиот», 1869). Скандалы у Достоевского возникают не только из-за столкновения идей (каждая из которых воплощена в одном герое), но и из-за сложного взаимодействия этих различных форм привязанности (каждый персонаж по отношению к другим)[3]. Объединяя эти формы любви и связей между людьми, Достоевский ставит под вопрос различия между ними. Если некоторые персонажи неизменно демонстрируют одну форму любви, то другие колеблются между разными типами.

Для Достоевского не решен вопрос о том, являются ли эти формы любви радикально различными или представляют собой часть ее широкого диапазона. Является ли любовь к сестре просто модифицированной версией любви к любовнице или жене?[4] Этот вопрос увлек психоаналитиков, и их теории могут помочь в понимании описаний любви Достоевским. Утверждение Фрейда о том, что все формы любви сексуальны в своей основе, произвело революцию в западных представлениях о любви[5]. Хотя он

---

3 Здесь мои идеи основываются на обсуждении М. М. Бахтиным «диалогических отношений» между идеями в романах Достоевского. См. [Бахтин 2002: 51]. Я предлагаю аналогичный «диалог» между различными формами отношений.

4 Исследуя эту идею, Марк Шелл отмечает, что принятие идеи всеобщего братства означает преодоление табу на инцест, потому что любой секс по своей сути был бы кровосмесительным. См. [Shell 1988: 4, 16].

5 Фрейд был близко знаком с жизнью и творчеством Достоевского и имел двойственное отношение к писателю. В своем единственном опубликованном эссе о Достоевском «Достоевский и отцеубийство» (1928) он восхвалял гениальность Достоевского, но в то же время критиковал его этические и религиозные взгляды: «Достоевский упустил возможность стать учителем

с готовностью признает, что любовь может проявляться в бесчисленных формах, Фрейд уверен, что все они основаны на либидо. В эссе 1912 года он указывает на существование двух течений в любви: «нежность» и «чувственность». Течение нежности начинается в раннем детстве и «направлено на представителей семьи или на лиц, занятых уходом и воспитанием ребенка». Однако, по словам Фрейда, «к нему с самого начала присоединяется известная доля сексуальных влечений, компонентов эротического интереса» [Фрейд 2017: 78]. Центральное место в теории Фрейда занимает идея о сексуальной основе даже семейной любви. В своих более поздних работах он объясняет механизм, с помощью которого любовь проявляется по-разному и помещает ее на ось от «заторможенной» к «раскованной».

> Мы называем любовью отношения между мужчиной и женщиной, создавшие семью на основе полового удовлетворения, но мы называем любовью и добрые отношения между родителями и детьми или между братьями и сестрами в семье, хотя эти отношения — лишь заторможенная по цели любовь, которую мы должны были бы обозначать как нежность. Такая любовь была первоначально любовью вполне чувственной, и в бессознательном человека она осталась по-прежнему таковой [Фрейд 2012: 948].

Поскольку в этой модели всякая любовь сексуальна, вопрос только в том, насколько этот сексуальный элемент был подавлен или сублимирован[6].

и освободителем людей, он присоединился к их тюремщикам; культурное будущее людей немногим будет ему обязано» [Фрейд 2016: 271]. Джеймс Л. Райс подробно рассматривает отношения Фрейда с Достоевским в [Rice 1993: chaps 6–9], находя «психическое взаимопонимание» между этими людьми [Ibid.: 217]. См. также [Schmidl 1965]. Бóльшая часть фрейдовского анализа психологии Достоевского и его эпилепсии была опровергнута Франком («История болезни Достоевского по Фрейду», опубликованная в качестве приложения в [Frank 1976: 379–391]).

[6] В «Неудовлетворенности культурой» Фрейд недвусмысленно утверждает, что «ощущение уравновешенности, уверенности и нежности», которое испытывают люди, способные «любить ближнего своего», тем не менее происходит от генитальной любви [Фрейд 2012: 947–948].

В ответ на теории Фрейда более поздние исследователи пытались усложнить эту картину, включая в психоаналитическую теорию неэротические формы любви. «Теория привязанности» Джона Боулби концептуализирует привязанность как «фундаментальную форму поведения со своей собственной внутренней мотивацией, отличной от питания и секса, но имеющей не меньшее значение для выживания» [Bowlby 1988: 27]. Хотя Боулби интересуют отношения матери и младенца, в его работе предлагается теоретическая модель «близкой эмоциональной связи», которая «не подчинена еде и сексу и не порождена ими» [Ibid.: 121]. Элизабет Янг-Брюль и Фейт Бетелард разделяют идею об этой форме привязанности, сохраняющейся на протяжении всей жизни, интерпретируя ее через концепцию «заботы» [Young-Bruehl, Bethelard 2000][7]. Объединяя восточную философию с психоанализом, они утверждают, что в английском языке не хватает словарного запаса, чтобы говорить об этом типе любви, и это отчасти объясняет молчание о нем в теории Фрейда [Ibid.: 49][8]. Хотя они ссылаются на конкретный случай, когда опыт заботы о пациенте исходил от сестры, они не считают заботу «родственной» формой любви, которую можно противопоставить эротической любви.

Это противопоставление мы находим у Достоевского (и у многих романтиков, обсуждавшихся в первой главе). Я считаю, что Достоевский либо верил, либо хотел верить в «родственную» форму любви — такую, как «привязанность» (Боулби) или «забота» (Янг-Брюль и Бетелард), построенную на несексуальных формах заботы и преданности. Я называю это «братской любо-

---

[7] В их работе объединены идеи Майкла Балинта («Первичная ошибка») и японского психоаналитика Такео Дои, который познакомил их с японским словом *амаэру*, «желать или ожидать, что тебя будут любить» [Young-Bruehl, Bethelard 2000: 4–5].

[8] Стремление Янг-Брюль и Бетелард донести до сознания это желание нежной привязанности и утвердить его в качестве базовой человеческой потребности имеет параллели с моим стремлением донести до сознания то важное место, которое занимают в произведениях Достоевского и Толстого узы братьев и сестер.

вью», потому что Достоевский и его герои используют для ее обозначения терминологию, связанную с братьями и сестрами (русский язык этому способствует)[9]. Утверждая, что любят кого-то «как сестру» или с «братской нежностью», герои Достоевского указывают на эту вторую форму несексуальной любви. Однако в психологически сложном мире Достоевского их высказывания имеют два возможных значения: в простых случаях персонажи имеют в виду, что испытывают «родственную» форму несексуальной любви на самом деле, но в других случаях они пытаются заставить себя или других *поверить*, что это так. Это создает двусмысленные ситуации, в которых персонажи, кажется, колеблются между двумя формами любви. Фигура брата внезапно объявляет себя поклонником. Бывший возлюбленный вдруг утверждает, что любит как брат. Путаница в связи с этими перевертышами обостряет драматизм в некоторых ранних романах Достоевского.

Хотя скольжение между ролями любовника и брата в его произведениях наводит на мысль, что он пользовался моделью Фрейда «заторможенность/раскованность», Достоевский не мог принять такую радикальную точку зрения, потому что он никогда не признавал возможности сексуального желания в семье[10].

---

[9] Братскую любовь можно было бы считать хрестоматийной формой этого типа несексуальной привязанности еще со времен знаменитой дискуссии Гегеля в «Феноменологии духа» (цитируется во введении), где он недвусмысленно утверждает, что сестра и брат «не вожделеют друг друга» [Гегель 2021: 425]. Толкование Гегеля расширено Жаком Деррида [Derrida 1986: 148]. Достоевский не опирается на греческое различие между *эросом* и *филией*.

[10] Гарриет Мурав дает вдумчивый комментарий по поводу проблемы использования Фрейда для анализа Достоевского. Как она отмечает в своем психоаналитическом исследовании «Записок из подполья», «вопрос о том, может ли наука, в частности естественные науки, обеспечить авторитетную модель человеческого поведения, составляет центральную философскую проблему "Записок". Проблему научности в гуманитарных науках Достоевский разделял со своим веком, и мы все еще имеем с ней дело в нашу собственную эпоху» [Murav 1989: 422]. Мурав также утверждает, что «критика, которую Достоевский развивает в "Записках", может быть направлена на попытку Фрейда рационализировать желание, то есть предоставить "законы" его функционирования» [Ibid.].

Сам факт того, что происходит такое скольжение, подчеркивает ключевое различие между этими отношениями и *истинным* братством: непреложный характер братства. Биологические или юридические братья и сестры никогда не смогут избежать этой роли (тема, которую Достоевский поднимает в «Братьях Карамазовых»), и в мире Достоевского они никогда не испытывают друг к другу вожделения. То, как герои говорят о родстве между братьями и сестрами, раскрывает их представления об идеальных отношениях. Для всех них семья — область, защищенная от сексуального желания; поэтому, стремясь сделать людей родственниками, они верят, что могут очистить и упрочить свои отношения.

В ранних произведениях Достоевский создает череду героев, которые пытаются взять на себя роль «брата» любимой женщины, но никогда не бывает ясно, удовлетворены ли они этой ролью или хотят большего. Это напряжение перекликается с борьбой в романе Руссо «Юлия, или Новая Элоиза», о которой говорилось в первой главе. В отличие от Толстого, который упорно отстаивал то, что хотел считать истиной, — возможность «чистой» братской любви даже в браке, — хотя его собственная жизнь этому противоречила, Достоевский оставляет открытым главный вопрос о том, возможны ли близкие, но совершенно несексуальные отношения мужчины и женщины вне биологической семьи. В его работах, написанных до 1870 года, поднимается вопрос о том, являются ли такие отношения просто более бледной, «заторможенной» версией (сублимирующей сексуальные чувства) или они представляют собой нечто радикально иное, обладающее собственной силой и мощью.

«Троичность» любви

Исследователи из разных областей знания, от Фрейда и Лакана до Леви-Стросса, Рене Жирара и Евы Седжвик, предлагали теории о роли третьего в любовных отношениях. Для Фрейда третьему нет места в сексуальной любви, но есть в подавленной любви, которая объединяет людей на социальном уровне и заставляет цивилизацию функционировать. Лакан, напротив, считает третьего необходимым, поскольку уверен, что любовь предполагает триангуляцию, при которой все желания направлены на «объект желания другого» [Лакан 2014: 56][11]. Леви-Стросс, пишущий с антропологической точки зрения, которая подчеркивает социальную структуру, связанную с любовью, — брак, — также видит необходимость в трех. «Брак — это вечный треугольник, — пишет он, — не только в комедийных сценках, но и во все времена, и повсюду, и по определению. Поскольку женщины имеют важнейшее значение в жизни группы, группа обязательно вмешивается в каждый брак» [Lévi-Strauss 1969: 43][12]. Женщины, по Леви-Строссу, становятся «высшим даром» в системе взаимного дарения и обмена; такая точка зрения приписывает ответственность и свободу действий мужчинам, совершающим обмен [Ibid.: 65].

Жирар, сосредоточившись на литературе, утверждает, что желание почти никогда не бывает непосредственным, оно приходит через посредника, и «импульс, направленный на объект, в конечном счете является импульсом, направленным на посредника» [Girard 1965: 10]. Этот посредник может быть либо внешним — например, читаемый героем или героиней роман, закладывающий саму идею желания в их голову (Дон Кихот, взявший Амадиса Галльского за образец рыцарской любви), — либо внутренним: другое лицо, которое присутствует и фактически участвует в жизни персонажа (Ланселот, желающий жену своего лучшего друга Артура). Герои Достоевского сталкиваются с внутренними посредниками в виде друзей и членов семьи, которые становятся соперниками в любви. Жирар пишет: «За исключением нескольких персонажей, полностью избегающих имитации

---

11 Достоевский непосредственно развивает эту идею в «Вечном муже» (1870).

12 Это вмешательство происходит «в форме “соперника”, который с помощью группы утверждает, что у него было такое же право доступа, как и у мужа», и «через группу как группу, которая утверждает, что отношения, делающие брак возможным, должны быть социальными, то есть определяться правилами группы» [Lévi-Strauss 1969: 43].

желания, у Достоевского уже нет любви без ревности, дружбы без зависти, притяжения без отвращения» [Girard 1965: 41][13]. Толстой, напротив, больше полагается на внешних посредников: английский роман, который Анна Каренина читает в поезде, Наташина опера, которая настраивает ее принять ухаживания Анатоля, ощущение Николаем пребывания в сказке, которое заставляет его увидеть романтическую сторону первой встречи с Марьей. Таким образом, используя внешних посредников, Толстой создает мир, не столь обремененный любовными треугольниками, которые не дают покоя Достоевскому.

Седжвик, подходя к этим теориям трехсторонней любви с точки зрения гендера, утверждает, что в литературе XIX века мы находим «триангуляцию» «гомосоциального желания через женщин» [Sedgwick 1985: 10]. Другими словами, она рассматривает отношения между мужчинами-соперниками как имеющие гораздо большее значение, чем отношения каждого из мужчин с любимой женщиной. Или, как отмечает Гейл Рубин, «нормативный мужчина Леви-Стросса использует женщину как “проводника отношений”, в которых истинным *партнером* является мужчина» [Rubin 1975: 174][14]. Эта идея лежит в самом сердце отношений в «Идиоте», однако до сих пор слишком мало внимания уделялось узам, связывающим Мышкина и Рогожина (или Аглаю и Настасью Филипповну).

Русский критик К. В. Мочульский, принадлежащий к принципиально иной традиции, чем эта группа западных ученых, ориентированных на секс и гендерные аспекты, рассматривает проблему любовных треугольников у Достоевского с экзистен-

---

13 Теории Жирара хорошо применимы к Достоевскому, потому что, как объясняет Джеймс Г. Уильямс, Жирар обратился к Достоевскому «и как к одному из источников своей миметической модели, и как к совокупности текстов, иллюстрирующих его аргументацию» [Williams 1997: 11]. Жирар находит биографическую параллель миметическому желанию в художественном творчестве Достоевского в его отношениях с Марией Дмитриевной (вскоре ставшей его первой женой) и его соперником за ее любовь Николаем Вергуновым [Girard 1997: 39–42].

14 Цит. по: [Sedgwick 1985: 26].

циальной точки зрения, а не с психоаналитических, антропологических или социологических позиций[15]. Он пишет: «Эта троичность в человеческих взаимоотношениях устанавливается Достоевским, как психологический закон, и выражает что-то очень глубокое и таинственное в его искусстве» [Мочульский 1980: 171]. Мочульский описывает любовные треугольники Достоевского применительно к тому, кого любят, и к тому, кто любит: Настенька между своим женихом и Мечтателем («Белые ночи»), Наташа между Алешей и Ваней («Униженные и оскорбленные»), Дуня между Свидригайловым и Разумихиным, Настасья Филипповна между Рогожиным и Мышкиным, Мышкин между Настасьей Филипповной и Аглаей и так далее. Он заключает: «Любящий не любим, а любимый не любит. <...> Троичность свидетельствует о *естественной трагичности любви в этом мире*, о ее неисцелимой ране» [Там же].

Н. А. Бердяев, вместо того чтобы сосредотачиваться на серии отношений, возникающих в результате любовных треугольников, фокусирует свое внимание на личности, что приводит его к пониманию «двойной любви», а не троичности. Он утверждает, что у Достоевского

> ...любовь раздвоена... на два начала. И любят у него обычно двух. Двойная любовь и двоение в любви изображены им с необычайной силой. Он раскрывает в любви два начала, две стихии, две бездны, в которые проваливается человек, — бездну сладострастия и бездну сострадания. Любовь всегда у Достоевского доходит до предела, он исходит от исступленного сладострастия и от исступленного сострадания. <...> И любовь-сладострастие и любовь-сострадание, не знающие меры, ничему высшему не подчиненные, одинаково сжигают, испепеляют человека [Бердяев 2016: 407–408].

---

[15] Хотя книга Мочульского была впервые опубликована в 1947 году, я часто ссылаюсь на нее, потому что она остается одним из самых глубоких исследований, посвященных Достоевскому, и стала основой для значительной части последующих исследований.

Я бы несколько изменила эту формулировку, поскольку оппозиция, которую я вижу в произведениях Достоевского, заключена между сладострастием и состраданием, а не жалостью (кроме одного примечательного исключения, которое будет рассмотрено ниже). И любовь, и ее предмет несут в себе это противоречие, и это отсутствие единства ведет к разрушению. Таким образом, для Бердяева половая любовь у Достоевского «говорит об утере целостности человеческой природы. Поэтому страсть не целомудренна. Целомудрие есть целостность. Разврат есть разорванность» [Там же: 407]. Это понимание приводит его к тому же выводу, к которому приходит Мочульский, а именно, что «Достоевский раскрывает *безвыходный трагизм любви*, неосуществимость любви, нереализуемость ее на путях жизнеустроения» [Там же: 404] (*курсив мой. — А. Б.*)[16].

Как и все те западные ученые, о которых говорилось выше, Мочульский полагает, что любовный треугольник состоит из двух влюбленных и одной возлюбленной. Никто из исследователей не задается вопросом, как брат или сестра могли бы изменить эту структуру. Развивая их идеи, но настаивая на присутствии в романах Достоевского родственного элемента, я склонна поспорить с Мочульским по поводу специфики того, как действует троичность — как с точки зрения формы, так и с точки зрения постоянства ее присутствия в творчестве Достоевского. Я определяю триады не применительно к тому, кто любит и кого любят, а, скорее, применительно к различным *формам* любви. Тогда возникает модель братской любви и романтической любви, которая согласуется с двумя принципами жалости у Бердяева, которые я заменяю состраданием (брат или сестра) и сладострастием (любовник или любовница).

Если в поздних романах троичность принимает соперническую, антагонистическую форму и мы действительно находим

[16] Эту закономерность можно увидеть даже в первом романе Достоевского «Бедные люди» (1846), поскольку Варенька оказывается между братской любовью Макара (который, возможно, на самом деле желает большего, чем сестринская привязанность) и эксплуататорским супружеским союзом с Быковым.

там двух влюбленных (как предполагает Мочульский), то в ранних произведениях Достоевский наделяет троичность положительным потенциалом, включая в нее брата или сестру. Я прослежу развитие этих триад от «Белых ночей» до «Униженных и оскорбленных», «Преступления и наказания» и «Идиота», чтобы продемонстрировать эволюцию взглядов Достоевского на романтическую любовь и на ее братскую альтернативу.

Чтобы задать контекст, я начну, однако, с краткого экскурса в идеи современника Достоевского — Чернышевского, который открыто принял и популяризировал совершенно иное ви́дение трехстороннего союза, ставшее для Достоевского источником полемики. Чернышевский опирался на немецкий романтизм и французский христианский социализм, создавая свой собственный рациональный взгляд на любовь, брак и устройство общества. В сугубо реалистической манере в романе «Что делать?» (1863) четко прописано бытовое поведение, способствующее созданию продуктивных, счастливых браков и, как следствие, гармоничного общества[17]. Для Чернышевского секс не был изначально грехом и не был ключевым элементом брака. Он выступал за тройственный союз в браке как альтернативу традиционному пониманию супружеской измены и проповедовал свободную любовь и право менять романтических партнеров [Паперно 1996: 129–130][18]. Его тройственные союзы служат связующим звеном между горячей любовью романтической пары и духом общинной жизни, который может улучшить условия жизни общества. Достоевский, напротив, считал соперничество и ревность изначально присущими треугольникам,

---

[17] Переустройство семейной жизни как фундамент для переустройства общества по Чернышевскому обсуждается в [Паперно 1996: 133–134].

[18] В романе «Что делать?» Вера Павловна видит сон о будущем утопическом сообществе, практикующем свободную любовь. Во сне богиня описывает Вере утопию и объясняет организацию сексуальных практик в довольно откровенных деталях. Богиня называет себя «равноправием», отмечая: «Без него [слова “равноправность”] наслаждение телом, восхищение красотою скучны, мрачны, гадки; без него нет чистоты сердца, есть только обман чистотою тела» [Чернышевский 1967: 350]. См. также [Паперно 1996: 22].

в которые входят два любящих человека, и отвергал идеалистическое мышление Чернышевского. Он не рассматривал тройственные союзы как часть позитивной программы реформирования общества, сосредоточившись вместо этого на их психологических последствиях.

«Белые ночи» раскрывают романтические взгляды Достоевского 1840-х годов на любовные отношения, способные объединить мужчину и женщину. Мечтатель, полностью изолированный и жаждущий человеческой любви, утверждает: «всё, чего я требую [от женщины], состоит в том только, чтоб сказать мне какие-нибудь два слова братские...» [Достоевский 1972–1990, 2: 107]. К плачущей Настеньке его притягивает чувство «братского сострадания» [Там же: 108]. Используя язык братства, Настенька и Мечтатель представляют свои отношения как отношения взаимной симпатии, альтернативу эросу (хотя с самого начала ясно, что в их зарождающейся связи есть любовный потенциал). Настенька с любовью относится к Мечтателю, но не влюблена в него и особо предупреждает его, чтобы он в нее не влюблялся (чего он клянется не делать). Мечтатель, который мечтает о чем угодно, не смеет даже мечтать о том, чтобы Настенька влюбилась в него. Он дает выход всем своим теплым нежным чувствам в том, что я бы назвала «романтической дружбой».

Романтическая дружба такого рода — обычный элемент творчсства Достоевского, лежащий в основе его неоднозначного отношения к любви. Эта дружба основана на идее нежной, единственной в своем роде связи, в которой есть поэзия романтической любви, но нет сексуального желания. Я говорю «идея», потому что Достоевский осознает всю сложность психологии, в силу которой человек может обманывать себя или скрывать от себя собственные чувства. Ключом к «психологическим романам» Достоевского является некоторая дистанция, которую он помещает между персонажами и их непосредственным осознанием своих собственных мыслей и чувств. Следуя по стопам Бахтина, многие ученые писали о важности для Достоевского недостижимости и об антиномии, в которой противоположности могут сосуществовать одновременно[19]. Достоевский понимает и использует потенциал такой романтической дружбы, существующей на границе между двумя принципиально разными видами любви, одну из которых «друг» может пытаться отрицать в себе. Такая романтическая дружба невозможна в вымышленном мире Толстого, где персонажи могут вводить в заблуждение других, но неизменно осознают свои собственные эмоции[20].

У Достоевского участники этих романтических дружеских отношений хотят верить в чистоту и постоянство своих чувств, нередко описывая свою связь через понятие братства. Во многих отношениях «романтические дружбы» могут показаться идеалом, столь же глубоким, как истинная романтическая любовь, но лишенным изолирующей исключительности и не запятнанным безумными страстями, которые Достоевский часто ассоциирует с эросом. Однако они никогда не бывают для Достоевского стабильными, как истинная братская близость. В «Белых ночах» Мечтатель быстро осознает, что он на самом деле не «существо среднего рода», как он утверждал [Там же: 112], и что он хочет от Настеньки большего, чем братство. Романтическая дружба оказывается самообманом. Когда Настенька отчаивается в возвращении своего жениха, она импульсивно соглашается выйти замуж за Мечтателя, показывая, что с обеих сторон под покровом их, казалось бы, чистых отношений скрывается потенциал для любовной связи (или, по крайней мере, желание супружеского союза и социального продвижения). Быстрые переходы Мечтателя от образа брата к образу жениха и обратно указывают на удивительную изменчивость ролей брата и возлюбленного в концепции Достоевского или на неспособность достичь по-на-

---

19 Обсуждая антиномическую природу любви у Достоевского Бердяев утверждает: «В глубине самого сострадания Достоевский открывает своеобразное сладострастие» [Бердяев 2016: 408]. См. также [Вересаев 1999: 66–72; Blank 2010].

20 Наиболее близкие примеры у Толстого — это случаи, когда один персонаж явно влюблен, а другой осознает этот факт в большей или меньшей степени (например, Пьер и Наташа).

стоящему родственного состояния[21]. Роли героев перемежаются, но не смешиваются и не становятся моделями одна для другой, как у Толстого.

Вместо того чтобы противопоставлять свою нежную дружбу с Мечтателем отношениям с отсутствующим женихом (троичность в понимании Мочульского), Настенька видит, что и те, и другие отношения дополняют и усиливают друг друга. Как отмечает Джордж Штайнер (в связи с «Идиотом»), «Достоевский верил, что можно любить двух человеческих существ с огромной силой и так, что одно чувство не исключает другого. Он видел в этом не извращение, а усиление способности к любви» [Steiner 1996: 171]. Настенька хочет, чтобы Мечтатель был с ней, когда приедет ее жених, чтобы он мог увидеть, «как мы любим друг друга», и заявляет: «...когда я выйду замуж, мы будем очень дружны, больше чем как братья. Я буду вас любить почти так, как его...» [Достоевский 1972–1990, 2: 128, 129]. Ее идеал — трое, а не двое, но, чего не учитывает Штайнер, рассуждая об «Идиоте», триады функционируют только тогда, когда один — любовник, а другой — брат или сестра[22]. Хотя «Белые ночи» иллюстрируют «трагедию», о которой пишет Мочульский, поскольку Мечтатель должен уступить свое место жениху, эта история нс вполне трагична. Настенька все еще любит Мечтателя, и ее

---

[21] В «Дневник писателя» (июль и август 1876 года) Достоевский включает рассказ «Один из облагодетельствованных современной женщиной», в котором мужчина тоскует по женщине, помолвленной с другим. Только после того, как она осознает, что этот мужчина любит ее, она становится для него другом «в высшей степени», из чего следует, что Достоевский рассматривал любовь как, возможно, полезную предшественницу дружбы [Достоевский 1972–1990, 23: 91]. Чехов выразит подобную идею в «Дяде Ване».

[22] Аналогичное замечание можно было бы высказать и о Толстом. В «Войне и мире» Толстой осуждает Элен за то, что она пыталась одновременно пользоваться покровительством иностранного принца и некоего вельможи (и все это формально оставаясь замужем за Пьером!) [Толстой 1960–1965, 11: 281]. Аналогичным образом во время соблазнения Анатолем Наташа понимает, что влюблена в двух мужчин, хотя в данном случае она сама считает свои чувства греховными [Там же, 10: 343]. Толстой не верил, что две романтические любви могут быть совместимы.

утреннее письмо подтверждает, что она хочет постоянно присутствовать в его жизни. Мечтатель обрел своего первого друга. Хотя нет никаких препятствий для этой будущей триады, Настенька, кажется, сетует на неспособность любить обоих мужчин («О боже! если б я могла любить вас обоих разом! О, если б вы были он!»), в то же время все еще обещая прийти к Мечтателю вместе со своим мужем, чтобы все они могли любить друг друга [Там же: 140]. Здесь царит двусмысленность, но если для неэротической любви можно найти достойное место, то «Белые ночи» предлагают модель страстной любви, сосуществующей с любовью нежной, сострадательной. Брат и возлюбленный не несовместимы по своей сути (хотя здесь Мечтатель, похоже, выступает поклонником в роли брата).

В «Униженных и оскорбленных» троичность в любви заходит намного дальше; в романе показана серия повторяющихся любовных треугольников, вновь основанных на ролях любовника и брата. Если жених Настеньки стоек в своей привязанности, то в «Униженных и оскорбленных» мы видим начало настороженного и скептического отношения Достоевского к страстной романтической любви. В центре романа две переплетающиеся истории, каждая из которых связана с любовным треугольником. Осиротевший главный герой и рассказчик Ваня воспитывался в доме любящей пары, Николая Сергеича Ихменева и Анны Андреевны, «как брат с сестрой» с их дочерью Наташей (на три года младше его). Их совместные детские годы описываются как «золотое, прекрасное время», когда пара бродила по идиллическому природному ландшафту, «держась за руки» [Там же, 3: 178]. Встретившись позднее в Санкт-Петербурге, где Ваня зарабатывает себе имя как писатель, пара переходит от своей прежней братской привязанности к романтическим чувствам. Однако их ожидаемому союзу мешает появление Алеши, сына князя Валковского, чьим имением раньше управлял Николай Сергеич. В юности Алеша тоже жил в Наташиной семье, и Ваня понимает, что теперь Наташа и Алеша влюбляются друг в друга (несмотря на то что их отцы стали заклятыми врагами и втянуты в судебный процесс, разоряющий Наташину семью). Ваня возвращается к роли «брата», пытаясь обеспечить счастье Наташи.

В этом треугольнике сосуществуют две любви: неизменная, братская, сострадательная любовь Вани и страстная, непостоянная, романтическая любовь Алеши. Это не та ситуация, которую описывает Мочульский, потому что Наташа разрывается между *двумя* видами любви и желает, как и Настенька, чтобы они сосуществовали в гармонии. Она видит в своей любви к Алеше опасность и безумие, и бросая свою семью ради него, она говорит Ване: «...если я и люблю Алешу как безумная, как сумасшедшая, то тебя, может быть, еще больше, как друга моего, люблю» [Там же: 197]. Даже в момент утраты самообладания Наташа понимает, что ее крепкая любовь к Ване может быть сильнее, чем ее безумная одержимость Алешей. Достоевский не умаляет силу сострадательной братской любви и акцентирует связь по всем осям треугольника. Когда Алеша приходит, чтобы забрать Наташу, ожидающую его с Ваней, он говорит, что хочет обнять Ваню *как родного брата*, и Наташа поддерживает это, говоря ему: «Да, да, Алеша... он наш, он наш брат, он уже простил нас, и без него мы не будем счастливы» [Там же: 202]. Это не тройственное соперничество, а взаимная зависимость, более позитивная версия миметического желания по Жирару, потому что связь истинна по всем осям[23]. Она существует только благодаря Ваниному бескорыстию и искреннему состраданию к Наташе, его готовности принять своего потенциального соперника как брата[24].

---

23 Этот треугольник, похоже, отчасти обязан своим появлением триаде в романе Диккенса «Холодный дом» (1853), где стороны также оказываются втянуты в судебный процесс, который определит их судьбу.

24 С этого момента отношения Вани и Наташи действительно становятся похожи на отношения любящих, глубоко привязанных друг к другу брата и сестры. У этих двоих есть друг для друга особые сигналы и способы самовыражения [Достоевский 1972–1990, 3: 226, 228], что очень напоминает пары братьев и сестер у Толстого в «Войне и мире».

Позже по ходу действия романа мы узнаем о подобном любовном треугольнике, частью которого был князь Валковский с матерью Нелли, сироты, усыновленной Ваней[25]. Мать Нелли, любимая «идеальным человеком, братцем Шиллеру, поэтом» [Там же: 336], была соблазнена коварным Валковским, который хотел прибрать к рукам богатство ее отца. Поэт поддержал мать Нелли после того, как Валковский бросил ее, что создает контраст между его братской любовью и мимолетной страстью опасного любовника. Эта парадигма обобщается, когда другой персонаж пересказывает эту историю, называя героев различными псевдонимами. Он начинает с того, что называет поэта «*Феферкухен*», но затем путается и использует такие прозвища, как «*Фрауенмильх*» и «*Фейербах*», в конечном счете назвав его «*Брудершафт*» — словом, смысл которого не нуждается в комментариях[26].

Оба любовных треугольника иллюстрируют изменчивость ролей брата и возлюбленного, как и в «Белых ночах»[27]. Когда Алеша познакомился с Катей, девушкой, которую выбрал для него отец, он сначала полюбил ее «как сестру, как милую, добрую сестру» [Там же: 319], и они «дали друг другу слово быть как брат с сестрой» [Там же: 243]. Катя начала влюбляться в Алешу, но когда он сказал ей, что уже обещан другой, он «возбудил в ней симпатию к ее сопернице, а для себя прощение и обещание бескорыстной *братской дружбы*» [Там же: 248]. Обещание женщиной «братской» (даже не «сестринской») дружбы еще больше лишает их связь сексуальности, создавая еще один треугольник, в кото-

---

[25] Настоящее имя этой героини — Елена, но мать называла ее Нелли, скорее всего потому, что предвидела, что ее дочь разделит нелегкую судьбу диккенсовской Нелл из «Лавки древностей» (1841).

[26] Это слово повторяется в знаменательный и забавный момент, когда Ваня отчитывает князя Валковского, пытавшегося напоить его, чтобы выудить информацию. Князь говорит: «Брудершафт ведь не будем пить?» [Достоевский 1972–1990, 3: 369].

[27] В минуту рассеянности Наташа даже путает «брата» и возлюбленного, случайно называя Ваню Алешей [Там же: 231].

рый входят брат и возлюбленный[28]. Алеша отвечает Наташе: «Вы обе созданы быть одна другой сестрами и должны любить друг друга» [Там же: 243]. Подобно тому, как Наташа говорит Алеше, что они не могут обойтись без Вани и должны остаться втроем, Алеша хочет, чтобы Наташа любила Катю, объясняя: «...мы будем все трое любить друг друга...» [Там же: 244].

Ни Алеша, ни Наташа не могут представить себе романтическую любовь саму по себе, без братской поддержки, а «братья» и «сестры» благодарны за возможность оказать эту поддержку. После того как Алеша бросает Наташу, она все еще остается нужна Кате в треугольнике. Подобно тому как Лакан и Жирар пишут о желании того, чего желает другой, в последнем письме Кати к Наташе она утверждает: «...если [Алеша] разлюбит вас хоть когда-нибудь, если хоть когда-нибудь перестанет тосковать при воспоминании о вас, то я сама разлюблю его за это тотчас же...» [Там же: 427]. Романтическая любовь подпитывается своим родственным двойником. Это противоречит трагичному ви́дению Мочульского, согласно которому в романах Достоевского «любовь никогда не довлеет себе, не завершается между двумя; кольцо ее размыкается третьим» [Мочульский 1980: 171]. Его толкование троичности слишком упрощено, в нем обесценивается или игнорируется разнообразие любви, рассматриваемой Достоевским.

Если роль любовника — пленять и очаровывать, то роль брата или сестры — оставаться верным. Покидая Наташу, Алеша на прощание говорит Ване: «...будь мне до конца братом: люби ее, не оставляй ее» [Достоевский 1972–1990, 3: 402]. Алеша доверяет брошенную им женщину своему (и ее) вечному брату. Покинутая своим возлюбленным, Наташа называет Ваню своим

---

28 Жирар сказал бы, что этот треугольник существует за счет любви к посреднику, поскольку Катя просит Алешу передать Наташе: «[Она] уже любит тебя как сестру и [хочет,] чтоб и ты ее любила как сестру» [Достоевский 1972–1990, 3: 243]. Я, в отличие от Жирара, считаю, что романтические любовные пары способствуют созданию *братских отношений*.

другом, своим братом, своим спасителем [Там же: 403]. Для нее понятие «брат» связано с самыми позитивными функциями заботы и поддержки. Ваня размышляет о ее привязанности к нему: «Она *просто* любит меня, любит бесконечно, не может жить без меня и не заботиться о всем, что до меня касается, и я думаю, никогда сестра не любила до такой степени своего брата, как Наташа любила меня» [Там же: 427][29]. Не вполне довольствуясь ролью брата, Ваня хотел бы верить, что Наташины чувства сильнее, чем привязанность сестры, хотя неясно, могут ли они превратиться в романтическую любовь. В заключительных строках романа Наташа говорит Ване, что весь год ее эскапады с Алешей был сном, и спрашивает: «Ваня, зачем я разрушила твое счастье?» [Там же: 442]. Это наводит на мысль, что, возможно, она все-таки была в него влюблена. Невозможно знать это наверняка. Эта романтическая дружба остается незавершенной, двусмысленно намекая на переход в настоящую романтическую любовь.

По мере того как Достоевский отдаляется от романтической фазы своего творчества и психологизм его произведений углубляется, троичность любви становится все более неоднозначной, что больше соответствует утверждениям Мочульского. В «Идиоте» Мышкин попадает в два запутанных треугольника, потому что он называет себя поклонником, тогда как любовь, которую он может предложить, — это не *эрос*, а *филия* — сострадание брата. Способность Мышкина быть «положительно прекрасным человеком»[30] частично проистекает из его неспособности испытывать сексуальную страсть. По словам его врача, он во всех

---

[29] Хотя это здесь не обсуждается, в конце Наташа признается Ване, что своего отца она любит «больше всех на свете», даже больше его [Достоевский 1972–1990, 3: 428].

[30] Достоевский утверждал, что его идея в «Идиоте» состояла в том, чтобы изобразить «положительно прекрасного человека» [Достоевский 1972–1990, 28, II: 251] и что единственным на свете таким лицом являлся Христос. В литературе ближе всего стоит Дон Кихот, но он был хорош только потому, что был смешон (другие попытки, которые приводит Достоевский, включали Пиквика и Жана Вальжана). Подобнее об этом см. [Frank 1995: 274].

отношениях ребенок[31], и при первой встрече с генералом Епанчиным он категорично заявляет: «Я не могу жениться ни на ком, я нездоров» [Там же, 8: 32]. Когда женщины из семьи Епанчина спрашивают, был ли он влюблен в Швейцарии, Мышкин отвечает: «Я не был влюблен. <...> Я... был счастлив иначе» [Там же: 57], и рассказывает историю о Мари и детях — микрокосме всеобщего братства[32].

Тот тип любви, который Мышкин испытывает в Швейцарии, — единственный известный ему тип — служит высшей, объединяющей цели[33]. Как объясняет Диана Томпсон:

> Именно потому, что сострадание, в отличие от сексуальной любви, потенциально может быть вызвано кем угодно, это делает его подходящим для более масштабной миссии в мире. Ибо в христианской этике практика сострадания превращает каждого страдающего незнакомца в ближнего, тем самым потенциально объединяя мир в сообщество, основанное на братстве [Thompson 1997: 195].

Мышкин — самая сильная попытка Достоевского создать чисто братскую любовь, но роман по меньшей мере неоднозначен

---

31 Как перефразирует слова доктора Мышкин: «...он сказал мне... что я сам совершенный ребенок, то есть вполне ребенок, что я только ростом и лицом похож на взрослого, но что развитием, душой, характером и, может быть, даже умом я не взрослый, и так и останусь, хотя бы я до шестидесяти лет прожил» [Достоевский 1972–1990, 8: 63].

32 Роберт Холландер отмечает евангельские параллели между Мари и Магдаленой и «братством детей, объединившихся под руководством Мышкина в христианском братстве» [Hollander 1974: 125]. Донна Орвин видит соответствие между описанием швейцарских детей Мышкиным и «Детством» Толстого, хотя и признает, что Достоевский не соглашался со взглядами Толстого на детей [Орвин 2022: 263–264]. Я рассматриваю реакцию Достоевского на описание семьи Толстым в четвертой главе.

33 Франк связывает историю Мышкина о Мари с тем, что он называет лейтмотивом «двух типов любви» — «одна христианская, сострадательная, альтруистичная и универсальная, другая светская, потворствующая своему эго, собственническая и мелочная», и отмечает, что сестры Епанчины ожидают рассказа о втором типе любви, но Мышкин ясно объясняет, что в его случае имел место первый тип [Frank 1995: 321].

в том, что касается успеха такой любви[34]. Мышкин мог объединить детей в своей швейцарской идиллии, но не взрослых — в реальном мире Санкт-Петербурга. Эта неудача и его окончательное возвращение к идиотизму имеют зловещий подтекст: истинная братская любовь не может существовать в нашем испорченном взрослом мире.

Одним из достоинств братской любви является ее совместимость с другими формами любви, но Мышкин, принимая на себя в Санкт-Петербурге неправильную роль, исключает возможность сосуществования его братской любви к Настасье Филипповне со страстью к ней Рогожина[35]. Вместо этого она должна постоянно противопоставлять их друг другу, что означает колебание между взаимоисключающими представлениями о себе: невинная жертва — оскорбленная, но все еще чистая духом, или грешница, утратившая добродетель и потому вольная грешить дальше[36]. Поскольку Мышкин не испытывает сексуальной любви, он не до конца понимает, что поставлено на карту для Настасьи Филипповны (или Аглаи) в ее любовном выборе, и он сопротивляется противопоставлению себя и Рогожина[37]. Мы узнаем, что во

---

[34] Говард Х. Келлер считает Мышкина неудачником, поскольку «каждый персонаж после контакта с князем возвращается к своим прежним порокам» [Keller 1972: 18]. Эрик Эгеберг, Майкл Холквист и Лиза Кнапп рассматривают его как вымышленное воплощение Христа или фигуру, подобную Христу. См. [Egeberg 1997; Holquist 1977: chap. 4; Knapp 1998]. В записных книжках к «Идиоту» Достоевский трижды ссылается на «князя Христа», но, как указывает Эгеберг, они были написаны до романа, «и поэтому они больше говорят нам о том, чего хотел достичь Достоевский, чем о том, чего он в итоге достиг в “Идиоте”» [Egeberg 1997: 165]. Эдвард Васиолек называет Мышкина «неудачником, каким был и Христос, неспособным остановить боль, которую мы причиняем друг другу», но «успешным, потому что на мгновение он способен разжечь в других веру в более истинный образ самих себя» [Wasiolek 1964: 109]. Об эволюции персонажа Мышкина от записных книжек до окончательной версии см. [Frank 1995: 256–275; Tyrras 1989].

[35] Подробнее о том, что Мышкин в конце концов попал «не на свое место» и играл не свою роль, см. [Померанц 1989: 145].

[36] Эта динамика подробно описана в [Wasiolek 1964: 90–91].

[37] Штайнер отмечает, что Аглая и Настасья Филипповна то осознают «ограниченность» Мышкина, то перестают ее замечать [Steiner 1996: 172]. Томпсон указывает, что, когда Настасья Филипповна отвергает Мышкина на празд-

время их пребывания в Москве (шесть пропущенных месяцев между первой и второй частями) Мышкин и Рогожин стали как братья — еще один пример любовного треугольника, способствующего гомосоциальному влечению, как описывает Седжвик[38]. Когда Мышкин возвращается и пытается восстановить эти товарищеские отношения в Санкт-Петербурге, он не понимает сложности того, о чем просит Рогожина. Борясь с убийственной ревностью, Рогожин инициирует обмен крестами — *адельфопоэзис* вне церкви — в попытке связать себя любовью, а не ненавистью, став с Мышкиным братьями[39]. Он даже просит для своего нового брата благословения своей матери[40].

Рогожин видит, сколь по-разному они любят Настасью, и признает, хотя он ничего тут не понимает: «Вернее всего то, что жалость твоя, пожалуй, еще пуще моей любви!» [Достоевский 1972–1990, 8: 177][41]. Это перекликается с утверждением Наташи

новании своих именин, она понимает, что он не может «нормально жениться», и прощается с ним, утверждая, что это первый раз, когда она видела «человека» — слово, которое «сексуально нейтрально» [Thompson 1997: 191].

[38] Саймон О. Лессер видит в этой паре подлинное гомосексуальное влечение [Lesser 1963: 364–365]. Я нахожу такое прочтение не слишком убедительным, потому что Мышкин, похоже, неспособен испытывать сексуальную любовь. Интерпретируя эти отношения с совершенно иной точки зрения, Васиолек предполагает, что «желание Мышкина сделать Рогожина братом» проистекает из «его отказа принимать пороки человека за самого человека» [Wasiolek 1964: 104].

[39] «Адельфопоэзис» («братотворение») был древним священнодействием в Восточной православной церкви, посредством которого два человека (обычно мужчины) могли стать братьями (во времена Достоевского это уже не практиковалось). Его значение и связь с другими обрядами братания обсуждаются П. А. Флоренским в [Флоренский 2003: 364–367].

[40] Рассматривая Рогожина и Мышкина как целостных личностей, я расхожусь во взглядах с Элизабет Далтон и другими, которые видят в них типичных для Достоевского двойников. По мнению Далтон, «похоть и агрессия, вытесненные из личности Мышкина... прорываются наружу в личности полярной противоположности Мышкина, Рогожина». Она видит Мышкина как супер-эго, а Рогожина как подсознание, «ужасное второе "я", которое в точности соответствует элементам, отрицаемым и подавляемым в Мышкине» [Dalton 1989: 89].

[41] Томпсон подчеркивает различие между «жалостью» и «состраданием» Мышкина и утверждает, что его отношение к Настасье Филипповне как к «жалкому существу», «полоумной» «фатально как для сострадания, так

в «Униженных и оскорбленных», что ее сестринская любовь к Ване сильнее ее страсти к Алеше. Когда Мышкин приходит в дом Рогожина, сначала Мышкин, а затем Рогожин предлагает отдать Настасью Филипповну своему сопернику, если такова ее воля. Тем не менее, несмотря на искреннее стремление персонажей к миру, их судьбы доказывают, что их разные формы любви не могут сосуществовать, как это было в «Униженных и оскорбленных», потому что они оба избрали для себя место поклонника, вместо того чтобы один занимал место любовника, а другой — брата. Рогожин замахивается ножом на Мышкина и в конце концов вонзает его в Настасью Филипповну; соперничество и конкуренция, порожденные сексуальным желанием, не могут быть сдержаны стремлением этих людей к братству.

Только после смерти Настасьи Филипповны, когда возможность такого желания исчезает, эти трое могут воссоединиться. В финальной сцене подчеркивается это создание единства, инициированное Рогожиным. Он находит Мышкина на улице и приводит его в свою комнату, где лежит тело Настасьи Филипповны, говоря ему:

> Ночь мы здесь заночуем, *вместе*. Постели, окромя той, тут нет, а я так придумал, что с обоих диванов подушки снять, и вот тут, у занавески, рядом и постелю, *и тебе и мне*, так чтобы *вместе*. <...> Так пусть уж она теперь тут лежит, подле нас, подле *меня и тебя*...
> — Да, да! — с жаром подтвердил князь [Там же: 504] (*курсив мой. — А. Б.*).

Окончательное единство в этой триаде — это по сути двое мужчин, объединенных одной женщиной, которые теперь могут действовать без ограничений в соответствии со своим ранее провозглашенным братством. Но это братство, построенное на насильственном жертвоприношении любимой женщины, иска-

---

и для сексуальной любви». По ее словам, жалость разрушает сексуальную любовь, потому что она «не углубляется в наши самые интимные личные отношения» [Thompson 1997: 192].

жено. Настасья Филипповна была не Христом, умирающим во имя того, чтобы другие стали братьями, а жертвой мужской страсти. Заключительная сцена собственно романа (исключая эпилог) — Мышкин гладит Рогожина, а затем лежит, прижавшись лицом к лицу своего брата, и его слезы катятся по щекам Рогожина[42]. Это братство досталось слишком дорогой ценой и не смогло их спасти.

Понимая только братскую роль, Мышкин также не осознает, почему любовь к Аглае и любовь к Настасье Филипповне исключают друг друга[43]. В конце романа он говорит Евгению Павловичу, что любит обеих, и он не может понять, почему это проблема[44]. Его идеальная триада неисключительна, как и родственные узы. Сара Хадспит называет его любовь к обеим женщинам «выражением его призыва к *соборности*», явно указывая на связь с религиозными идеалами, которые Достоевский разделял со славяно-

---

[42] Это поглаживание также заставляет вспомнить его заботу о Настасье Филипповне после ее стычки с Аглаей. Там он «гладил ее по головке и по лицу обеими руками, как малое дитя» [Достоевский 1972–1990, 8: 475]; здесь каждый раз, когда Рогожин начинал бредить, «князь протягивал к нему... свою дрожащую руку и тихо дотрагивался до его головы, до его волос, гладил их и гладил его щеки... больше он ничего не мог сделать!» [Там же: 506].

[43] Этот столь же проблемный треугольник также притягивает двух женщин друг к другу. Настасья Филипповна видит в Аглае чистый идеал того, кем она могла бы быть, и утверждает в одном из своих писем, что фактически влюблена в нее. Для Аглаи Настасья Филипповна олицетворяет свободу от удушающих социальных ограничений, которой она жаждет. Малкольм Джонс отмечает, что Достоевский любит драматические столкновения женщин-соперниц и одним из постоянных элементов этих столкновений является «предложение сестринства, которое на самом деле предполагает подчинение воли одной из женщин другой» [Jones 1999: 162].

[44] Франк рассматривает «трагическую антиномию», скрытую в «христианской любви» Мышкина, указывая на упускаемый из виду подтекст именования Мышкина «Князем Христом» в черновиках Достоевского: «...эта фраза также предполагает напряженность между человеческим и божественным, с которой Мышкину придется столкнуться, — напряженность между жизнью в мире как “князь” и желанием жениться на Аглае, будучи в то же время серафическим провидцем, вдохновленным самоотверженной христианской любовью к Настасье» [Frank 1995: 288].

филами [Hudspith 2004: 155]. Евгений Павлович объясняет, что Аглая любила Мышкина «как женщина», и предполагает, что, возможно, Мышкин никогда по-настоящему не любил ни Аглаю, ни Настасью Филипповну (Мышкин соглашается, что это возможно) [Там же: 484]. Евгений Павлович своим замечанием отрицает саму возможность или обоснованность братской любви, вместо этого он приравнивает любовь только к эросу (что представляется справедливым, поскольку женщины именно так истолковывали любовь Мышкина). Но все романы Достоевского предлагают братскую любовь как позитивную, объединяющую альтернативу. Как недвусмысленно заявляют Рогожин и Наташа Ихменева, сострадательная любовь необязательно должна быть слабее эроса. «Братья Карамазовы» станут убедительным доказательством этой истины для мира Достоевского. В «Идиоте» Мышкин терпит неудачу, потому что любовь брата может быть спасительной только тогда, когда воспринимается как таковая, ему же досталась неправильная роль.

Обращаясь к «Братьям Карамазовым», мы видим, что троичность проявляется по-разному между братьями и между отцом и сыном. Пересекающиеся планы в отношении Катерины Ивановны не разлучают, а, напротив, объединяют Ивана и Дмитрия. Они связаны с ней разными узами — не только ослепляющей страстью, — и различная природа их чувств к ней позволяет им оставаться в хрупком равновесии втроем. Однако между Дмитрием и Федором Карамазовыми уже нет даже попытки сосуществования и трехстороннего единства. Отец и сын — непримиримые соперники за любовь Грушеньки от начала до конца. Они используют ее как «проводника» для своей яростной ненависти друг к другу. Седжвик была бы права, если бы рассматривала отношения двух мужчин в этом треугольнике как первостепенные. Это полный провал отношений между отцом и сыном.

Ключевой вопрос всех этих любовных треугольников, как мне представляется, — это как преобразовать любовь таким образом, чтобы она распространилась на все общество. В отличие от Чернышевского, чьи тройственные союзы были частью социальной программы, Достоевский использует свои треугольники отчасти как критику романтической любви, подчеркивая ее узконаправленный, не поддающийся расширению характер. Теории Фрейда предлагают объяснение проблемы, которую видел Достоевский, но не осознавал Чернышевский. Для Фрейда «антагонизм между культурой и сексуальностью» возникает из того факта, что «сексуальная любовь есть взаимоотношение между двумя лицами и третий может быть только лишним или помехой, в то время как культура основана на взаимоотношениях между большим количеством людей» [Фрейд 2012: 953]. По мнению Фрейда, сексуальная любовь играет для пары сугубо изолирующую роль: «При апогее любовных отношений не остается больше места для интереса к окружающему миру; любовная пара самодостаточна: чтобы быть счастливой, ей даже не нужен общий ребенок» [Там же][45]. Достоевский, похоже, разделяет эту веру во всепоглощающую природу эротического желания, которое может заставить человека забыть об окружающем мире. Следовательно, если бы всякая любовь была основана исключительно на либидо, единство было бы невозможно, поскольку любовь разрушила бы его. И все же любовные треугольники Достоевского показывают, что альтернативная вторая форма — то, что и я, и он называем братской любовью, — предлагает достойное место для третьего и для перехода в социальную сферу. В отличие от любовников, которых Достоевский мог представить себе действующими только в парах (его триады распадаются, и остаются два любовника вместо одного любовника и брата или сестры), братья и сестры могут выходить за пределы бинарности. Джульет Митчелл объясняет это идеалом «серийности» [Mitchell 2005: 20]. В семье всегда может появиться еще один ребенок; родство братьев и сестер, или расширение по горизонтальной оси, не имеет границ.

---

[45] Фрейд далее объясняет, что, хотя мы могли бы представить себе общество, в котором эти «двойные индивиды» были бы связаны «узами совместного труда и интересов», такого положения вещей не существует. «...в действительности культура никогда не довольствуется предоставленными в ее распоряжение связями, она хочет связать членов коллектива друг с другом и либидозно...» [Фрейд 2012: 953–954].

Разрушение иерархии: горизонталь вместо вертикали

До 1870-х годов Достоевский видел потенциал братства не только в том, что касается романтической любви. Он также противопоставляет братские отношения отношениям между родителями и детьми. Намеки на главную тему его последних трех романов — конфликт поколений и провалы отцов — появляются уже в ранних произведениях. Хотя этой теме уделяется большое внимание в критической литературе, в четвертой главе я покажу, что ученые упустили из виду то, как терпящих неудачу отцов замещают братья и сестры. Эта тема замены вертикального горизонтальным уходит корнями в произведения, обсуждаемые в этой главе, и наиболее четко высвечена в «Униженных и оскорбленных»[46].

Родителей и детей обычно рассматривают так, как если бы они находились на двух взаимоисключающих осях, но в «Униженных и оскорбленных» порой устанавливается жесткий патриархальный порядок, а в других случаях отцы и дети ставятся на один уровень. В одном и том же разговоре Николай Сергеич называет Ваню «братом» и говорит ему: «...ты для нас был всегда как бы родным сыном» [Достоевский 1972–1990, 3: 211][47]. У Алеши Валковского, отец которого относится к нему с пренебрежением, как к «смешному мальчику» [Там же: 312], бывают и другие моменты, когда он и его отец ведут себя как равные. Он говорит Наташе и Ване: «...я ведь с ним совершенно откровенно, как брат с братом» [Там же: 237][48]. Когда князь появляется у Наташи, Ваня отмечает: «Он казался старшим братом Алеши» [Там же: 245].

---

[46] Сюзан Фуссо приводит превосходное обсуждение провала отцовского аспекта мышления Достоевского в [Fusso 2006: 102–109]. Однако она никогда не связывает «Униженных и оскорбленных» со своим обсуждением этой темы.

[47] Аналогичное размывание произойдет в семье Карамазовых в отношениях между Федором и Иваном.

[48] Это утверждение также свидетельствует о его уверенности, что братское общение — это идеал открытости (что не является очевидной истиной).

В «Униженных и оскорбленных» Достоевский представляет проблематичным это отсутствие иерархической дифференциации между отцом и сыном, которое станет положительным идеалом в его поздних произведениях. Князь Валковский — архетипический несостоявшийся отец, который отослал своего сына на время его воспитания и не особо делился с ним своей любовью и положительными нравственными ценностями, потому что ему самому их недоставало. Озабоченный только собственными удовольствиями и накоплением богатства, Валковский презирает своего наивного, идеалистичного сына и очень огорчен попыткой Алеши жениться на бедной женщине вместо богатой, которую он выбрал[49]. Не получив от своего отца никаких моральных ориентиров, Алеша потрясен встречей с кружком молодых утопистов, которые знакомят его с высокими идеалами любви к человечеству. Он охотно рассказывает отцу об этих молодых людях, которые приняли его «по-братски, с распростертыми объятиями», и Валковский смеется ему в лицо [Достоевский 1972–1990, 3: 309].

Реакция Алеши на жестокий смех отца обнажает одну из центральных проблем романа: «Ты всё смеешься. Но ведь я от тебя ничего никогда не слыхал такого; и от всего вашего общества тоже никогда не слыхал» [Там же: 310]. Старшее поколение только и делало, что наживало и растрачивало состояния; они не привили никаких идеалов. Алеша объясняет, что он надеялся ввести своего отца в свой новый круг, и когда отец продолжает смеяться над ним, он жалобно спрашивает:

> — Отец, — начал он грустно, — для чего же ты смеешься надо мной? Я шел к тебе прямо и откровенно. Если, по твоему мнению, я говорю глупости, вразуми меня, а не смейся надо мною. Да и над чем смеяться? Над тем, что для меня теперь свято, благородно? Ну, пусть я заблуждаюсь, пусть это все неверно, ошибочно, пусть я дурачок, как ты несколько раз называл меня; но если я и заблуждаюсь, то

---

[49] Ваня замечает, «что он вовсе не любит сына, хотя и говорили про слишком горячую отцовскую любовь его» [Достоевский 1972–1990, 3: 308].

> искренно, честно; я не потерял своего благородства. Я восторгаюсь высокими идеями. Пусть они ошибочны, но основание их свято. Я ведь сказал тебе, что ты и все ваши ничего еще не сказали мне такого же, что направило бы меня, увлекло бы за собой. Опровергни их, скажи мне что-нибудь лучше ихнего, и я пойду за тобой, но не смейся надо мной, потому что это очень огорчает меня [Там же: 311].

Это самое откровенное утверждение, которое мы находим в произведениях Достоевского о сыне, оплакивающем провал отца и просящем его быть истинным учителем и наставником[50]. Из-за исключительного простодушия этого персонажа и сентименталистских произведений Достоевского, идея писателя предстает здесь в наивно прямолинейной форме[51]. Алеша сравнивает отца со своими сверстниками, которые приняли его как брата, тем самым создав модель, которая сохранит свое значение в позднем творчестве Достоевского. Когда отцы терпят неудачу, именно горизонтальные связи восполняют пустоту; братья становятся источником положительных ценностей.

Хотя Достоевский описывает молодых социалистов в «Униженных и оскорбленных» более цельными, чем старшее поколение, они все-таки не показаны как идеал. Напротив, писатель пародирует их утопизм и отсутствие практического жизненного фундамента. Когда Алеша восторгается их предполагаемой любовью к человечеству, его лицемерие проявляется в способности забыть о любви к собственной невесте, о чем справедли-

---

[50] Дмитрий Карамазов делает то же самое с бо́льшим гневом и меньшим желанием получить от Федора реальный совет.

[51] Как отмечал Бахтин (и другие), в произведениях Достоевского «образ идеи неотделим от образа человека — носителя этой идеи», так что они всегда находятся в зоне голоса конкретного индивида [Бахтин 2002: 97]. Он продолжает: «Идея — это *живое событие*, разыгрываемое в точке диалогической встречи двух или нескольких сознаний» [Там же: 99]. По мере того как психология персонажей становится в более поздних романах более сложной, идеи тоже усложняются, а их взаимодействие становится более тонким и двуголосым.

во напоминает ему отец[52]. Социалисты правы, принимая братство и посвящая себя цели более великой, чем собственные эгоистичные цели, но они выбрали неверный подход, забыв, что истинное братство не может существовать только как слова и идеалы.

Преодоление гордости

Произведения Достоевского изобилуют примерами того, как родители или те, кто их заменяет, подводят своих детей. Лишь немногие из семей, описываемых Достоевским, являются полными[53]. Трагедия «Униженных и оскорбленных» заключена в родителях, отвергающих детей, и в отсутствии прощения. Разрыв Наташи с отцом и их конечное воссоединение — сентиментальный стержень романа. И в самом деле, Наташа утверждает, что любит отца даже больше, чем Ваню [Достоевский 1972–1990, 3: 428]. В своем исследовании английского романа XVIII века (жанр, хорошо известный Достоевскому) Рут Перри отмечает распространенность и эмоциональное воздействие этой темы:

> Снова и снова отец обнимает свою давно потерянную дочь со взаимными возгласами радости и восторга. Затем он торжественно благословляет ее, и она, которая на протяжении всего повествования страдала из-за отсутствия имени, отсутствия денег или друзей, с радостью получает его имя, его защиту и в большинстве случаев его состояние [Perry 2004: 84–85][54].

---

[52] Подобное лицемерие проявят социалисты в «Бесах».

[53] Отсутствие родителей имеет разные причины и принимает разные формы, как в случае с Валковским, с родителями Настеньки в «Белых ночах» (из-за их отсутствия она остается с бабушкой, которая буквально связывает ее, как пленницу), или с отцом Раскольникова. Даже при физическом присутствии может отсутствовать поддержка, как в семье Мармеладовых.

[54] Пушкин, похоже, пародирует этот сюжет в «Станционном смотрителе» (1831), где отец умирает безутешным, тогда как дочь вполне счастлива в своем новом положении.

Это описание вполне можно отнести к сюжету «Униженных и оскорбленных». Создавая роман, Достоевский, несомненно, опирался на Диккенса, а судебное дело, в которое вовлечен Николай Сергеич, явно заимствовано из английского романа. Перри пишет: «Разлученные со своими кровными семьями и вынужденные договариваться об условиях брака со своими будущими семьями, оказавшиеся между одной системой и другой, дочери рано начали страдать от воздействия на общественные отношения капитализма» [Ibid.: 76]. Рассматривая это как образец, мы можем увидеть связь между утратой Николаем Сергеичем имущества из-за его судебной тяжбы с князем Валковским и его неспособностью простить дочь за то, что она сбежала с сыном Валковского. Похожая картина прослеживается в истории матери Нелли, которая сбежала с Валковским, забрав бóльшую часть богатства своего отца.

Хотя этих женщин во время разлуки с отцами поддерживают братья, драматизм заключен в способности отцов прощать. В одной эмоционально заряженной сцене Ваня пытается защитить интересы Наташи, но Ихменев дает ему отпор, заявляя:

> Слушай: не думай, что во мне говорит какая-нибудь там отцовская нежность и тому подобные слабости. Всё это вздор! <...> Дочь оставила меня, ушла из моего дома с любовником, и я вырвал ее из моего сердца, вырвал раз навсегда, в тот самый вечер — помнишь? Если ты видел меня рыдающим над ее портретом, то из этого еще не следует, что я желаю простить ее. Я не простил и тогда [Достоевский 1972–1990, 3: 290].

Отец слишком поглощен собственной гордостью и стыдом, чтобы простить, тогда как «брат», ранее бывший возлюбленным, даже не думал о необходимости прощения, когда уступил свое место. Наташа проницательно говорит Ване, что «отеческая любовь тоже ревнива» [Там же: 230], намекая на фактор, который делает эту любовь более трудной, чем братская любовь в его понимании. Точно так же Дуня прощает Раскольникова за его жестокое обращение с ней во время их первой беседы, в то время как их мать сосредотачивается на своей обиде [Там же, 6: 185][55].

В английском романе тема прощения отца была самоцелью, но для Достоевского она становится окном в более широкие религиозные проблемы. Сюжетная линия Наташи связана с линией осиротевшей Нелли этой темой заброшенности, но Нелли поднимает ее до этической проблемы. Утверждая, что Ихменев злодей, что не прощает свою дочь, Нелли говорит, что Наташа не должна возвращаться к нему, даже если он попросит. «Пусть она уйдет от него навсегда и лучше пусть милостыню просит, а он пусть видит, что дочь просит милостыню, да мучается» [Там же: 295]. Это решение освободило бы Наташу от иерархической зависимости. Будучи еще ребенком, Нелли уже осознает удовольствие гордыни и праведных страданий. Она рассматривает прощение как религиозный вопрос и рассказывает, как спрашивала своего дедушку: «...отчего же Иисус Христос сказал: любите друг друга и прощайте обиды, а он не хочет простить мамашу?» (в ответ на что ее дедушка выгнал ее вон) [Там же: 415–416]. Тем не менее в собственной жизни она также не желает прощать отца, храня доказательство своего происхождения, но никогда не обращаясь к отцу за помощью. Прощение по вертикальной оси сложнее, чем по горизонтальной, из-за неравенства сил, которое усугубляет гордыню.

В отличие от социалистов, Достоевский никогда не стремился искоренить социальные или классовые различия; напротив, он понимал, что братство основано на равенстве высшего рода[56].

---

55 В записных книжках Достоевский рассматривал вариант, при котором Дуня ненавидела Соню. Это наводит на мысль о том, что первоначально он представлял себе ревность в отношениях, а затем решил от нее отказаться [Достоевский 1972–1990, 7: 156]. В окончательном варианте пара сестра — брат находится в большем согласии друг с другом, чем пара мать — сын.

56 Н. М. Лэри отмечает о «Бедных людях»: «Для Достоевского на данном этапе единственная реальная основа равенства и любого стоящего общества заключается во взаимном признании человеческого достоинства (только в его более поздних произведениях появляется ви́дение общества как специфически христианского братства, и к этому времени он становится

Сюжетная линия Нелли подчеркивает необходимость взаимной зависимости, чтобы испытать это равенство. Она боится быть кому-то обязанной и хотела бы, чтобы Наташа взяла ее к себе в услужение. Потрясенный этой идеей, Ваня восклицает: «Уж если возьмет она тебя, то как свою ровную, как младшую сестру свою», на что Нелли отвечает: «Нет, я не хочу как ровная» [Там же: 379]. Нелли не доверяет миру и считает, что должна заслужить свое место трудом. Ее мораль, усвоенная от гордой матери, жившей в крайней бедности, имеет отзвуки во всех произведениях Достоевского: «Милостыню не стыдно просить: я не у одного человека прошу, я у всех прошу, а все не один человек; у одного стыдно, а у всех не стыдно» [Там же: 384].

Если подарки и помощь могут усугубить неравенство, то милостыне Достоевский отводит особое место. Линда Иваниц объясняет: «Это представляет собой *взаимный обмен* благодеяниями, в ходе которого обездоленный человек получает материальную поддержку и в ответ молится о благополучии благотворителя» [Ivanits 2002: 351–352] (*курсив мой. — А. Б.*). Один из уроков, который преподает в «Братьях Карамазовых» Зосима, — это значение умения принимать милостыню, как он принимал милостыню от своего бывшего слуги. Неверно понимая эту взаимность, Нелли считает, что просить подаяния или обращаться за помощью к миру в целом — это способ сохранить свою свободу и независимость духа, в то время как получить помощь

в отношении потребности урбанизированных русских в примирении даже не осторожен, а скорее пессимистичен, а братство является своего рода идеалом, по которому можно оценивать отчужденность человека)» [Lary 1973: 29]. Далее он отмечает, что «когда в 1876 году он [Достоевский] назвал Диккенса “великим христианином”, несомненно, это было не только потому, что Диккенс изображал скромных персонажей, но и потому, что он пытался сделать их мировоззрение основой для нового братства, в котором было бы удовлетворено стремление человека к равенству» [Ibid.: 34]. Равенство в романтических отношениях — частая тема в «Униженных и оскорбленных». Все персонажи ссылаются на неравенство между Наташей и Алешей (он больший ребенок, чем она) как на одну из основных причин его переноса привязанности на Катю.

от отдельного человека означало бы оказаться в долгу и утратить свободу воли[57]. Она не ценит ни духовный дар, которым делится, принимая помощь другого, ни значение принадлежности к человечеству в целом через участие в этом обмене.

Нелли трудно смириться с мыслью о том, что она Наташе как сестра, но сбор милостыни на улице основан на идее видеть во всех людях потенциальных братьев и сестер. Способствование распространению этого взгляда на вселенское братство, по-видимому, является одной из целей самого романа. Сосредоточив внимание на «униженных и оскорбленных», которые обычно спрятаны в темных, незаметных уголках Санкт-Петербурга, и рассказывая их истории в романтической, облагораживающей манере, роман Достоевского стремится заставить нас осознать, «что самый забитый, последний человек есть тоже человек и называется брат мой», как Николай Сергеич говорит о Ванином романе [Достоевский 1972–1990, 3: 189][58]. По мере того как Достоевский отходит от романтизма, этот призыв к братству приобретает все менее сентиментальный оттенок и становится неотъемлемой частью его понимания христианства. *Филия* сливается с *агапе*, и любовь к ближним становится средством достижения веры, тогда как вера также подкрепляется деятельной любовью.

Самопожертвование или спасение сестры: роли сестры и брата

Ключевые идеи «Преступления и наказания» — деятельная любовь и вера. Хотя роман по праву знаменит глубоким анализом психологии одного неуравновешенного человека, я буду рассматривать его как семейный роман. Мысли и поступки Раскольникова формируются его сложными семейными отношениями.

---

[57] Нелли, однако, в конечном счете научится принимать любовь. На последних стадиях ее болезни Наташины родители удочеряют ее, и она действительно становится Наташе как бы младшей сестрой, как и предполагал Ваня.

[58] Ванин роман, несомненно, является двойником «Бедных людей» самого Достоевского.

В контексте этой главы также примечательно, что из всех романов Достоевского, написанных до 1870 года, «Преступление и наказание» — единственный, в котором имеется значимая биологическая родственная пара[59]. Идеи Раскольникова подвергаются наиболее серьезному испытанию со стороны девушки из еще более неблагополучной семьи — Сони Мармеладовой, которая предлагает ему альтернативное понимание родства, связанное с верой. Духовный центр романа основан на конфликте взглядов героев на семью и веру.

В начале романа Раскольников вплетен в любящую, но неблагополучую семейную систему. После смерти отца он стал главным объектом любви своей матери, чья чрезмерная забота идет ему во вред[60]. В нескольких психоаналитических исследованиях высказывается предположение, что Пульхерия Раскольникова возлагает вину и моральный долг на сына[61]. Ее несостоятельность по отношению к Дуне не нуждается в подробном описании; Раскольников задается вопросом, «уж не угрызения ли совести ее самое втайне мучат за то, что дочерью сыну согласилась пожертвовать» [Там же, 6: 36][62]. Возможно, чтобы смягчить свою вину, Пульхерия говорит Раскольникову: «Люби Дуню, свою сестру, Родя; люби так, как она тебя любит, и знай, что она тебя беспредельно, больше себя самой любит» [Там же: 34]. Это еще одна форма создания треугольника, когда любовь детей частич-

---

[59] Отношения между сестрами Епанчиными (в самой полной и «счастливой» семье Достоевского) также заслуживают внимания, но они менее важны для сюжета «Идиота», чем отношения Дуни и Раскольникова в «Преступлении и наказании».

[60] Бремя, которое Раскольников испытывает от этой любви, более четко описано в записных книжках: «Ласки матери тяжелы» [Достоевский 1972–1990, 7: 136]. В нескольких психоаналитических исследованиях романа утверждается, что Раскольниковым движут импульсы матереубийства, и он представляет процентщицу своей матерью. См. [Kanzer 1948; Kiremidjian 1976; Lower 1969; Snodgrass 1960; Wasiolek 1974].

[61] Превосходный анализ ее письма Раскольникову см. [Snodgrass 1960: 407–408].

[62] В ее защиту можно сказать, что такого рода самопожертвование со стороны женщин в семье считалось в XIX веке скорее нормой.

но опосредуется матерью. Она говорит не только за себя, но и за Дуню: «...ты один у нас, у меня и у Дуни, ты наше всё, вся надежда, упование наше» [Там же: 27].

Эти женщины, очевидно, играют ключевую роль во всем, что происходит в «Преступлении и наказании», но им редко уделяется внимание, которого они заслуживают. Они оказываются за рамками традиционного прочтения, которое сфокусировано на моральных и психологических проблемах, а также за пределами типичных интересов феминистских исследований. В последние пятнадцать лет возросло число научных работ о творчестве Достоевского, в которых центральное место занимают женщины[63]. Эти исследования многое сделали для того, чтобы вывести нас за рамки традиций таких ученых, как Бердяев, который утверждает: «Женщина есть лишь встретившаяся в этой судьбе трудность, она не сама по себе интересует Достоевского, а лишь как внутреннее явление мужской судьбы» [Бердяев 2016: 405]. Тем не менее даже авторы новых работ, посвященных проституткам, воспитанницам, жертвам изнасилования, эмансипированным женщинам, отсутствующим матерям и «женскому вопросу», вынуждены признать, что женские персонажи часто в значительной степени определяются их отношениями с мужчинами, как видно из этого списка типов. Роли, на которых сосредоточились ученые-феминистки, указывают на потенциал женщин как сексуальных партнеров или объектов мужского желания. Это исключает восприятие женщин как сестер (реальных или метафорических), а вместе с ним и альтернативное ви́дение женщин в произведениях Достоевского. В следующем разделе я рассмотрю этот потенциал, переосмысливая «Преступление и наказание» через призму родственных отношений.

Когда Мочульский включил в любовный треугольник «Преступления и наказания» Дуню, Разумихина и Свидригайлова, он упустил из виду трехстороннюю любовь, которая, как мне кажется, на самом деле определяет структуру романа: Раскольников

---

[63] Смотрите, например, [Blake 2006; Briggs 2009; Grenier 2001; Murav 1995; Straus 1993].

между Дуней и Соней. Дуне придается слишком мало значения. Мочульский называет Соню добрым ангелом Раскольникова и утверждает, что Дуня «приводит за собой Свидригайлова, мистически связанного с героем, — его злого ангела» [Мочульский 1980: 244]. Далее он противопоставляет двух ангелов друг другу, фактически сводя значение Дуни исключительно к ее связи со Свидригайловым. Это весьма типичное прочтение находит подкрепление в записных книжках к «Преступлению и наказанию», где Достоевский явно противопоставляет Свидригайлова Соне как символы в сознании Раскольникова[64]. Я предлагаю радикально иной подход к роману, в котором ключевой фигурой является Дуня, а Соня становится ее дублером[65].

Исследователи часто пишут о Свидригайлове как о двойнике Раскольникова[66], но первый человек, с которым сталкивается Раскольников и чья жизнь имеет параллели с его собственной, это Мармеладов. На первый взгляд может показаться странным, что Раскольников проявляет такой интерес к этому незнакомому пьянице в кабаке, обдумывая самый серьезный поступок в своей жизни, но я считаю, что он видит в истории Мармеладова повторение своей собственной. Оба метафорически лежат на диване, не в состоянии действовать, в то время как их семьи страдают. Они находятся в сходном состоянии, опьянения или горячечного бреда, которое отрезает их от остального мира, и они оба чувствуют себя виноватыми, поскольку их неспособность обес-

---

64 «Свидригайлов — отчаяние, самое циническое. Соня — надежда, самая неосуществимая. (Это должен высказать сам Раскольников.) Он страстно привязался к ним обоим» [Достоевский 1972–1990, 7: 204].

65 Нина Пеликан Штраус в своей книге о романе в некоторой степени подтверждает эту идею. Она утверждает, что Дуня ответственна за то, что вызвала в своем брате «обращение в феминизм», которое затмевается религиозным обращением, вызванным Соней. «Именно религиозно чистая и непосредственная Соня, а не сложная Дуня, должна *казаться* источником обращения Раскольникова, даже если образность романа, его самовосприятие и скрытый диалог говорят об обратном» [Straus 1994: 32].

66 См. [Curtis 2004: 135; Frank 1995: 129–130 (хотя он не использует напрямую слово «двойник»); Мочульский 1980: 251; Seeley 2004: 81].

печить свои семьи привела к тому, что близкие пошли ради них на жертвы[67].

Раскольников впервые проявляет интерес к Соне из-за близкого сходства ее положения с ситуацией его собственной сестры. Сразу после знакомства с Соней через пьяный рассказ ее отца Раскольников возвращается домой, к письму своей матери о Дуне[68]. Поскольку родители говорят об их достоинствах восторженно и сентиментально, Соня и Дуня изначально предстают как самоотверженные, жертвенные сестры. Из письма матери Раскольников узнает не только о том, что они с Дуней влезли в долги, чтобы отправить ему деньги (оставив Дуню в западне в доме распутника Свидригайлова), но и о планируемом браке Дуни с Лужиным. Пульхерия Раскольникова не скрывает, что Дуня уже планирует, как ее брак поможет Раскольникову продвинуться по службе:

> Дуня ни о чем, кроме этого, теперь и не думает. Она теперь, уже несколько дней, просто в каком-то жару и составила уже целый проект о том, что впоследствии ты можешь быть товарищем и даже компанионом Петра Петровича по его тяжебным занятиям... [Достоевский 1972–1990, 6: 32–33]

Раскольников видит, что его сестра, по сути, продает себя ради него, или, словами его матери, *многое может сносить*[69], и он утверждает: «Это я два с половиной года назад уже знал и с тех пор два с половиной года об этом думал, об этом именно, что “Дунечка многое может снести”» [Там же: 37]. Он беспокоится о Дуне гораздо раньше, чем узнает о жертвах Сони, и это объясняет его особый интерес к ее ситуации.

От созерцания жертвы сестры он переходит к пособничеству матери: «А мать? Да ведь тут Родя, бесценный Родя, первенец!

---

67 Здесь я согласна со Штраус [Straus 1994: 29].

68 Бриггс также отмечает значение этой близости, благодаря которой история о Соне остается свежей в памяти Раскольникова [Briggs 2009: 80, 97].

69 Достоевский выбирает слово «сносить» (которое буквально значит «носить» или «выдерживать»), а не «страдать» («мучиться» или «горевать»). Пульхерия Раскольникова не использует терминологию мученичества, которой воспользуется ее сын.

Ну как для такого первенца хотя бы и такою дочерью не пожертвовать!» — проводя параллель с соучастием Катерины Ивановны в первом приобщении Сони к проституции [Там же: 38]. Мысли Раскольникова плавно переходят от его собственной семейной ситуации к Соне: «...тут мы и от Сонечкина жребия, пожалуй что, не откажемся!» — а затем объединяют эти ситуации: «Знаете ли вы, Дунечка, что Сонечкин жребий ничем не сквернее жребия с господином Лужиным?» [Там же]. Вся сцена с письмом подводит к признанию того, что в глазах Раскольникова у обеих девушек одна судьба. Но, в отличие от Мармеладовых-родителей, Раскольников бунтует: «Да что же вы в самом деле обо мне-то подумали? Не хочу я вашей жертвы, Дунечка, не хочу, мамаша!» [Там же].

Спасаясь от этих горьких мыслей, Раскольников выходит на улицу, где встречает пьяную девушку, которую пытается спасти от развратника. Закономерность, которую он видит в ее бедственном положении, достаточно ясна: пытаясь отпугнуть сексуального хищника, который поджидает на другой стороне улицы, Раскольников даже называет этого человека «Свидригайловым» [Там же: 40]. В то время как сластолюбцы, подобные Свидригайлову, рассматривают всех девушек как потенциальные объекты сексуального желания, Раскольников видит в них потенциальных сестер. Любовь к сестре Дуне определяет его отношение к окружающим женщинам.

Тема сестер, жертвующих собой ради своих братьев, или братьев, извлекающих выгоду из сексуальных связей своих сестер, не уникальна для Достоевского, и он, возможно, черпает некоторые свои идеи из Диккенса[70]. Н. М. Лэри пишет:

> В «Тяжелых временах» [1853], как и в «Преступлении и наказании», мы встречаем сестру, намеренную пожертвовать собой ради любимого брата и выйти замуж за нувориша,

---

[70] О Диккенсе в России и о том, какие произведения, насколько известно, читал Достоевский, см. [Furtell 1995: 85–89; Lary 1973: 10; MacPike 1981: 1–15]. Жертвенная роль сестры в английской литературе девятнадцатого века обсуждается в [Gruner 1993: 32].

> который провозглашает экономические лозунги нового века; оба брата совершают преступление, которое каким-то образом подразумевается новой господствующей идеологией [Lary 1973: 6].

Однако гораздо интереснее копирования Достоевским сюжетной линии Диккенса то, какие изменения он в нее вносит. Если Том Гредграйнд не раскаивается и открыто использует свою сестру Луизу, то братья у Достоевского не хотят принимать жертв от сестры, с какой бы готовностью и любовью они ни были принесены. В мире Диккенса братья часто являются соучастниками[71], и самопожертвование сестер не всегда сопровождается параллельной темой братьев, пытающихся их спасти, как мы находим в «Преступлении и наказании».

Некоторые из этих различий можно объяснить культурной средой. Блестящее исследование Перри английского романа XVIII века показывает, что в это время в Британии произошел сдвиг от кровных уз к супружеским как основной форме родственных связей [Perry 2004]. Используя социальную историю для объяснения закономерностей, подмеченных ей в литературе, Перри обнаруживает тревогу по поводу смещения связей в семейных отношениях. Эти проблемы создают устойчивую схему сюжетных мотиваторов, сосредоточенных вокруг перестройки семейных привязанностей и отражаются в ней. Поскольку кровная семья стала менее важной, женщины потеряли свою значимость в роли сестры и дочери, но приобрели статус в качестве жен. Многие из этих опасений не были в XVIII веке полностью разрешены и сохраняются и в романтической литературе XIX века. В британском контексте Перри может связать переживания из-за родственных связей, отраженные в литературе, с изменением законов о правах собственности, ростом индустриализации и изменениями в законах о браке и кровосмешении. Тем не менее, хотя выводы из ее книги, по-видимому, предполагают, что стан-

---

71 Это справедливо и для «Лавки древностей» (1840–1841), и для «Нашего общего друга» (1864–1865).

дартные сюжеты и литературные формулы, характерные для английской литературы XVIII века, строго специфичны и ограничены культурными и историческими условиями, многие из них появляются и в русской литературе XIX века[72].

Напряжение между обязательствами перед кровной и супружеской семьей, о котором пишет Перри, ясно прослеживается в конфронтации Дуни с Лужиным. Он обижен, что она ставит его в один ряд со своим братом, но она, обижаясь еще больше, уверяет его: «...я ставлю ваш интерес рядом со всем, что до сих пор было мне драгоценно в жизни, что до сих пор составляло *всю* мою жизнь, и вдруг вы обижаетесь за то, что я даю вам *мало* цены!» [Достоевский 1972–1990, 6: 231]. Мы видим здесь столкновение различных культурных взглядов, притом что мировоззрение Лужина представляет собой скорее западную точку зрения. Его философия о том, что «любовь к будущему спутнику жизни, к мужу, должна превышать любовь к брату», не согласуется с семейными традициями в России [Там же]. Его мечта жениться на бедной девушке, которая зависела бы от него как от благодетеля, вероятно, была позаимствована из французского

---

[72] В отличие от английских аристократок, русские дворянки имели право владеть собственностью, замужние женщины могли сохранять контроль над своими поместьями и управлять ими самостоятельно (в остальной Европе законы, как правило, были более снисходительны к женщинам, чем в Англии). Их более высокий юридический статус в России обеспечивал им бóльшую независимость от мужей. Развитие имущественных прав женщин является частью продолжающейся борьбы между интересами личности, семьи и государства. Как объясняет Мишель Ламарш Маррезе: «В допетровской России неравноправие женщин в наследовании патримониального имущества объяснялось их временным пребыванием в родной семье. Поэтому до тех пор, пока имущество воспринималось прежде всего как связанное с родственной группой, сохранялось явное стремление всячески ограничивать женские наследственные права. Зато вызревавшая на протяжении XVIII столетия тенденция к индивидуализации имущественных прав действовала в пользу женщин» [Маррезе 2009: 19]. Во второй главе своей книги она исследует это расширение прав [Там же: 33–67]. Интересно, что Маррезе утверждает, что большинство судебных дел о наследовании дочерей велись не между братьями и сестрами, а между тетками и их племянницами и племянниками [Там же: 49].

романа Жорж Санд «Жак» (1833)[73]. Эта культурная транспозиция проливает свет на уникальность русского контекста и такой версии любви и братства в русских романах, которая, будучи заимствована у Запада, все же основана на иных представлениях о родстве.

Преданность Дуни Раскольникову представляет собой идеальную связь брата и сестры, но братская добродетель встречается не повсеместно. Достоевский использует отношения с братьями и сестрами как лакмусовую бумажку для моральных ценностей. И Раскольников, и незнакомцы, которых он подслушивает в кабаке, ссылаются на тиранию ростовщицы Алены Ивановны по отношению к сводной сестре Лизавете как на одну из причин, оправдывающих ее убийство. Алена Ивановна делает из сестры рабыню, к тому же не планирует оставить Лизавете никакого наследства, отдав все свое состояние Церкви, за упокой своей души. Эта модель противопоставлена отношениям Раскольникова и Сони, которые оба совершают в этом мире тяжкие грехи отчасти для того, чтобы помочь своим братьям и сестрам (такая забота более типична для братьев и сестер Достоевского). Раскольников утверждает, что мысли о Дуне явились одним из факторов, подтолкнувших его к убийству[74]. Несмотря на рассе-

---

[73] Достоевский читал «Жака» в юном возрасте. См. [Гроссман 1962: 22]. В романе Жак утверждает: «Всю свою силу и независимость, которые я приобрел в жизни одинокой и полной ненависти к людям, я хочу обратить на пользу предмета моей привязанности, существа слабого, угнетенного, бедного, и оно будет всем обязано мне...» [Санд 2009: 35]. Если Жак хочет дать этой девушке свободу, то Лужина привлекает именно ее зависимость: «Он с упоением помышлял, в глубочайшем секрете, о девице благонравной и бедной (непременно бедной), очень молоденькой, очень хорошенькой, благородной и образованной, очень запуганной, чрезвычайно много испытавшей несчастий и вполне перед ним приникшей, такой, которая бы всю жизнь считала его спасением своим, благоговела перед ним, подчинялась, удивлялась ему, и только ему одному» [Достоевский 1972–1990, 6: 235].

[74] В начале романа он воображает, что она становится проституткой [Там же: 43], а позже утверждает, что его мотивом были опасения за нее [Там же: 319]. Я не хочу сказать, что это было его основным мотивом, а только то, что беспокойство было достаточно гнетущим, чтобы он по крайней мере

янное, смятенное состояние ума, беспокойство за Дуню часто всплывает в его сознании, и после того как он помог ей избавиться от Лужина, его все больше заботит необходимость защитить ее от Свидригайлова.

Если Раскольников стремится защитить Дуню, то ее главный мотив — защитить его. После его ухода из семьи Дуня приходит к нему «с любовью», чтобы сказать, что она не осуждает его, что она будет заботиться о матери в его отсутствие и что «...если, на случай, я тебе в чем понадоблюсь или понадобится тебе... вся моя жизнь, или что... то кликни меня, я приду» [Там же: 326–327]. Свидригайлов заманивает ее в свои комнаты сообщением, что «...весьма любопытная тайна вашего возлюбленного братца находится совершенно в моих руках» [Там же: 375], и удерживает, уверяя, что ее брата еще можно спасти, а затем психологически загоняет в ловушку аргументом: «...вам и потом нельзя жаловаться: ведь не захотите же вы предать в самом деле вашего брата?» [Там же: 380]. Это распространенный сюжет в мировой литературе, среди известных предшественников — шекспировская «Мера за меру», но решение Дуни достать револьвер уникально. Она доказывает, что является сестрой Раскольникова, не жертвуя собой ради него, а подражая ему. В этой сцене Дуня признает, что прочитала статью Раскольникова, и, выйдя из сценария «беспомощной женщины-жертвы» (типичного для романтической литературы), она принимает его идею о великом человеке, имеющем право на преступление. Она становится той, кем ее желал видеть брат (и кем хотел быть сам): своей собственной защитницей, хотя, как и он, она не может полностью соответствовать этой роли и не нажимает на курок в третий раз.

Третьим (живым) «братом» в этой семье является Разумихин. Не будучи родственником формально, он берет на себя все семейные обязанности, становясь метафорическим братом Рас-

---

рассматривал это как потенциальный мотив. В записных книжках Раскольников в нескольких местах более прямо заявляет, что преступление было совершено, чтобы помочь его семье. В окончательном варианте Достоевский явно усложняет психологию Раскольникова.

кольникова. Мармеладов говорит об ужасе того, когда «некуда больше идти» [Там же: 16], Раскольников же даже в момент глубочайшего одиночества избавлен от этого ужаса, потому что его ноги подсознательно ведут его к Разумихину. Начиная с первого визита Разумихин часто называет Раскольникова «братом» (по общему признанию, весьма распространенное обращение в русском языке), и, несмотря на грубое обращение с собой, он неизменно предан своему другу и заботится о нем.

Хотя Раскольников никогда ни у кого не просит и не принимает помощи (еду, которую дает ему кухарка его хозяйки, Настасья, он считает причитающейся ему данью, а не благодеянием), он все же пытается искать помощи у «брата». Борясь с собой, Раскольников прерывисто говорит Разумихину:

> ...я к тебе пришел, потому что, кроме тебя, никого не знаю, кто бы помог... начать... потому что ты всех их добрее, то есть умнее, и обсудить можешь... А теперь я вижу, что ничего мне не надо, слышишь, совсем ничего... ничьих услуг и участий... Я сам... один... Ну и довольно! Оставьте меня в покое! [Там же: 88].

Отказываясь от самой мысли о помощи со стороны Разумихина, Раскольников обрывает свою последнюю связь с миром людей. Но Разумихин, как истинный брат, не принимает отказа и, не делая из этого жеста благотворительности, он предлагает Раскольникову, в качестве подработки, перевод, как будто это поможет ему самому. И снова Раскольников разрывается между миром причастности и братства и одиночеством своего греха, сначала беря работу, а затем молча возвращая ее. На улице ему впервые подают милостыню, и, подобным же образом отказываясь от помощи и связи с другими людьми, он бросает деньги в Неву[75].

---

[75] Это решение отказаться от помощи согласуется с прочтением Снодграсса, согласно которому Раскольников страдает от «почти невыносимого» чувства долга перед своими матерью и сестрой и чувствует, что он был «ранен» денежными суммами, которые они ему присылали [Snodgrass 1960: 217, 226].

Иваниц указывает на распространенность темы милостыни в «Преступлении и наказании» и на ее связь с духовной песнью о Лазаре (пересказ Евангелия от Луки, Лк. 19–31). В ее анализе «путь подавания *и принимания милостыни*», который Раскольников изначально отвергает, противопоставляется «пути силы и разума», который дает ему оправдание убийства [Ivanits 2002: 343–344]. Я бы добавила к ее анализу различие между помощью по вертикальной и горизонтальной осям; взаимность отдачи и получения создает элемент равенства, который превращает благодеяние в обмен (материальная поддержка за духовное благословение) [Ibid.: 345]. Песнь о Лазаре (в отличие от Евангелия от Луки) делает бедного и богатого братьями [Ibid.: 346], подчеркивая горизонтальный характер милостыни, несмотря на материальное неравенство. Раскольников смотрит на мир с точки зрения вертикальной иерархии (что иллюстрирует его теория о Наполеоне), и гордыня не позоляет ему принять помощь даже от брата, потому что он видит в этом унижение.

Несмотря на возражения Раскольникова, Разумихин становится нянькой своего брата, буквально кормя Раскольникова своими руками во время его болезни и одевая его, когда приходят деньги от матери. Он с головой погружается в воссоединение Раскольникова с матерью и сестрой, поднимая Раскольникова после обморока и приводя его в сознание (действие, в котором присутствуют намеки на другого Лазаря). Первоначальная связь Разумихина с Дуней возникает через Раскольникова: «Я его друг, а стало быть, и ваш друг» [Достоевский 1972–1990, 6: 155], — говорит он ей, создавая систему параллелей, в которой он становится братом и для нее. Доверяя Разумихину за его заботу о брате, Дуня отвечает на эту семейную близость взаимностью, приглашая его на семейную встречу с Лужиным.

Приняв Разумихина в свою семью как брата, Раскольников постепенно просит этого брата заменить его, отправляя Разумихина проведать его семью вместо себя, а затем побуждая его помочь защитить Дуню от Свидригайлова [Там же: 208]. После изгнания Лужина из семьи Раскольников осознает, до какой степени принят в нее Разумихин. Разумихин деловито строит планы совместного предприятия (что очень похоже на идеалистичного, заблуждающегося Чернышевского), рассчитывая на постоянную работу и постепенный прогресс. Расставаясь с семьей, Раскольников передает ее на попечение Разумихина: «Воротись к ним и будь с ними… Будь и завтра у них… и всегда» [Там же: 240]. Этот момент является параллелью прощанию Христа с креста: «Иисус, увидев Матерь и ученика, тут стоящего, которого любил, говорит Матери Своей: Жéно! се, сын Твой. Потом говорит ученику: се, Матерь твоя! И с этого времени ученик сей взял Ее к себе» (Ин. 19:26–27). Подкрепляя эту параллель, Достоевский так завершает главу: «Одним словом, с этого вечера Разумихин стал у них сыном и братом» [Там же]. К евангельскому примеру он добавляет отношения брата и сестры.

Начав как брат, Разумихин постепенно становится возлюбленным Дуни, при явном поощрении Раскольникова. После того как Дуня предлагает Раскольникову свою жизнь, его первая реакция такова: «…этот Разумихин, Дмитрий Прокофьич, очень хороший человек». Когда она краснеет, он продолжает: «Он человек деловой, трудолюбивый, честный и способный сильно любить… Прощай, Дуня» [Там же: 327]. Предоставляя ей свободу действий и поощряя сс свободу выбора (по ее румянцу он понял, что Разумихин Дуне небезразличен), Раскольников сглаживает передачу своей сестры от брата к мужу, от кровного родства к супружескому. И все же тип отношений, которые устанавливает Разумихин, по-прежнему обладает постоянством родственных связей в духе Достоевского. Это, возможно, самые здоровые, самые позитивные супружеские отношения во всем творчестве Достоевского, и это единственный пример, где у него, как и у Толстого, супружеская связь сочетается с идеалами братства.

Духовное измерение братства

Как это часто бывает у Достоевского, тема, имеющая в английской традиции сугубо буквальное применение, приобретает в его романах религиозный подтекст[76]. Братство рассматривается не только с точки зрения материальной и эмоциональной поддержки, но и как вопрос религии. Во многих сценах «Преступления и наказания», наиболее насыщенных эмоционально и духовно, вопросы веры действительно оказываются связаны именно с ролью брата или сестры. Это становится очевидным, если мы обратим внимание на «младших братьев и сестер», населяющих роман Достоевского[77]. Я использую этот термин для обозначения персонажей, которые не фигурируют в романе как самостоятельные герои и которые идентифицируются в первую очередь по их роли брата или сестры. Эти малозаметные фигуры определяют духовный ландшафт «Преступления и наказания» и вносят свой вклад в ключевые темы Достоевского — темы веры и воскресения.

Обобщенный образ этих младших братьев и сестер — младший брат Раскольникова. Большинство читателей забывают, что у Раскольникова был брат, хотя он появляется в одном из самых известных отрывков романа — сне Раскольникова о лошади, забитой до смерти. Многочисленные исследования этого отрывка почти не уделяют внимания тому, как сновидение вводится в текст. Рассказчик начинает с описания сцены из сна: Раскольников идет по городу с отцом, в конце города есть кабак, всегда

---

[76] Я обсуждала здесь только английскую литературу, но Присцилла Мейер противопоставляет духовную природу русской литературы XIX века ее французским образцам. В частности, она утверждает, что в то время как французские модели «Преступления и наказания» Достоевского — Жанен и Бальзак — «пародируют библейский топос Магдалины» и «используют библейские отсылки в том числе для высмеивания своих грешников-мужчин», Достоевский «противостоит им обоим, восстанавливая силу библейского Слова» [Meyer 2008: 106].

[77] Вводя термин «младшие братья и сестры», я опираюсь на работу Алекса Волоха о значении «второстепенных персонажей» [Woloch 2003]. Я вижу, что в «Преступлении и наказании» младшие братья и сестры выполняют иную, более духовную функцию, чем остальные второстепенные персонажи.

окруженный пьяными, где и будет происходить действие. Затем рассказчик делает отступление, оставляя Раскольникова, его отца и настоящее время сна, и перемещается на триста шагов за кабак к кладбищу со старой каменной церковью посреди него, куда Раскольников ходил ребенком (это не часть сна). Описав *кутью*, которую семья Раскольникова приносила на поминки по бабушке, рассказчик отмечает, что рядом с могилой бабушки «была и маленькая могилка его меньшого брата, умершего шести месяцев и которого он тоже совсем не знал и не мог помнить; но ему сказали, что у него был маленький брат, и он каждый раз, как посещал кладбище, религиозно и почтительно крестился над могилкой, кланялся ей и целовал ее» [Там же: 46][78]. Отсюда рассказчик резко возвращается к реалиям сна.

Какова функция этого отступления? Упоминание брата Раскольникова в этом месте, перед сценой убийства лошади, делает его первым невинным страдальцем, описываемым в романе. Его место в повествовании связывает его с пространством Церкви и с искренней верой. Он — важный символ кротости и благоговения Раскольникова перед беспомощными. Раскольников не мог спасти своего младшего брата, но мог отдавать дань уважения его душе и делал это. Выбор Достоевским брата в качестве символа невинности и страдания имеет серьезные последствия на протяжении всей книги.

Следующее беспомощное создание — сестра процентщицы Лизавета Ивановна — также связана с миром глубоко верующих. Возможно, Лизавету Ивановну не следует считать второстепен-

---

78 Такой состав семьи был явно важен для Достоевского, поскольку он снова появляется в «Подростке». У Аркадия также был умерший младший брат. В начале романа, описывая происхождение своей семьи, он объясняет, что примерно через десять лет после рождения его сестры у него появился младший брат, болезненный младенец, который прожил всего несколько месяцев [Достоевский 1972–1990, 13: 13]. Этот ребенок важен, потому что трудные роды разрушили красоту их матери, подвергнув семью большему риску быть брошенной Версиловым. Аркадий отмечает: «С мучительными родами этого ребенка кончилась красота моей матери, — так по крайней мере мне сказали: она быстро стала стареть и хилеть...» [Там же].

ным персонажем, но повествование уделяет больше внимания ее сводной сестре (преступление обычно упоминается как убийство процентщицы), а о Лизавете чаще всего говорят в связи с Аленой, что позволяет применить к ней мое определение «младшая сестра». В самый эмоционально напряженный момент романа, когда Раскольников только что совершил свое преднамеренное убийство, появляется эта невинная сестра. Достоевский вполне мог наделить Алену дочерью, служанкой или еще кем-то, но он выбрал именно сестру, подчеркнув ее беспомощность и детскость ее выражений и жестов[79]. Хотя Раскольников больше говорит об Алене, именно смерть Лизаветы терзает его душу больше всего. И именно ее крест он вновь видит у Сони. Она — еще один символ кроткой страдалицы, связанной с миром веры.

Еще одна встреча Раскольникова со столь же беспомощными братьями и сестрами случится у Мармеладовых. Когда он везет умирающего Мармеладова к семье, рассказчик оставляет их в пути и перескакивает к описанию ожидающей их сцены (примерно так же, как он оставляет Раскольникова и его отца во сне, чтобы описать церковь). Описание начинается с Катерины Ивановны, но быстро переходит к маленькой Поле и ее роли в уходе за двумя младшими детьми, братом и сестрой. Когда привозят Мармеладова, самая младшая — полураздетая Лидочка, у которой нет ночной рубашки, — сразу же цепляется за Полю, ища утешения. Внимание к этим невинным страдальцам оправдывает проституцию Сони и дает более полную картину семьи, которой Раскольников импульсивно жертвует все свои деньги. В конце сцены, после этого пожертвования, он переживает важный момент духовного возрождения. Раскольников спускается по лестнице «весь в лихорадке и, не сознавая того, полный одного, нового, необъятного ощущения вдруг прихлынувшей полной и могучей жизни. Это ощущение могло походить на ощущение

---

[79] «Увидав его выбежавшего, она задрожала, как лист, мелкою дрожью, и по всему лицу ее побежали судороги... губы ее перекосились так жалобно, как у очень маленьких детей, когда они начинают чего-нибудь пугаться...» [Достоевский 1972–1990, 6: 65].

приговоренного к смертной казни, которому вдруг и неожиданно объявляют прощение» [Там же: 146].

В этот возвышенный, духовный момент воскресения внезапно появляется сестра. Соня послала Поленьку узнать, кто такой Раскольников: «Та сбежала последнюю лестницу и остановилась вплоть перед ним, ступенькой выше его. Тусклый свет проходил со двора» [Там же]. Здесь очень значимо положение персонажей в пространстве; помещение Поленьки на более высокую ступеньку и ее освещение связывают ее с темой воскресения или с тем, что Раскольников поднимается к свету. В этой встрече роль Поленьки как сестры подчеркивается повторением слов «сестрица Соня», что утверждает Поленьку в ее роли сестры (а не дочери Мармеладова, например). Раскольников довольно резко меняет тему разговора, когда он внезапно спрашивает Полю, любит ли она «сестрицу Соню». И, уверившись в этой любви, он спрашивает, полюбит ли Поля его — по аналогии, что указывает на его поиск сестринской любви. В ответ она обнимает его, точно так же, как ее обнимала Лидочка несколько мгновений назад, когда привезли их умирающего отца. Поля одновременно воскрешает Раскольникова (духовное благословение) и, в свою очередь, обращается к нему за утешением (она тут же начинает плакать у него на плече). Это та взаимная братская любовь, которую Достоевский идеализирует.

Сцена приобретает явно религиозный характер, когда Раскольников спрашивает о молитвах. Поленька молится за «сестрицу Соню», и она обещает теперь молиться также и за Раскольникова, по сути делая его духовным братом. Пообещав помолиться, она снова его обнимает, сочетая духовное благословение, которое он может принять от нее, с эмоциональной (и материальной) поддержкой, которую она может как дать, так и получить (он только что стал благодетелем ее семьи). Этот момент объединяет две центральные темы Лазаря в «Преступлении и наказании»: знаменитое воскрешение Лазаря из Евангелия от Иоанна и не столь часто обсуждаемую притчу о нищем Лазаре из Евангелия от Луки, упомянутую выше в связи с милостыней. Хотя исследователи чаще сосредотачиваются на воскресшем Лазаре как на ключевом религиозном послании текста, Иваниц прослеживает значимость другого, нищего Лазаря, которая проявляется в практике раздачи милостыни.

> Если Лазарь Иоанна отражает метафизический фокус романа, то «песнь Лазаря» отсылает нас к миру обедневших обитателей петербургских переулков и площадей. В «Преступлении и наказании» две истории о Лазаре дополняют друг друга, объединяя темы милосердия и воскресения в единое всеобъемлющее религиозное ви́дение. Роман связывает раздачу и получение милостыни с темой воскрешенной жизни, поскольку присутствие Бога на Земле ощущается в простых актах милосердия [Ivanits 2002: 344].

Хотя это и не милостыня, сцена с Поленькой на лестнице является тем же обменом материальной и духовной поддержкой. «Младшая сестра» Поленька объединяет двух Лазарей, поскольку помогает воскресить Раскольникова, а также включает его во взаимный обмен материальной поддержкой и благословениями, который связывает его с остальным человечеством.

Основная «лазаревская» сцена в романе, визит Раскольникова к Соне, где она читает ему фрагмент Евангелия от Иоанна о воскрешении Лазаря, также отмечена присутствием младших братьев и сестер. Поленька занимает центральное место в разговоре Раскольникова и Сони, завершающемся чтением. Раскольников указывает Соне на тщетность ее борьбы и мучает ее предположением, что Поленька будет вынуждена последовать ее примеру и заняться проституцией.

> — Нет! нет! Не может быть, нет! — как отчаянная, громко вскрикнула Соня, как будто ее вдруг ножом ранили. — Бог, бог такого ужаса не допустит!..
> — Других допускает же.
> — Нет, нет! Ее бог защитит, Бог!.. — повторяла она, не помня себя.
> — Да, может, и бога-то совсем нет, — с каким-то даже злорадством ответил Раскольников, засмеялся и посмотрел на нее [Достоевский 1972–1990, 6: 246].

В этом споре о вере на карту поставлена сама способность Бога защищать невинных братьев и сестер. Чтение Соней истории о Лазаре можно рассматривать как прямой ответ на этот вопрос.

Хотя в «реальности» текста (в *фабуле*) Соня читает Раскольникову весь отрывок из Евангелия, рассказчик очень избирателен в выборе отрывков, которые *он* решил включить для читателя (в *сюжете*). Соня читает первую строчку: «Был же болен некто Лазарь, из Вифании...», но затем ее голос прерывается, и рассказчик переносит нас к размышлениям Раскольникова о том, почему Соня не решается читать. После этого отступления рассказчик возвращается к чтению Сони, когда она уже на девятнадцатом стихе: «И многие из иудеев пришли к Марфе и Марии утешать их в печали о брате их» [Там же: 250]. История Лазаря, которую слышит читатель, — это история страдающих сестер — пары второстепенных персонажей, скорбящих об утрате брата. Под «второстепенными» я подразумеваю персонажей, которые появляются в литературном произведении внутри текста. Эти персонажи относятся к другому уровню реальности, но они также являются «младшими братьями и сестрами» и столь же важны для идеологического посыла текста. В коротком отрывке, приведенном в «Преступлении и наказании», Лазарь упоминается в качестве брата четыре раза, а значение Марфы и Марии определяется исключительно их отношением к нему. Соня только что потеряла отца, но здесь не происходит воскрешения отца, мужа или ребенка; это сцена именно братской любви.

Анализируя этот отрывок, Элизабет Блейк проводит параллель между Соней, с одной стороны, и Марфой и Марией — с другой: «Подобно сестрам Лазаря, Соне трудно принять страдания брата или сестры как часть божественного плана, но она все же выражает большую надежду на чудо» [Blake 2006: 253]. Соглашаясь с этим, я бы добавила, что не только для Сони, но и для текста в целом история Лазаря связана с большим значением связи между братьями и сестрами. Возможно, Соня видит отражение своей собственной ситуации в положении Марфы и Марии, но именно рассказчик, а не Соня, выбирает, какие отрывки она прочтет. Как показано в «Преступлении и наказании», отрывок о воскрешении Лазаря выводит на первый план особый вид веры — веру сестер в справедливость Иисуса и его способность спасти брата или сестру. Это именно то, что оспаривал Раскольников, утверждая, что падение Поли до проституции неизбежно.

Блейк отмечает параллель между реакцией Сони на историю Лазаря и реакцией Алеши Карамазова на сцену чуда в Кане (также из Евангелия от Иоанна), прочитанную отцом Паисием после смерти Зосимы в «Братьях Карамазовых». И Соня, и Алеша переживают духовный кризис и с недоверием ожидают вмешательства Бога в свое творение [Ibid.: 261]. В «Преступлении и наказании» это вмешательство, которого Соня жаждет для Поленьки, а Марфа и Мария ищут для Лазаря, является именно вмешательством для спасения брата или сестры. Умерший младший брат на кладбище из сна Раскольникова — первый пример этих беспомощных братьев и сестер, которых нужно спасти. Если провести еще одну параллель с «Братьями Карамазовыми», то беззащитные несовершеннолетние братья и сестры в «Преступлении и наказании» являются прообразом невинных детей в «бунте» Ивана, где он отвергает мир, построенный на слезах даже одного страдающего невинного создания. Родители предстают мучителями — намеренно, как в примерах, которые приводит Иван, или непреднамеренно, как в случае с Мармеладовым, когда его пьянство доводит детей до нищеты и оставляет их с сумасшедшей матерью, — так что именно братья и сестры должны вступаться за невинных. Эта тема приобретает больший вес в более поздних романах Достоевского, где он более сосредоточен на неудачах отцов, о чем я расскажу в четвертой главе.

Переосмысление родственных связей

В «Преступлении и наказании» сцена чтения истории Лазаря приводит к переосмыслению Раскольниковым чувства родства. Достоевский активирует русские двойные традиции — языческие и христианские. Языческая народная культура делает акцент на кровном родстве, в то время как христианство знаменует сдвиг в ориентации на духовное родство вместо кровного. В Евангелии от Марка, когда Иисусу сообщают, что его мать и братья пришли навестить его, он отвечает: «...вот матерь Моя и братья Мои; ибо кто будет исполнять волю Божию, тот Мне брат, и сестра, и матерь» (Мк. 3: 34–35). Подобным образом Раскольников отворачивается от кровной семьи и через Соню вступает в семью виновных и униженных, переходя от *филии* к *агапе*. Их единое ощущение своего положения в мире создает более сильную связь между Раскольниковым и Соней, чем кровные узы или общее прошлое (узы, которые обычно связывают персонажей у Толстого).

Эта смена принадлежности тщательно подготавливается в мыслях Раскольникова на протяжении всего романа. Во время первого визита в полицейский участок после убийства Раскольников испытывает внезапное чувство пустоты:

> ...он ясно ощущал, всею силою ощущения, что не только с чувствительными экспансивностями, как давеча, но даже с чем бы то ни было ему уже нельзя более обращаться к этим людям, в квартальной конторе, и *будь это всё его родные братья и сестры*, а не квартальные поручики, то и тогда ему совершенно незачем было бы обращаться к ним и даже ни в каком случае жизни; он никогда еще до сей минуты не испытывал подобного странного и ужасного ощущения [Достоевский 1972–1990, 6: 82] (*курсив мой. — А. Б.*).

Его грех погружает его в одиночество, которое не преодолеть даже братству, самому прочному и снисходительному виду связи в мире Достоевского[80].

Вина и ужас этого чувства не покидают его и определяют отношения с матерью и сестрой, когда те приезжают. После одной из встреч с семьей Раскольников размышляет:

---

[80] Бахтин утверждает: «В основе трагической катастрофы у Достоевского всегда лежит солипсическая отъединенность сознания героя, его замкнутость в своем собственном мире» [Бахтин 2002: 15]. Эта отъединенность является альтернативой братству.

> Мать, сестра, как любил я их! Отчего теперь я их ненавижу? Да, я их ненавижу, физически ненавижу, подле себя не могу выносить... Давеча я подошел и поцеловал мать, я помню... Обнимать и думать, что если б она узнала, то... разве сказать ей тогда? От меня это станется!.. Гм! *она* должна быть такая же, как и я, — прибавил он... [Там же: 212].

Он считает себя теперь недостойным быть на равных со своей семьей, и его любовь превращается в ненависть, которая, по сути, является ненавистью к самому себе. Но посреди этого в его мыслях появляется *она* — та, которая «такая же, как он». Хотя об этом не сказано прямо, «она» явно относится к Соне (на которой мысли Раскольникова останавливаются в конце этого размышления).

Поручив свою семью Разумихину, он уходит от них непосредственно к Соне, физически осуществляя смену привязанности[81]. В ходе этого разговора с Соней он становится на колени и целует ее ноги, объясняя: «Я не тебе поклонился, я всему страданию человеческому поклонился...» [Там же: 246]. Для него она олицетворяет мир страдальцев, единственный мир, к которому он чувствует свою принадлежность. Раскольников утверждает: «...я моей сестре сделал сегодня честь, посадив ее рядом с тобою. <...> Не за бесчестие и грех я сказал это про тебя, а за великое страдание твое» [Там же: 246–247]. После чтения истории Лазаря он объявляет, что оставил свою семью, а она понимает только, что он несчастен [Там же: 252]. Вот в чем заключается их родство.

В этом переосмыслении концепции семьи — от биологического родства к сообществу страдальцев — скрыт намек на идею «случайного семейства», которая займет центральное место в воззрениях Достоевского в конце 1870-х годов. В своем исследовании записных книжек Достоевского, где «борьба Раскольникова за освобождение от карающей, болезненной, несвободной любви, навязанной ему матерью, и борьба за принятие новой любви, предложенной Соней, гораздо более интенсивны», Васио-

---

[81] В записных книжках Достоевский делает этот сдвиг в привязанности еще более явным [Достоевский 1972–1990, 7: 185].

лек предполагает, что «странным образом Раскольников, возможно, совершил убийство, по крайней мере частично, чтобы освободиться от одной любви и обрести такую безусловную любовь другого человека» [Wasiolek 1967: 200–201]. Эта любовь исходит не из общего прошлого или общности по крови, а из деятельной любви в настоящем.

Исследователи проследили схему передвижения Раскольникова по Санкт-Петербургу[82], но не менее значимы пути его размышлений. На протяжении всего романа мысли Раскольникова неоднократно переходят от Дуни к Соне. Даже после прощания с Дуней, предлагающей ему свою жизнь, его мысли неизбежно возвращаются к Соне, а не к сестре. В конце романа, когда обе женщины вместе ждут известий о судьбе Раскольникова, Дуня понимает, что Раскольников выбрал Соню и что она останется с ним навсегда. Ее собственная жертва не нужна. По сути, это сцена передачи полномочий. Дуня уступает свое место рядом с Раскольниковым Соне, точно так же, как он уступил свое место рядом с ней Разумихину. Отчасти это история взросления братьев и сестер и перехода от кровных уз к супружеским в качестве основного источника поддержки[83]. Отчасти это история о том, как приходит осознание ценности человеческой взаимосвязи и взаимозависимости, при этом семья всегда остается в центре драмы.

Драма произведений Достоевского, написанных до 1870 года, не построена на западной модели эротической страсти и создания или распада брака. Это и не драма сыновей, ниспровергающих

---

[82] В проекте цифрового картографирования «Преступления и наказания» участвовала Сара Янг. См.: Mapping St Petersburg: Experiments in Literary Cartography. URL: https://www.mappingpetersburg.org/site/?page_id=742 (дата обращения: 27.03.2024).

[83] Подобно тому, как Раскольников и Разумихин уже похожи на братьев, Дуня и Соня преисполняются глубочайшего восхищения друг другом и между ними возникает тесная связь. Ось их треугольника «брат/возлюбленный» вокруг Раскольникова будет закреплена в их регулярной переписке во время его пребывания в Сибири (хотя Соня пишет в письмах только о нем, сохраняя их связь в форме треугольника посредством третьего).

отцов. Вместо этого сюжеты Достоевского подпитываются меняющейся системой горизонтальных отношений, среди которых должны блуждать его герои в поисках близости в темном мире одиночества. Различные значения слов «любовь» и «любить» подчеркивают неоднозначность и изменчивость между страстью и состраданием, которые эти слова вмещают в себя для персонажей Достоевского. Эти крайние проявления любви — со стороны романтического возлюбленного или заботливого брата — объединены глубиной чувства и интенсивной направленностью на Другого.

Если Достоевский был писателем страсти и сострадания, то Толстой был писателем *жалости*. В свои лучшие моменты герои Толстого испытывают глубокую нежность и жалость к тому, кого они любят[84]. Это эмоция более сильного человека, смотрящего свысока на более слабого. Жалость — в отличие от сострадания (которое, как и греческие и латинские родственные слова, по-русски буквально означает «страдание вместе») — сосредоточена на себе, на собственных чувствах в ответ Другому и, следовательно, обладает скорее безличным, чем межличностным свойством. Это фундаментально толстовская проблема — он рассматривал личность как источник любви, в отличие от диалогичного Достоевского, для которого Другой всегда был сложным и противоречивым существом. Достоевский видел опасности жалости и изобразил ее провал в отношениях Мышкина с Настасьей Филипповной — единственных значимых отношениях из этой главы, в которых жалость заменяет любовь[85].

Большинство исследований, сравнивающих взгляды Достоевского и Толстого на семью, сосредоточены на их более поздних произведениях. Достоевский в «Дневнике писателя» подробно прокомментировал «Анну Каренину» и сформулировал свои идеи

---

[84] По словам Л. Д. Громовой-Опульской: «Любви к себе, эгоизму личному, социальному, религиозному, национальному русский писатель противопоставил братство людей, любовь и жалость друг к другу. Недаром в русском языке, и не только народном, но и литературном, *жалеть* означает *любить*» [Громова-Опульская 2005: 233].

[85] См. блестящее обсуждение жалости Мышкина в [Thompson 1997: 192].

о «случайном семействе» во многом в ответ на описание семьи Толстым (см. четвертую главу). Меньше было сказано о параллелях и контрастах между произведениями Толстого и Достоевского, написанными до 1870 года. Братство Достоевского больше фокусируется на жертвенности и борьбе, отчасти из-за общественного класса, который он описывает. Его романы описывают бедных горожан, а не помещиков-аристократов. В романах Толстого не вызывает проблем материальное благосостояние — ни одну сестру не заставляют заниматься проституцией, чтобы накормить голодающего брата. Ограниченные миром своих поместий, дворянские семьи Толстого образуют свои собственные уникальные культурные единицы. В «Войне и мире» концепция семьи более ограничена, чем в «Преступлении и наказании», где городская среда позволяет перестроить родственные отношения, что переживает Раскольников. Даже в «Анне Карениной», где сети родства начинают расширяться (как обсуждается в третьей главе), это расширение ограничено людьми, посещающими дом.

Собственная усадьба занимает в концепции семьи Толстого центральное место, в то время как у Достоевского физическое пространство, в котором живут люди, им чуждо. Семьи преходящи и лишены корней. И Ихменевы, и Раскольниковы обитают во временных квартирах, лишенных воспоминаний. Вырванные с корнем, они отрезаны от семейной истории, которая могла бы создать ощущение стабильности и преемственности. Эта потеря прошлого, на которое можно было бы опереться, ведет к потребности в более деятельной любви в настоящем. Эта потребность в деятельной любви, в свою очередь, порождает у позднего Достоевского связь семьи с верой. Толстой сталкивается с противоположной проблемой. Его семьи настолько сильны и укоренены, что ему придется разрушить некоторые из этих связей с местами и общими воспоминаниями, чтобы позволить родственной любви распространиться на более широкую человеческую семью.

Глава 3
Расширение родственных связей: «Анна Каренина»

Образ счастливой семейной жизни, завершающий «Войну и мир» и бывший идеалом для Толстого в 1860-е годы, оказывается для него недостаточным во время его духовного кризиса 1870-х. Работая над «Анной Карениной», Толстой обратился к поискам более масштабной цели и смысла жизни, выходящих за рамки «счастливого дома»[1]. Этот духовный поиск ознаменовал эволюцию «Анны Карениной» и изображения в этом романе семьи. Растущее стремление к служению человечеству и укреплению всеобщего братства не привело Толстого к отказу от семьи. Напротив, семейная любовь стала для него моделью более абстрактных форм единства. Братья и сестры остаются в центре его произведений, обретая новое идеологическое значение в контексте идеи расширения идеализируемой Толстым семейной любви за пределы тесно связанной нуклеарной семьи. В этой главе мы рассмотрим, как Толстой использует взаимоотношения братьев и сестер в «Анне Карениной» в качестве модели для более общих социальных связей, а также значение сетей родства в формировании социального мира романа. Это позволит выявить проблемы, которые представляет такая модель, и вытекающие из этого ограничения братства в мировоззрении Толстого 1870-х годов.

---

1 Я полностью согласна с Тони Слейдом в том, что «даже самой прекрасной семейной любви, примером которой является любовь Левина к Кити, не говоря уже о пагубной, но искренней страсти Анны к Вронскому, недостаточно, чтобы придать жизни смысл» [Slade 1963: 86].

Находясь в середине книги, эта глава знаменует собой смещение фокуса внимания от динамики конкретных отношений между братьями и сестрами к исследованию обширного потенциала братства и его роли в более абстрактных философских идеалах братства Толстого и Достоевского, которые окажутся в центре нашего внимания в четвертой и пятой главах.

«Анну Каренину» часто рассматривают как семейный роман, но существующие исследования ограничены подразумеваемым предположением, что «семья» — это браки и дети[2]. Эта идея подразумевает акцент на романтической любви и формировании нуклеарной семьи. В результате критики склонны противопоставлять семьи Облонских, Левиных и Карениных изолированно друг от друга, к чему, казалось бы, призывает знаменитая первая фраза романа. Однако если рассматривать семью через призму горизонтальных, братских отношений, то возникает новое измерение, остающееся практически неисследованным. Семья в «Анне Карениной» — это не только браки и родительский долг; она действует и как горизонтальная сеть родственных связей. Начиная с братьев и сестер, родственная сеть расширяется за счет невесток и зятьев, и к концу романа почти каждый из главных героев становится частью одной постоянно расширяющейся семьи[3]. Ни в коей мере не умаляя важности вертикальных от-

---

[2] По словам его жены, сам Толстой утверждал, что в «Анне Карениной» ему нравилась «мысль *семейная*» [Толстая 1978, 1: 502]. Е. Н. Строганова, как и другие, утверждает, что во многих произведениях русской литературы XIX века «мысль семейная» проявляется как «мысль супружеская» [Строганова 2008: 18]. Аналогичные утверждения содержатся в [Wasiolek 1978: 129–157; Morson 2007; Knapp 1995–1996: 91–98; Slade 1963]. Круз проводит анализ материнства и несовместимых ролей матери и любовницы [Cruise 2002: 200–204]. Другие авторы дают гендерное толкование ролей мужчин и женщин. См. [Karpushina 2001; Mandelker 1993]. Энн Хруска проводит параллели между патриархальной структурой семьи и крепостничеством в [Hruska 2007].

[3] Донна Орвин утверждает, что в «Войне и мире» речь идет о связи («сопрягании») «между персонажами, семьями и, если уж на то пошло, нациями, а также между человечеством и природой», но в «Анне Карениной» связь ограничена «уровнем идеи» [Orwin 1993: 171]. Рассмотрение сети родственных связей в этом романе предлагает противовес ее прочтению и предполагает наличие аналогичной зависимости от связей, которая не привлекала внимания критиков.

ношений между родителями и детьми или супружеских уз, восстановление этой горизонтальной оси семейной матрицы раскрывает связь семьи со всеобъемлющей идеологической миссией, осуществляемой Толстым в «Анне Карениной».

Внимание критиков и читателей к романтической любви заслонило огромный потенциал семейных уз. Хотя мы обычно считаем, что романтическая любовь должна быть эксклюзивной и взаимной — что часто приводит к ревности, если любое из этих условий воспринимается как нарушенное, — семейная любовь может распространяться по горизонтальной оси. Нет предела количеству братьев и сестер, которых можно любить. Я думаю, что в «Анне Карениной» Толстой попытался использовать этот потенциал родственных связей и рассмотреть братство как мост между любовью к близким родственникам и более широкой концепцией всеобщего братства, к которой он постоянно стремился. В восьмой части, когда русские отправляются на войну, чтобы защитить своих «братьев-славян» в Сербии, Толстой задается вопросом о пределах, до которых может быть расширена сеть родства. «Анна Каренина» служит ключевым связующим звеном между ограниченным представлением о семье, изображенным Толстым в «Войне и мире», и его более широкой концепцией взаимосвязанности в «Воскресении». Экспериментируя с расширением прямых братских связей, Толстой в конечном счете обнаруживает их пределы.

Если в «Войне и мире» персонажи нуждаются в любви и одобрении только своих ближайших родственников, то в «Анне Карениной» расширенная семья и более широкое сообщество обретают принципиальное значение для чувства причастности героев. В ходе переработки своих черновиков Толстой расширил третью часть, чтобы поместить Анну, Каренина и Вронского «более прямо и точно в социальную среду» [Turner 1993: 22]. Счастливой семейной жизни недостаточно, если человек не участвует в более широкой сети семьи и общества, которые обеспечивают поддержку и одобрение или отказывают в них. Личная история Анны доказывает, что, хотя у них с Вронским могут быть счастливые периоды в Италии или в уединении их поместья, она не может выжить вне этой паутины взаимосвязей[4]. Тони Тэннер в своем исследовании адюльтерного романа дает этому объяснение:

> Есть область, которая находится внутри общества, и та, которая находится снаружи, где социально изолированный индивид или супружеская пара могут попытаться найти бо́льшую свободу или обладать ей. Вопрос о том, реально ли существует внешний мир, становится проблемой в XIX веке, когда начинает казаться, что предполагаемый внешний мир — это иллюзия, пространство, уже социализированное тем или иным образом. Это может позже привести к безнадежным поискам области за пределами внешнего как такового... или к усталому возвращению в существующее общество. Обе эти модели действий очень четко прослеживаются, например, в «Анне Карениной» [Tanner 1979: 23].

Ее затруднительное положение падшей женщины требует от Анны удаления «вовне», но это удаление также знаменует ее разрушение, потому что она жаждет именно сопричастности и семьи.

На структурном уровне единство романа основано на сплетении паутины семейных связей, которые делают даже Анну и Левина, встречающихся всего один раз, родственниками через общих зятьев и невесток[5]. И действительно, возвращаясь к знаменитой вводной фразе, нет «счастливых» и «несчастливых»

---

4 В. Е. Александров, не комментируя роль семьи, исследует паутину связей, в которой человеку приходится существовать. Он видит, что Анна «слишком глубоко встроена в матрицу определяющих отношений со всеми, кто ее окружает», чтобы существовать полностью вне общества, и все же он утверждает, что «все же неясно, к лучшему это переплетение отношений или к худшему» [Alexandrov 2004: 241]. Толстой явно видел положительную ценность в семейном аспекте этих связей.

5 Гэри Джан считает, что конфликт между необходимостью быть личностью и одновременно «частью социального контекста» делает «Анну Каренину» единым художественным целым, но он не исследует роль семьи в его преодолении [Jahn 1982: 149].

семей, потому что в романе изображены не семьи — во множественном числе, — а семья. Персонажи счастливы или несчастны в зависимости от того, насколько тесно они ощущают связь с этой семейной сетью. Хотя Толстой явно хотел, чтобы вступительная фраза отражала авторское представление об истине, его описание семьи опровергает его же утверждение, придавая ему несколько ироничный оттенок.

Если в «Войне и мире» в основе семьи — идеализированное прошлое и теплые отношения в детстве, а в «Воскресении» семья с надеждой смотрит в будущее, то в «Анне Карениной» семья сталкивается с тревожным настоящим. Действие романа происходит буквально в незавершенном настоящем — Толстой писал его с 1873 по 1877 год, а Сербская война, описанная в восьмой части, еще даже не начиналась, когда он приступил к роману, — автор углубляется в хитросплетения непосредственного опыта героев, лишь слегка касаясь их прошлого. Они появляются в романе без детства; кроме сестер Щербацких, мы мало что знаем о чьих-либо родителях и, следовательно, о семьях, из которых они вышли. Мать Вронского присутствует в романе, но Толстой отмечает, что Вронский «никогда не знал семейной жизни» [Толстой 1928–1959, 18: 61] с ней, и группа братьев, которых он встречает в армии, во многих отношениях является его настоящей семьей. В романе нет счастливых воспоминаний Стивы и Анны, Левина и Николая или даже Долли и Кити о том, как они играли вместе в детстве[6]. Согласно новой формулировке Толстого, любовь между братьями и сестрами должна быть действенной и не основанной на идеализированном прошлом. Следовательно, образу семьи в «Анне Карениной», и особенно братства, более присущи противоречия и неудачи.

---

[6] Учитывая заинтересованность Толстого детством в его ранней трилогии и в «Войне и мире», это отсутствие привлекло внимание исследователей. Си Джей Джи Тернер отмечает отсутствие общих воспоминаний, связывающих Анну и Стиву. См. [Turner 1996: 136]. Единственные исключения, где упоминается детство, — это краткий рассказ о брате Кити, который впервые познакомил Левина с домом Щербацких, и некоторые фрагменты детских воспоминаний братьев Левиных о Покровском.

Несмотря на эти сложности, родственные узы и сеть родства, в которой они играют свою роль, становятся в романе самым сильным источником поддержки. В трудные моменты герои обращаются к своим братьям и сестрам (или к тем, кто играет такую роль) — а не к любимым или родителям, — или же братья и сестры приходят к ним на помощь без приглашения. В романе о супружеской измене узы между братьями и сестрами играют ключевую роль, потому что они не меняются из-за проступка женщины. Тэннер пишет:

> Слово «прелюбодейка» указывает на действие, а не на личность: неверная жена и, как правило, по умолчанию плохая мать — это недопустимое сочетание того, что, по мнению общества, должно быть отдельными категориями и функциями. Жена и мать в одних социальных обстоятельствах не должна и не может быть любовницей и возлюбленной в других [Tanner 1979: 12–13].

Если эти другие роли конфликтуют, то братские отношения остаются нетронутыми, и Стива с Анной могут продолжать поддерживать друг друга, несмотря на их измены[7]. Кровным отношениям свойственны стабильность и постоянство, которых супружеским отношениям не хватает. Мое прочтение, сфокусированное на значении горизонтальных семейных связей, отходит от большинства интерпретаций «Анны Карениной», но я считаю, что понимание роли как супружеских, так и кровных уз необходимо для того, чтобы оценить «мысль семейную» Толстого[8].

---

[7] Распространенность убийств на почве чести в некоторых мусульманских странах фактически поддерживает это сохранение братства (если бы сестра больше не была сестрой, не было бы необходимости восстанавливать честь семьи).

[8] Статья Тернера «Blood Is Thicker than Champagne» («Кровь гуще шампанского») — единственное известное мне исследование, в котором рассматриваются братья и сестры в «Анне Карениной» сами по себе.

За пределами сюжета о любви и прелюбодеянии

Исследуя историю создания «Анны Карениной», Б. М. Эйхенбаум отмечает, что Толстого изначально вдохновил памфлет Дюма «Мужчина — женщина», задуманный как ответ на поставленный в статье Анри Д'Идевиля в «Суар» вопрос: «...как поступать с неверной женой — убивать или прощать?» (Д'Идевиль говорит «простить»; Дюма говорит «убить») [Эйхенбаум 2009: 635; Turner 1993: 111–112]. Первоначальный план романа имел только одну сюжетную линию — то, что стало треугольником Анны, Каренина и Вронского, — без участия Левина или Кити[9]. Предполагалось, что он будет жестко придерживаться любовного сюжета, что прочно вписало бы его в традицию «Мадам Бовари» Флобера (1856). Эйхенбаум называет первоначальную концепцию «чем-то вроде сочетания традиций английского семейного романа и французского "адюльтерного"» [Эйхенбаум 2009: 641][10]. Однако по ходу разработки сюжета «Анны Карениной» роман стал представлять «не столько следование европейским

---

9 История родной сестры Толстого, Маши, и развода, которого Толстой помог ей добиться, послужила дополнительным «исходным материалом». См. [Bartlett 2011: 241–244]. Хотя это выходит за рамки данного исследования, Пушкин также сыграл существенную роль в формировании идей Толстого для «Анны Карениной». Вступительная фраза первого наброска романа была навеяна пушкинским фрагментом. См. комментарий Н. К. Гудзия в [Толстой 1928–1959, 20: 577–579]; см. также [Эйхенбаум 2009: 654–655; Билинкис 1959: 284–293].

10 Розамунд Бартлетт делает аналогичное утверждение, отмечая, что Толстой читал Троллопа, когда работал над финалом «Анны Карениной» [Bartlett 2011: 245]. Эми Мандделькер указывает на английский роман, который Анна читает в поезде, и отмечает, что «Толстой, представляя на этом критическом этапе викторианский роман, ясно дает понять, что он обращается к викторианским нарративам о приобретении (жены и имущества), а не к континентальным нарративам об адюльтере» [Mandelker 1993: 60]. Основываясь на этом, Мандделькер демонстрирует, что, связывая начало грехопадения Анны с чтением викторианского романа, Толстой «находит источник соблазнения в викторианском семейном духе, а не в недозволенной страсти континентального романа» [Ibid.].

традициям, сколько их завершение и преодоление» [Там же: 642]. Возникло более широкое социальное измерение. Как отмечает Джон Бейли, Толстой стал одержим вопросом: «Что происходит, когда вы отрезаете себя от общества или оно отрезает вас от себя?» [Bayley 1967: 201]. В окончательной версии роман — это нечто гораздо большее, чем история страстной любви и неверности; в нем рассматриваются основные нравственные и общественные вопросы толстовского времени, от крестьянского земледелия и политических волнений до «женского вопроса», эстетики, смертности, религии и неверия. Центральное место в этом сдвиге занимает появление Левина. Если Анна пытается ответить на вопросы о жизни «для себя и только для себя», то Левин расширяет масштаб поиска, ища ответы на ключевые вопросы о жизни и смерти «для всех людей», во многом подобно самому Толстому [Билинкис 1959: 292].

Написав первый набросок и даже отправив его в типографию в 1874 году, Толстой переосмыслил его, приостановил печать и начал серьезно перерабатывать и расширять рамки романа. Эйхенбаум связывает этот сдвиг с педагогическими трудами Толстого: «От статьи “О народном образовании”, поднимавшей самые важные вопросы общественной деятельности, невозможно было вернуться к роману “в легком роде”, ограниченному рамками любовного сюжета» [Эйхенбаум 2009: 646][11]. Сдвиг в романе следует за сменой приоритетов Толстого, вызванной его духовным кризисом. Вопрос, мучающий Левина, — для чего стоит жить на свете — вышел на первый план. Эйхенбаум отмечает, что в количественном выражении в шестой и седьмой частях сюжетной линии Левина уделяется гораздо больше страниц, чем сюжетной линии Анны. Он заключает: «...именно в этих частях границы романа так расширяются, что он превращается из семейно-любовного в философско-общественный» [Там же: 653]. Эйхенбаум не делает следующего шага и не связывает семейные

---

[11] Выражение Эйхенбаума «в легком роде» относится к цитируемому им письму, в котором Толстой сообщил Страхову, что первоначальный черновик был «в самом легком, нестрогом стиле» (цит. в [Эйхенбаум 2009: 642]).

проблемы с более глобальными философскими. Однако с точки зрения темы братьев и сестер сдвиг в конце романа по сути является выводом семейного вопроса в более широкий социальный контекст. В восьмой части Толстой поднимает идеи братства до национального масштаба, поскольку русская нация размышляет (и в поместье Левина спорит) о своих узах «братства» с собратьями-славянами в Сербской войне.

По мере расширения рамок романа расширялось и изображение в нем различных форм любви[12]. В «Анне Карениной» исследуются две принципиально разные модели любви: собственническая любовь отдельного человека и более глобальная, бескорыстная форма заботы. Первоначальная концепция романа Толстого выводила на первый план первую модель — традиционную и основанную на предпочтениях любовь одного конкретного человека к другому, которая лежит в основе всех адюльтерных романов. Романтическая любовь в этой объектно-ориентированной категории первична, но любовь между родителями и детьми и их дружба также соответствуют этой модели. Из-за их ограниченной природы и потребности во взаимности эта любовь, основанная на предпочтениях, часто вызывает ревность. По мере расширения философской и социальной миссии романа Толстой добавлял вторую модель любви. В восьмой части исследуется глобализированная любовь, характерная для творчества Толстого во второй половине жизни: несобственническая, не требующая взаимности любовь, которая направлена вовне и распространяется на всех одинаково, независимо от их реакции. Сначала он экспериментирует с этой излучаемой вовне любовью в «Войне и мире» с Платоном Каратаевым, который любит всех, кто находится перед ним, но не формирует истинных привязанностей. Платон становится символом единства с бо́льшим целым. В «Анне Карениной» Толстой ищет

[12] Исследователи отмечают, что «Анна Каренина» изображает любовь во всех ее разнообразных формах: супружеской, родительской, братской, платонической, прелюбодейной, гомосексуальной, религиозной, бескорыстной и так далее. Смотрите, например, главу Морсона «Anna and the Kinds of Love» («Анна и виды любви») в [Morson 2007]; см. также [Alexandrov 2004: 233–240].

синтез между двумя формами любви — объектно-ориентированной и глобальной — и находит его в горизонтальной семейной любви.

Существует два уровня семейных уз: собственно наличие родственников и тот тип любви или связи, которую человек проявляет на основе этих уз[13]. Семейные узы — состояние родства — не выбираются. Наши родственники — это данность нашей жизни, и, согласно большинству этических и религиозных мировоззренческих систем, мы обязаны заботиться друг о друге, несмотря на личные предпочтения. Отсутствие выбора и элемент долга в родственных отношениях требуют любви иного рода, чем в романтических связях. Они придают родственным отношениям постоянство, которого романтическим узам не хватает. Поскольку для Толстого семейная любовь включает в себя элементы направленной вовне любви, не требующей взаимности, она не является источником ревности[14]. Однако Толстой понимал, что только факт родства с кем-то не может непременно гарантировать любовь к этому человеку (такова борьба Левина с Кознышевым). Ставки выше, так как неспособность любить брата может легко привести к появлению врага. Я считаю, что Толстой видел роль родства в том, чтобы побуждать и делать возможной любовь, которая в противном случае могла бы и не возникнуть, и делать эту любовь более прочной и бескорыстной.

Самый счастливый брак в «Анне Карениной» — Левина и Кити — построен на романтической любви, которая включает в себя это родственное чувство. Семьи Левиных и Щербацких «всегда были между собою в близких и дружеских отношениях» [Толстой 1928–1959, 18: 24]. Левин стал частым гостем в доме

---

[13] Это то, что отличает семейные узы от дружбы, которой недостает первого уровня. Флоренский теоретизирует о разнице между братством и дружбой, и высказывает мнение, что дружба — это высшая форма, потому что «для христианина всякий человек — ближний, но вовсе не всякий — друг» [Флоренский 2003: 331].

[14] Толстой кажется блаженно равнодушным к соперничеству и ревности внутри семьи, которые признавал Достоевский (и которым Фрейд, бесспорно, отводил центральное место в своей концепции семейной системы).

Щербацких благодаря своей дружбе с братом Долли и Кити, который погиб в море вскоре после окончания учебы.

> Как это ни странно может показаться, но Константин Левин был влюблен именно в дом, в семью, в особенности в женскую половину семьи Щербацких. Сам Левин не помнил своей матери, и единственная сестра его была старше его, так что в доме Щербацких он в первый раз увидел ту самую среду старого дворянского, образованного и честного семейства, которой он был лишен смертью отца и матери [Там же: 24–25].

На первых порах знакомство Левина с Кити не несет в себе ничего романтического, но основано на семейных чувствах. По сути, «его прежние отношения с Кити — отношения взрослого к ребенку, вследствие дружбы с ее братом, — казались ему еще новою преградой для любви» [Там же: 26]. Кити, в свою очередь, видит в Левине «любимого брата» [Там же: 35]. Ожидая его приезда в ночь, когда ему предстоит познакомиться с Вронским, и все еще надеясь получить от последнего предложение, Кити думает, что «воспоминания детства и воспоминания о дружбе Левина с ее умершим братом придавали особенную поэтическую прелесть ее отношениям с ним» [Там же: 51]. Левин играет в ее мыслях братскую, а не романтическую роль. В конечном счете, однако, мужчина из ее романтического сценария окажется непостоянным, и Кити придет к пониманию силы, глубины и необходимости этого более семейного типа любви.

Таким образом, даже в теме любви и брака в «Анне Карениной» Толстой бросает вызов нашему традиционному пониманию романтической любви в том виде, в каком она появляется во французских романах, и предлагает нечто более близкое к тому, что мы видим в английской литературе, где часто «фигура брата воплощает идеал, к которому должен стремиться поклонник» [Sanders 2002: 8]. Как в «Войне и мире» и во многих английских романах, Толстой предлагает в качестве модели для создания «счастливых семей» братскую связь. Хотя любовь Кити и Левина, несомненно, имеет «романтическую» составляющую (которая объясняет их ревность), она заставляет нас пересмотреть то, что мы подразумеваем под этим понятием. В мире Толстого возвышенные поэтические чувства и физическое влечение должны сочетаться со стабильностью родственных связей, чтобы обрести устойчивость.

Спектр родственных связей

Отношения между братьями и сестрами присутствуют в «Анне Карениной» повсюду, и во множестве семей романа Толстой исследует различные формы, которые могут принимать родственные узы: сестра — сестра, сестра — брат, брат — брат, сводные братья и сестры, невестки, свояченицы, золовки, шурины и девери, кузены и кузины (по-русски буквально «двоюродные сестры» и «двоюродные братья»). Отношения в этих парах варьируются от глубочайшей близости до материальной поддержки или напряженных отношений. Некоторые родственные узы присутствовали с рождения, другие приобретались в браке. Все они, вместе взятые, представляют социальный мир «Анны Карениной». Исследуя разнообразие, возможное в горизонтальных семейных связях (в русском языке, как и во французском, нет общего слова для обозначения брата или сестры, которое не указывало бы на пол), Толстой определяет, как выглядит мир братьев и сестер в его реальной, конкретной форме, а не как абстрактное понятие «всеобщего братства».

Толстой подчеркивает значимость братьев и сестер в начале романа уже тем, как он представляет своих персонажей. Роман начинается не с Анны, а с ее брата Степана Аркадьича Облонского. Анна впервые появляется лишь после нескольких начальных страниц, когда Стива говорит своему слуге: «Матвей, сестра Анна Аркадьевна будет завтра» [Толстой 1928–1959, 18: 7]. Таким образом, Анна сначала определяется в роли сестры, а не в привычно ассоциируемых с ней для нас ролях жены или матери. Подобные представления — это средство для перестройки нашего понимания идентичности, которая обычно связана с родителями и супругами, а не с братьями и сестрами. Левин получает аналогичное представление в качестве брата. Когда он заходит в первой главе в кабинет Стивы, тот представляет его своим коллегам как «Константина Дмитрича Левина, брата Сергея Ивановича Кознышева» [Там же: 21]. Перед нами горизонтальная версия обычной проблемы сына, оказавшегося в тени своего отца, и, подобно сыну, стремящемуся создать собственное имя, Левин не желает, чтобы его определяли в качестве брата. Кити тоже впервые упоминается в роли родственницы Стивы («свояченица Кити»). Горизонтальное родство определяет героев полнее, чем вертикальная родословная.

Русский язык очень точен в отношении семейных связей. В «Анне Карениной» Толстой использует четыре разных слова для обозначения свойственницы: три русских и французское «belle soeur». Русские термины указывают на точную линию связи: *невестка*, жена брата; *свояченица*, сестра жены; и *золовка*, сестра мужа. Аналогичным образом, мы находим три русских слова для обозначения свойственника: *шурин*, брат жены; *свояк*, муж сестры жены; и *зять*, муж сестры или муж сестры мужа[15]. Достоевский, напротив, во всех своих главных романах, вместе взятых, использовал слово «свояченица» только один раз и «свояк» — дважды (то и другое в «Идиоте»). Ни одно из этих слов ни разу не встречается в «Преступлении и наказании», «Бесах», «Подростке» или «Братьях Карамазовых». Редко встречаются эти термины родства и в романах Тургенева и Гончарова. Это не означает, что эти другие авторы были незнакомы с данными терминами (которые широко используются и сегодня); скорее это указывает на то, что акцент Толстого на таких отношениях необычен для русских романов того времени[16].

---

[15] Важный момент в отношении этих терминов состоит в том, что они делают целые семьи родственниками через брак (в английском языке муж сестры жены родственником не является). Таким образом, в «Войне и мире», если бы Наташа вышла замуж за Андрея, женитьба Николая на Марье стала бы кровосмешением, потому что они стали бы братом и сестрой.

[16] Некоторые из этих терминов часто встречаются и в «Войне и мире». Например, «невестка» используется девятнадцать раз (в основном по отношению к Лизе и Марье). «Шурин» и «золовка» также появляются с некоторой регулярностью (восемь и семь раз соответственно).

В этом мире, структурированном и определяемом горизонтальными связями, реальные братья и сестры становятся парадигматической моделью для других горизонтальных родственных отношений. Три основные пары братьев и сестер Толстого — Анна и Стива, Кити и Долли, Левин и Николай — представляют не только три варианта гендерных пар, но и три типа связей, которые возможно наложить на буквальное состояние родства: практический, эмоциональный и духовный (каждый из которых глубже предыдущего). Чем глубже эти связи, тем больше у них возможностей причинять боль, а также нести утешение. Братья и сестры с общим прошлым и общим взглядом на жизнь понимают друг друга лучше, чем кто-либо другой в произведениях Толстого, включая романтические пары, и с этим взаимопониманием приходит неспособность скрывать что-то друг от друга, а значит, от самих себя.

Как отметил Морсон: «Первое, что нам нужно знать об Анне, это то, что она бывшая Анна Облонская, сестра Стивы» [Morson 2007: 53][17]. Пара застряла в настоящем, и, хотя Анна сопротивляется, а Стива нет, — они живут ради своих страстей, и это приводит их к тому, что они становятся двумя главными прелюбодеями романа (оба также проявляют склонность ко лжи). Когда Анна чувствует себя виноватой после бала, где она впервые танцует с Вронским, она даже становится похожа на Стиву, когда заявляет: «Но, право, право, я не виновата, или виновата немножко», — и расстраивается, когда Долли указывает на это сходство [Толстой 1928–1959, 18: 104]. Здесь отождествление с братом угрожает самоощущению Анны. Эдвина Круз вступается за Анну, находя сравнение между братом и сестрой «несправедливым» по отношению к Анне, которая явно руководствуется более сильным нравственным чувством, чем ее брат [Cruise 2002: 202]. Однако общая способность увлекаться своими желаниями является недостатком обоих.

Проблемы Анны и Стивы существуют на практическом уровне — они не могут обладать несовместимыми вещами, которых

---

[17] Аналогичное наблюдение делает Я. С. Билинкис [Билинкис 1959: 309].

жаждут. Роман начинается с того, что Анна приезжает, чтобы спасти брак своего брата, оказавшийся под угрозой из-за его желания иметь привлекательную любовницу и мирную, комфортную домашнюю жизнь. Следовательно, вспомогательная роль, которую может сыграть Анна, носит практический характер — выступить посредником в налаживании его отношений с Долли. Как и ее будущий возлюбленный, Вронский, мы знакомимся с Анной во время ее встречи со Стивой на вокзале, что «кажется, подчеркивает ее близость к брату: первое, что поражает в ней Вронского, — это то, как она приветствует Стиву» [Turner 1996: 136]. Не дожидаясь своего брата, Анна бросается к нему, впервые показывая свойственный ей переизбыток энергии в контексте братских отношений. Глазами Вронского мы подробно видим, как она обнимает и целует Стиву: «...она движением, поразившим Вронского своею решительностью и грацией, обхватила брата левою рукой за шею, быстро притянула к себе и крепко поцеловала» [Толстой 1928–1959, 18: 67]. Неподдельная эмоциональность этого приветствия сразу же противопоставляется холодной искусственности встречи Вронского с матерью. Он продолжает наблюдать через окно поезда, как Анна берет своего брата за руку и весьма оживленно с ним беседует, и сожалеет, что этот разговор не касается его. Возлюбленный изначально желает быть на месте брата.

Хотя в романе Анна и Стива часто показаны вместе, мы почти никогда не становимся свидетелями их разговоров. Думаю, Толстой опускает беседы героев, потому что в их отношениях важна не глубокая эмоциональная связь, а практическая роль, которую они играют в жизни друг друга. Анна неоднократно утверждает, что понимает своего брата, но Стива не настолько сложен, чтобы это подразумевало глубокий уровень сопереживания. Что еще важнее, она понимает его потребности и успешно воссоединяет его с Долли. Позже Стива попробует сыграть аналогичную роль защитника брачных уз во время своего визита к Каренину в Санкт-Петербург. Этот его шаг — один из многих взаимно сбалансированных поступков, которые структурируют роман.

Несмотря на практическую поддержку, которую они оказывают друг другу, их связь не идеализируется так, как родственные отношения в «Войне и мире». Поездка Стивы в Санкт-Петербург — это не совсем бескорыстная попытка помочь страдающей сестре. Этот визит задуман и для того, чтобы поспособствовать столь желанному повышению по службе. Встреча Стивы с Вронским после самоубийства Анны также открывает перед нами леденящую душу картину того, как он воспринял смерть своей сестры. Когда он услышал о присутствии Вронского,

> ...на мгновение лицо Степана Аркадьича выразило грусть, но через минуту, когда, слегка подрагивая на каждой ноге и расправляя бакенбарды, он вошел в комнату, где был Вронский, Степан Аркадьич уже вполне забыл свои отчаянные рыдания над трупом сестры и видел в Вронском только героя и старого приятеля [Там же, 19: 355–356].

Это напоминает его реакцию на смерть железнодорожного рабочего по прибытии Анны. Тогда Стива тоже был глубоко тронут, но быстро забыл о болезненном впечатлении. Будучи человеком настоящего, Стива не слишком печалится о прошлом. Даже утрата самой близкой родственницы лишь ненадолго угрожает его беззаботному состоянию.

Родственные узы Долли и Кити глубже, чем у Анны и Стивы, и основаны на особой нежности, которую Толстой считал возможной только между женщинами[18]. Князь Щербацкий шутливо, но с любовью называет разговоры трех сестер Щербацких «Алины-Надины», создавая ощущение их собственного интимного сестринского мира. Домашние женские хлопоты, которыми они все заняты, сближают их еще больше. В отличие от привязанности Анны и Стивы, отношения Долли и Кити основаны на эмоциональной связи, но и у них случаются моменты отдаления.

---

[18] Вот что пишет Толстой о Наташе и Марье: «...между княжной Марьей и Наташей установилась страстная и нежная дружба, какая бывает только между женщинами» (и вскоре им предстоит породниться) [Толстой 1928–1959, 12: 178].

Толстой подчеркивает преданность Долли сестре во время ее депрессии:

> Вслед за доктором приехала Долли. Она знала, что в этот день должен быть консилиум, и, несмотря на то, что недавно поднялась от родов (она родила девочку в конце зимы), несмотря на то, что у ней было много своего горя и забот, оставив грудного ребенка и заболевшую девочку, она заехала узнать об участи Кити, которая решалась нынче [Там же, 18: 127].

Услышав, что Кити поедет выздоравливать за границу, Долли огорчена мыслью о том, что «лучший друг ее, сестра, уезжала» [Там же]. Позже в романе мы узнаем, что Кити больше всего доверяет Долли и что Долли любит ее, как своих собственных детей [Там же: 286]. Это странное сочетание горизонтальных и вертикальных отношений усложняет их на еще один уровень и напоминает отношения Алеши с Зосимой в «Братьях Карамазовых».

Несмотря на то что они считаются лучшими подругами, Кити стыдно даже перед Долли, и она не может признаться в своем унижении и горе из-за того, что отвергла Левина. Однако глубокая эмоциональная связь между ними позволяет Долли понять все без слов. Она представляет собой угрозу, потому что выносит этот подавленный стыд на поверхность[19]. Ее расспросы провоцируют Кити на выпад: «Я сказала и повторяю, что я горда и никогда, *никогда* я не сделаю то, что ты делаешь, — чтобы вернуться к человеку, который тебе изменил, который полюбил другую женщину» [Там же: 132]. В момент чрезмерной идентификации с сестрой она переосмысливает радикально иную ситуацию Долли (неверный муж) как параллельную своей собственной. Долли «не ожидала такой жестокости от сестры», и из такого близкого источника она ранит ее особенно глубоко. «Любовь/ненависть», лежащая в основе сестринских отношений, обнажа-

---

[19] Во время аналогичной ситуации — болезни Наташи — в «Войне и мире» Николай находится на войне, поэтому мы не видим, способна ли их близость привести к аналогичному эффекту разоблачения Наташиного стыда.

ется по мере того, как за этой вспышкой следуют слезы и воссоединение сестер.

Хотя это уже не тот романтизированный образ родственной любви, который мы находим в «Войне и мире», Толстой все-таки завершает рассказ подтверждением любви сестер. Глубина их связи чувствуется в том, как они понимают друг друга без слов, а это тема всей «Анны Карениной» [Jones 1978]. Они «разговорились не о том, что занимало их; но, и говоря о постороннем, они поняли друг друга» [Толстой 1928–1959, 18: 132]. Кити утверждает, что счастлива только тогда, когда она с Долли и ее детьми, и, являясь еще одним из частых в романе вторящих друг другу поступков, отрывок заканчивается тем, что она отправляется ухаживать за больными детьми Долли, точно так же, как Долли в начале этого отрывка пришла ухаживать за ней.

Отношения Левина с его братом Николаем столь же глубоки и основаны на взаимопонимании без слов, но они также включают в себя и элемент духовности, который Толстой считает прерогативой мужчин. Если для Кити и Долли болезненной необсуждаемой темой оказываются сердечные дела, то область невысказанного между Левиным и Николаем — это вопросы души и в конечном счете смертности. Поэтому их близость и ожидание смерти Николая создают еще бóльшую угрозу самоощущению и благополучию Левина[20]. Едва получив от Кити отказ, Левин впервые за три года отправляется навестить Николая. Кознышев готов отказаться от отношений с Николаем после первой же попытки, когда тот присылает записку: «Прошу покорно оставить

---

[20] Эти отношения в значительной степени автобиографичны и сочетают в себе черты отношений Толстого с его братьями Дмитрием и Николаем. Дмитрий, брат, с которым Толстой был наименее близок в детстве, во время учебы в Казанском университете стал чрезвычайно религиозным. Как и Николай Левин, Дмитрий пережил серьезные потрясения, отказавшись от своего благочестия и начав пить, курить и посещать публичные дома. Так же, как и Николай Левин, Дмитрий взял к себе жить проститутку Машу. См. [Гусев 1927б: 245–247; Maude 2008: 50–53]. Однако смерть Николая Левина описана на основе опыта переживания Толстым смерти своего старшего брата Николая, при которой он присутствовал [Гусев 1927б: 365–367; Maude 2008: 204–209].

меня в покое. Это одно, чего я требую от своих любезных братцев» [Там же: 30]. И все же Левин не оставляет брата. К его любви примешивается чувство долга; она будет распространяться на его брата независимо от того, что он получит взамен.

Подавленный и преисполненный отвращения к себе после того, как Кити его отвергла, он с радостью думает о Николае[21]. Осознавая, почему другие люди готовы счесть его пьяного и развратного брата «презренным человеком», он думает: «...я знаю его иначе. Я знаю его душу и знаю, что мы похожи с ним» [Там же: 90]. Они близки именно душой, независимо от того, что омрачает их отношения на поверхности. Так и Алеша Карамазов делает схожее заявление: «...я то же самое, что и ты», после того как его брат Митя говорит о своем распутстве [Достоевский 1972–1990, 14: 101]. Как и Кити с Долли, Левин и Алеша частично проецируют себя на своих братьев. В размышлениях Левина Николай оказывается не радикально иным существом, а продолжением его самого.

Левин чувствует себя виноватым за то, что не поддержал брата в прошлом, особенно в период его увлечения религией, и хочет искупить свою вину: «Всё выскажу ему, всё заставлю его высказать и покажу ему, что я люблю и потому понимаю его» [Толстой 1928–1959, 18: 91]. Это классическая толстовская формулировка, которая предполагает, что любовь откроет доступ к скрытым глубинам другого[22]. Однако Николай не сразу готов принять заботу брата.

---

[21] Александров утверждает, что Левин «ухватился за идею навестить своего брата», чтобы «компенсировать» отказ [Alexandrov 2004: 151]. Я думаю, было бы вернее сказать, что он обращается к прочным семейным узам, которые он разделяет с Николаем, чтобы обрести то чувство связи и сопричастности, которое Кити не могла ему предложить в тот момент.

[22] Кити испытывает схожее чувство по поводу способности своего отца понимать ее лучше кого-либо в семье: «...любовь его к ней делала его проницательным» [Толстой 1928–1959, 18: 128]. Эта идея более подробно обсуждается в сцене предложения Левина Кити, когда он размышляет о том факте, что иногда во время спора «поймешь то, что любит противник, и вдруг сам полюбишь это самое и тотчас согласишься, и тогда все доводы отпадают, как ненужные» [Там же: 417].

> А, Костя! — вдруг проговорил он, узнав брата, и глаза его засветились радостью. Но в ту же секунду он оглянулся на молодого человека и сделал столь знакомое Константину судорожное движение головой и шеей, как будто галстук жал его; и совсем другое, дикое, страдальческое и жестокое выражение остановилось на его исхудалом лице [Там же: 92].

Быстрая игра мимики и жестов позволяет Толстому показать нам всю сложность и неоднозначность чувств Николая к брату (во многом так же, как в «Отрочестве» и «Юности»). Любовь первична, но ей угрожают стыд, неуверенность в себе и гордость. Застенчивость Левина смягчает Николая, он перестает обороняться, видя, что Левин принимает бывшую проститутку Марью Николаевну в качестве его неофициальной жены («подруги жизни»), — этот момент перекликается с принятием Дуней Сони в «Преступлении и наказании».

Встреча братьев — один из кратких моментов в романе, когда герои размышляют о прошлом. Левин упоминает фамильное поместье Покровское, и Николай подхватывает тему: «Что, дом всё стоит, и березы, и наша классная? А Филипп садовник, неужели жив? Как я помню беседку и диван! Да смотри же, ничего не переменяй в доме, но скорее женись и опять заведи то же, что было» [Там же: 97]. В воображении Николая и Левина сохраняются один и тот же идеализированный образ дома их детства и единое желание, чтобы Левин воссоздал этот мир со своей будущей женой[23]. Эти воспоминания сосредоточены на подробностях, связанных с людьми, местами и вещами, а не на общем жизненном опыте братьев (как это происходит в воспоминаниях Ростовых), что делает их менее личными[24].

---

[23] Эта идея взята почти дословно из переписки Толстого с его тетей Т. А. Ергольской, цитировавшейся в первой главе [Толстой 1928–1959, 59: 162–163].

[24] Однако у Левина сохраняется одно воспоминание об их детских драках подушками и совместном смехе, когда он прислушивается к затрудненному дыханию брата ночью во время его визита [Там же, 18: 368]. Гусев отметил параллель между этой сценой и собственным опытом общения Толстого со своими братьями [Гусев 1927б: 59].

Недуг и неизбежная смерть Николая становятся главной болезненной темой, которой следует избегать, хотя она постоянно присутствует в качестве фигуры умолчания[25]. Смертность Николая заставляет Левина мучительно осознавать собственную смертность (еще одна деталь, имеющая автобиографические корни в опыте Толстого)[26]. Он убеждает Николая поехать за границу поправить здоровье, и ему удается дать брату деньги на поездку, не обидев его (как давать деньги, не вызывая стыда, — важная тема и для Достоевского). Неизбежный будущий визит Николая внушает ужас. «Левин любил своего брата, но быть с ним вместе всегда было мученье», потому что его брат — единственный, «который понимает его насквозь, который вызовет в нем все самые задушевные мысли, заставит его высказаться вполне» [Там же: 365].

В этой близости кроется угроза, потому что между ними ничего нельзя утаить, а значит, и самообману места не остается. «Эти два человека были так родны и близки друг другу, что малейшее движение, тон голоса говорил для обоих больше, чем всё, что можно сказать словами» [Там же: 367]. Единственные искренние слова о следующем визите произносятся на прощание. Николай просит Левина не думать о нем плохо, и Левин понимает, что эти слова «подразумевали: “Ты видишь и знаешь, что я плох, и, может быть, мы больше не увидимся”» [Там же: 371]. Частота моментов этого невысказанного понимания — самый верный признак их любви и единения. У Анны и Вронского, напротив, нередки моменты молчаливого *неправильного* понимания (например, когда Анна объявляет о своей беременности, а Вронский думает о дуэли), и у них есть схожие темы, о которых они умалчивают[27].

---

[25] Это напрямую связано с переживаниями Толстого, когда умирал его брат Николай. В письме к их брату Сергею после похорон Толстой объяснил: «Ни разу ясно он не сказал, что чувствует приближенье смерти. Но он только не говорил» [Толстой 1928–1959, 60: 354].

[26] Мод обсуждает глубокое влияние, которое смерть Николая оказала на Толстого [Maude 2008: 204–209].

[27] Александров отмечает, что в «Анне Карениной» члены семьи «разделяют сложную предысторию отношений, включая собственный язык, который часто невербален», и это позволяет им лучше понимать друг друга, чем, например, романтическим партнерам [Alexandrov 2004: 234].

Темы общения, понимания и осознания смертности, характеризующие отношения Левина с Николаем, достигают кульминации в главе «Смерть» — единственной главе романа, которой дано название. Здесь родственная связь также выступает в качестве ключевого элемента в гуманизации ухода Николая, поскольку Кити вступает в новую для нее роль его невестки. Пока Левин терзается болью, чувством вины и страхом смерти, только «Катя» может понять, что нужно умирающему человеку. Толстой восхищается способностью женщин смотреть на смерть совершенно естественно, и он демонстрирует это на примере Кити. Однако, когда приближается конец, ее практическая и эмоциональная забота уступает место духовной связи братьев. Николай говорит Левину, что он прошел через «комедию» своих последних обрядов только для того, чтобы порадовать Кити, и, чувствуя близость смерти, он отсылает ее и просит брата остаться, держа его за руку.

В последние дни жизни Николая Левин пытается помирить его с их сводным братом Кознышевым, но это никогда не удается полностью. Сам Левин по-прежнему находится в двойственных отношениях со своим знаменитым старшим братом. Сводный брат — это, очевидно, совсем не то же самое, что родной. Левин чувствует, что Кознышев «не Левинского, а Кознышевского склада человек» [Там же, 19: 123], и это поднимает вопрос о том, могут ли братья и сестры, не имевшие общего детства или кровного родства, обладать той глубиной связи, которую идеализирует Толстой. Откуда эта разобщенность между двумя людьми, которые оба чувствуют желание и долг любить друг друга в силу обретенного родства? Взгляды Левина и Кознышева на мир, их подходы к жизни и способы мышления не могли быть более различными, несмотря на их желание быть близкими. Однако Левин и Стива в начале романа также мыслят совершенно по-разному, оставаясь при этом близкими друзьями. Когда Кознышев приезжает навестить Левина в Покровское, рассказчик объясняет: «...несмотря на свою любовь и уважение к Сергею Ивановичу, Константину Левину было в деревне неловко с братом. Ему неловко, даже неприятно было видеть отношение брата к деревне» [Там же: 251]. Для Левина деревня — это жизнь, для Кознышева —

праздность и пасторальная идиллия. Толстой показывает, что подобные различия на поверхностном уровне не могут разрушить состояние родства, существующее между этими людьми. Любовь к сводному брату ощущается Левиным как долг, а не как естественное стремление, в отличие от любви к Николаю (который разделял его идеализированное прошлое), но тем не менее рассказчик утверждает, что этих двух людей объединяет любовь.

Энтони Торлби рассматривает братьев Левина прежде всего как литературный прием. Не принимая во внимание важность отношений самих по себе, он утверждает:

> Толстой обогатил текстуру романа, создав Левину брата Николая и сводного брата Сергея Ивановича Кознышева. Они мало влияют на сюжет... но вносят значительный вклад в реализм и тематику романа. Грубо говоря, можно сказать, что их функции заключаются, соответственно, в том, чтобы умирать и философствовать; они предоставляют Левину возможность примириться с этими двумя фундаментальными переживаниями [Thorlby 1987: 72].

Хотя я не разделяю мнение Торлби о том, что Толстой столь грубо использует своих персонажей, все же братьев и сестер можно рассматривать как средство раскрытия различных уровней индивидуальности героев друг перед другом, а значит, и перед читателем. Согласно психоаналитическому подходу Митчелл, братья и сестры как самые близкие человеку люди больше кого-либо другого способны бросить вызов его представлениям о себе и о мире. Дж. Б. Шнайдер называет младшего брата человека «воплощенным в жизнь отражением его братского “я”» и, следовательно, «соперником во всем, что брат видит, чувствует и думает» [Schneider 1957][28]. Это отождествление и соперничество, присущие братским узам, побуждают Левина к духовным поискам. Отказаться от судьбы Николая означает принять жизнь (отбросив мысли о самоубийстве). Отказаться от судьбы Кознышева — значит искать более непосредственную, эмоционально обусловлен-

---

[28] Цит. по: [Rank 1989: 75].

ную истину о смысле жизни, а не рациональные истины, которые Левин считает столь неудовлетворительными.

Кознышев и Левин часто вступают в философские споры (в которых Кознышеву неизменно удается переспорить Левина), однако настоящего общения между братьями не происходит. Левин умолкает посреди беседы, переживая, что «то, что он хотел сказать, было не понято его братом. Он не знал только, почему это было не понято: потому ли, что он не умел сказать ясно то, что хотел, потому ли, что брат не хотел, или потому, что не мог его понять» [Толстой 1928–1959, 18: 262]. Даже после своих прозрений в конце романа Левин все же не может относиться к Кознышеву так, как ему хотелось бы. Обсуждая продолжительность предстоящего визита Кознышева, они посмотрели друг другу в глаза, «и Левин, несмотря на всегдашнее и теперь особенно сильное в нем желание быть в дружеских и, главное, простых отношениях с братом, почувствовал, что ему неловко смотреть на него» [Там же, 19: 384]. В тексте, где зрительный контакт имеет ключевое значение, эта неспособность обменяться взглядами указывает на глубокую брешь. Их связь полностью основана на деятельной любви, а не на какой-либо естественной близости. В мире Толстого, где правят родственные связи, мы должны любить своего брата *вопреки* всем препятствиям.

Завершая тему братских отношений Левина, стоит упомянуть, что с его сестрой нас так и не познакомили. Она упоминается на протяжении всего романа лишь как предлог для поездок Левина в Москву (он отвечает за ведение ее дел), но мы так и не узнаем, где она живет, чем занимается и какие отношения у них были в детстве. Таким образом, Левины остаются, по сути, семьей из трех братьев, уравновешивающей трех сестер Щербацких и пару Облонских — сестру и брата.

Помимо центральных в романе семей, Толстой описывает и другие разновидности родственных уз. У Вронского все напоказ. В детстве ему не хватало настоящей семейной жизни, но он все равно передает свое наследство старшему брату, чтобы Александр мог жениться на Варе Чирковой, дочери декабриста без гроша в кармане (его мать хвастается этой щедростью перед Анной).

Их отношения, по-видимому, скорее формальны, чем основаны на чувствах. Для матери Александр играет роль посредника, через которого она выражает недовольство романом Вронского. Александр тоже расстроен этим, но не из-за какой-либо личной неприязни, а потому, что «это любовь ненравящаяся тем, кому нужно нравиться» [Там же, 18: 184]. То, что их отношения построены исключительно на притворстве, становится ясно, когда они встречаются на скачках. Говоря на неприятные темы, Алексей Вронский сохраняет на лице улыбку, чтобы наблюдателям казалось, что они с братом шутят. Однако его привязанность к невестке, по-видимому, искренняя (и она благодарна ему за то, что он отказался от своей доли семейного имущества). Когда Вронский пытается покончить с собой, именно Варя вызывает врачей и сама остается ухаживать за ним. В отличие от сводного брата, который наполовину находится вне семьи, невестка оказывается *внутри* более тесного семейного круга и, видимо, больше склонна к близким отношениям.

Даже у холодного и, на первый взгляд, самодостаточного Каренина, как выясняется, был брат, который «был самый близкий ему по душе человек» [Там же, 19: 77]. Только в конце романа, когда Каренин чувствует себя покинутым после бегства Анны, мы узнаем о его семейном прошлом. Во фрагменте, который легко пропустить, автор сообщает нам, что Каренин вырос сиротой, поскольку потерял отца, еще будучи младенцем и не помня его, и мать в возрасте десяти лет. Он не был близок ни с кем из своих знакомых. Его любимый брат жил за границей и умер вскоре после женитьбы Каренина, оставив его одного во всем мире. Это помогает объяснить его восприимчивость к Лидии Ивановне (которая в первом черновике была на самом деле его сестрой)[29].

---

[29] Сестра Каренина (в первом черновике названная Кити) занимает в первом черновике видное место в сцене после скачек, когда — после неоднократных уговоров своего брата и ночной молитвы — она пишет письмо, в котором рассказывает Каренину о неверности Анны [Толстой 1928–1959, 20: 39–42]. Удаление этого персонажа сестры сделало Каренина в окончательной версии гораздо более одиноким.

Помимо примеров эмоциональной поддержки Толстой показывает, что братские и семейные связи могут давать немало практических преимуществ (к которым он порой относится критически). Карьера Стивы полностью построена на семейных связях. Он получил место через своего шурина Каренина, но если бы это не произошло благодаря Каренину, он мог бы получить его «чрез сотню других лиц, братьев, сестер, родных, двоюродных, дядей, теток» [Там же, 18: 17]. Общественная и финансовая жизнь семьи Облонских обеспечена этой паутиной связей. Стива находится в неформальных отношениях, на «ты», с людьми и старше, и моложе себя, что делает эти связи равноправными, больше похожими на отношения братьев, чем отца и сына. Это мир, основанный на причастности, которая глубоко связана с родством. Когда Левин появляется в клубе, даже швейцар у дверей знает, кто его родственники и как он вписывается в эту паутину связей. Если трагедия Анны высвечивает ложные и нетерпимые стороны «общества», что часто подчеркивается исследователями романа и не скрывается самим Толстым, то легкость вхождения Стивы в общество напоминает нам о преимуществах поддержки, которую обеспечивает эта включенность (даже если они даются за счет других людей, получающих такое особое отношение). Брат и сестра Облонские находятся в противоположных точках этой шкалы принадлежности к обществу.

Свой против чужого

Сеть родственных связей в более широком плане связана с оппозицией между русскими понятиями «свой» — собственный, родной — и «чужой» — другой, чуждый, неизвестный), — которую Ричард Густафсон считает «основной в психологическом опыте Толстого» [Густафсон 2003: 34][30]. Эта оппозиция составляет ядро

---

30 Брата можно рассматривать как в высшей степени «своего», абсолютный символ единения и принадлежности.

«Анны Карениной»[31]. Когда Долли впервые обличает Стиву, узнав о его измене, самое страшное обвинение, которое она бросает ему, — в том, что он «чужой»: «Вы мне мерзки, гадки, чужой, да, чужой совсем! — с болью и злобой произнесла она это ужасное для себя слово *чужой*» [Толстой 1928–1959, 18: 14]. В завершение Долли повторяет, что, даже если она и Стива останутся в одном доме, они будут «навсегда чужие» [Там же: 16]. Сразу за ссорой следует эпизод, в котором Толстой объясняет, как Стива получил свое место благодаря связям, тем самым противопоставляя его разрыв с женой сети «своих», на которую он опирается. Стива процветает благодаря любезности, и его все любят, но он не научился тому типу глубокой привязанности, который предполагает труд и самопожертвование.

Если отследить, как слова «свой» и «чужой» употребляются на протяжении романа, можно увидеть расширение и разрушение семьи. Когда Левин обручается с Кити, ее отец перестает быть для него «чужим». Сестра Кити, Натали, и ее муж теперь вовлекают Левина в обсуждение своих повседневных забот, потому что для них он теперь «свой». С лингвистической точки зрения стать семьей — значит расширить понятие «своих», в то время как разрыв семейных уз ведет к появлению «чужих». После того как Анна рассказывает Каренину о своем романе с Вронским, они становятся «чуждыми друг другу», и Вронскому Анна говорит, что муж ей «чужой» [Там же: 372, 379]. И все же, несмотря на то что Анна может разорвать эту связь с мужем, Стива остается шурином Каренина. Когда Стива навещает Каренина в Москве, Каренин пытается разорвать эту связь, утверждая: «...те родственные отношения, которые были между нами, должны прекратиться», но Стива отказывается это принять [Там же: 398]. К завершению встречи Каренин соглашается прийти на ужин, и рассказчик вновь называет Стиву «шурином» Каренина.

[31] Карпушина также отмечает функцию, которую играет противопоставление «свой/чужой» в обозначении принадлежности к семье или изоляции от нее [Karpushina 2001: 72]. В докторской диссертации Джейсона Гэли, посвященной оппозиции «свой/чужой» в русской литературе и культуре XVIII и XIX веков, содержится краткая ссылка на Анну Каренину [Galie 2007: 96–97].

В то время как семейная связь между Карениным и братом Анны остается прочной, Анна не может создать новый дом и семью «своих» с Вронским. Когда Долли навещает их в поместье, ей неприятно видеть Анну «в среде этих чуждых для нее людей» — замечание, указывающее на то, что настоящая семья так и не была создана [Там же, 19: 197]. Долли расстроена, обнаружив, что тетушка Анны живет с ними за счет Вронского, потому что, несмотря на связь Анны с Вронским, для семьи Анны он, по мнению Долли, все еще «чужой». Вронский пытается сблизить Анну со своей семьей, но ни его мать, ни невестка не соглашаются нанести ей визит. Даже Стива, который дружит с Вронским и с удовольствием навещает пару, не считает Вронского членом семьи. Когда Стива после смерти Анны вновь встречает Вронского по дороге на войну, он быстро забывает о связи Вронского с Анной, видя в нем только героя войны и старого друга (эпизод, упоминавшийся выше). Это резко контрастирует с тем, что для Стивы Каренин остался зятем и после расставания с Анной.

Таким образом, если брак с Карениным создавал для Анны расширяющиеся связи, то отношения с Вронским не вовлекают ее в более широкие сети родства. Это важнее, чем тот факт, что они не состоят в законном браке. Толстой не писал очередную «Мадам Бовари» и не был шокирован неверностью как таковой (хотя, конечно, он ее не оправдывал). Брак в «Анне Карениной» важен для объединения семей, а не только отдельных людей. Это многократно подчеркивается значимостью родственников со стороны супруга или супруги[32]. Во время свадьбы Левина и Китти много говорится о родственниках будущих свояков, и Толстой отмечает, что «вся Москва, семья и знакомые, была в церкви» [Там же: 21], напоминая нам, что брак помогает сплести более широкую сеть связей.

[32] На небольшое осложнение этого аргумента указывает Достоевский, который замечает, что отношения Левина и Облонского ухудшились, с тех пор как они породнились [Достоевский 1972–1990, 25: 54]. Однако Достоевский не принимает во внимание тот факт, что ухудшение их отношений никак не связано с изменением их родственного статуса.

Бесспорно, помимо объединения уже существующих семей, с тем чтобы они стали «своими», еще одной ключевой функцией брака в повествовании является создание новой семьи: детей. Тернер утверждает: «Связь буквального братства непреодолима, тогда как единство, к которому стремятся в браке, иллюзорно, хотя и усилено присутствием детей» [Turner 1996: 141]. Как отметила Валери Сандерс, стереть родственные узы невозможно [Sanders 2002: 1], а завершение романтических отношений или брака вполне осуществимо. Тэннер также отмечает, что

> ...семейные роли дочери и/или сестры, которыми наделяется женщина, являются не врожденными качествами, а непреходящими категориями в силу необратимого факта кровного родства. <...> Но категория жены ни в коей мере не присваивается даже в наиболее продуманных традиционных браках. Это полностью социальная и культурная *классификация*...» [Tanner 1979: 16].

Придание родству нового измерения благодаря рождению детей может укрепить эти связи, но не гарантирует их устойчивости. Долли остается со Стивой из-за их детей, хотя как муж и жена они становятся все более *чужими*. Анна и Каренин полностью отчуждены друг от друга, несмотря на то что у них есть сын. Дочь Анны и Вронского не превращает их чудесным образом в семью[33]. Только «непреодолимая» данность братства вполне обеспечивает в мире романа присутствие постоянных «своих».

Герои, у которых эти связи отсутствуют, не создают семей. Варенька, образец бескорыстной любви и заботы, лишена родовых корней (у нее нет ни отчества, ни фамилии), и, как в ботанике, это отсутствие корней приводит к бесплодию[34]. Впервые

---

[33] Незаконнорожденность Ани, возможно, является одной из причин, по которой ее существование не сближает их, поскольку юридически она Каренина, и это причиняет боль Вронскому.

[34] Корни Вронского также предсказывают, какова будет его судьба. Он наследует склонность своей матери к супружеской измене и, как и она, неспособен создать «семейную жизнь», хотя у него есть ребенок (формально из рода Карениных).

представляя Вареньку, Толстой пишет: «Она была похожа на прекрасный, хотя еще и полный лепестков, но уже отцветший, без запаха цветок» [Толстой 1928–1959, 18: 227][35]. Осиротевшая Варенька находится на иждивении мадам Шталь, является ее компаньонкой и называет ее «Мамой», но Толстой не показывает нам никакого чувства взаимосвязи или семьи между двумя женщинами[36]. Скорее, Варенька оказывает мадам Шталь услуги, которые могла бы выполнять любая служанка. Сохраняя важное значение для многих, она находится за пределами сети принадлежности. Этим она напоминает Платона Каратаева, который ни к кому не привязывается, но любит всех, с кем вступает в контакт[37]. Она являет собой пример безответной любви без предпочтений, которая излучается на всех, независимо от того, что она получает взамен. Неспособность Вареньки завязать плодотворные романтические отношения и начать семейную жизнь в полной мере проявляется в походе за грибами, где ей не удается получить предложение от Кознышева.

Необычное сочетание положительных, жертвенных качеств Вареньки и ее бесплодности вновь заставляет задуматься о том, предопределяет ли в «Анне Карениной» семейная ситуация, в которой человек рождается, его судьбу. Действительно ли герои Толстого могут воссоздать только тот тип семьи, из которого они вышли? Если у человека нет братьев и сестер, обречен ли он вечно находиться вне отношений с другими людьми? Хотя во многих аспектах своего творчества Толстой, очевидно, подчер-

---

35 Эта метафора очень похожа на образ «бесплодного цветка», который Толстой использует для описания Сони — еще одной бескорыстной иждивенки — в «Войне и мире».

36 Она была дочерью придворного повара, жившего в одном в доме с мадам Шталь, и родилась в ту же ночь, что и собственная дочь мадам Шталь, которая умерла при рождении. Их подменили, и мадам Шталь начала растить Вареньку, не зная о подмене. Узнав правду, она продолжила растить Вареньку, потому что «очень скоро после этого родных у Вареньки никого не осталось» [Толстой 1928–1959, 18: 231].

37 Кити будет учиться у Вареньки точно так же, как Пьер учился у Платона. И подобно Платону, у которого бездетный брак и голос как у женщины, Варенька лишена половой жизни.

кивает свободу воли человека и способность делать жизненный выбор, влияющий на его судьбу, братские отношения привносят элемент предопределенности. На сияющий идеал всеобщего братства отбрасывает тень изображение Толстым единственных детей и даже сводных братьев и сестер, которые никогда не смогут обрести близость родных братьев, выросших вместе. Свойственники со стороны супруга или супруги могут стать дополнительным источником поддержки, но даже они не дают такой опоры, как настоящие братья и сестры.

«Я, как сестру, люблю и уважаю Анну»: Анна и Долли

В романе есть один пример, когда героиня, находящаяся внутри сети, ощущает разрыв родственных уз и это ведет к катастрофе. Это история Анны и Долли. В начале романа обе женщины считают себя близкими как сестры[38]. Пока Долли ожидает прибытия Анны, чтобы обсудить ситуацию со Стивой, Толстой подчеркивает их семейные отношения, употребляя в описании Анны слово «золовка» трижды в четырех предложениях. Долли взволнована приездом Анны. «Она знала, что, так или иначе, она Анне выскажет все, и то ее радовала мысль о том, как она выскажет, то злила необходимость говорить о своем унижении с ней, его сестрой, и слышать от нее готовые фразы увещания и утешения» [Там же: 72]. Анна, однако, не использует такие шаблонные фразы, а дает Долли истинное утешение. Она помогает добиться примирения, за что Долли ей искренне благодарна[39].

---

[38] Согласно Бартлетт, Толстой взял имена Долли и Кити у пары сестер, Дарьи и Екатерины Тючевых (известных как Долли и Кити), у которых была старшая сестра по имени Анна [Bartlett 2011: 138]. Таким образом, в биологической модели, на которую он опирался, Анна была буквально родной сестрой, что, возможно, укрепило в его сознании сестринскую связь между Анной Карениной и Долли.

[39] Однако, как утверждает Мосс, это примирение не идеально и требует от Долли «подчинить себя мужу и семье, а не быть ее гармоничной частью, как Наташа» [Moss 2009: 581].

Анна — член этой семьи. Дети Долли обожают ее, и когда приходит Кити, Анна чувствует себя с сестрами Щербацкими как дома. Это редкий момент, когда они встречаются втроем, и никто не чувствует себя исключенным. Собирая вещи перед отъездом из Москвы, Анна переживает момент тесного сближения с невесткой. Со слезами на глазах она говорит Долли: «Я так бы желала, чтобы вы все меня любили, как я вас люблю; а теперь я еще больше полюбила вас». Долли отвечает: «Помни, Анна: что ты для меня сделала, я никогда не забуду. И помни, что я любила и всегда буду любить тебя, как лучшего друга!» [Там же: 105–106].

Эта любовь между невесткой и золовкой упоминается как образцовая на протяжении всего романа. Когда Стива навещает Каренина в Москве, он говорит Каренину, что Долли любит Анну «как сестру». Когда Долли беседует с Карениным, она повторяет ту же фразу. Из всех добропорядочных женщин в романе она единственная, кто навещает Анну. Морсон видит в Долли настоящую героиню романа и сосредотачивается на этом визите как на одном из самых важных эпизодов [Morson 2007: 41–48]. В ходе этого визита образ жизни Долли противопоставляется образу жизни Анны, позволяя увидеть новую жизнь Анны глазами Долли. Обе женщины борются с ощущением отдаленности и стеснения, и Долли особенно отстраняется от Анны, когда понимает, что та использует противозачаточные средства. Но в то же время она сохраняет преданность своей невестке, несмотря на то что ей многое не нравится в образе жизни Анны[40]. И Анна

---

[40] Дэвид Херман называет это «бегством Долли от сестринской любви», поскольку она возвращается домой и «ограждает себя от признания своего неприятия Анны» [Herman 1995–1996: 24]. Я, напротив, вижу здесь не бегство, а то, что Толстой подчеркивает способность Долли любить Анну, *несмотря* на их различия. Мосс, которая фокусируется на женской дружбе, считает, что Долли отчуждается от «ложных друзей», которых собирает вокруг себя Анна, «когда попадает в высшее общество Вронского» [Moss 2009: 572]. Я нахожу это неубедительным, потому что Долли не знает о поведении Анны в Санкт-Петербурге (поначалу она даже не верит в ее роман), а с Бетси Анна уже дружила до того, как влюбилась во Вронского.

признается Долли в своем самом большом страхе: страхе остаться одной. Манделькер пишет, что «читателю не следует придавать слишком большого значения этому визиту, поскольку семейных отношений между двумя женщинами достаточно, чтобы снять общественное табу на частные встречи между семействами» [Mandelker 1993: 52]. Если Манделькер права, это умаляет героизм Долли, в то же время подчеркивая родственные узы между двумя женщинами. Невестка Вронского с визитом не приезжает, что указывает на смелость Долли.

Встречи двух женщин в начале романа, когда Анна приезжает к Долли, и в середине, когда Долли навещает Анну, контрастируют с последним визитом в день самоубийства Анны. Толстой нарочито подчеркивает, что, направляясь к Долли после ссоры с Вронским, Анна *не* замышляет самоубийства. Точно так же, как Долли была готова все рассказать Анне в начале романа, теперь Анна проявляет такую же готовность поделиться: «Да, я скажу Долли всё. Она не любит Вронского. Будет стыдно, больно, но я всё скажу ей. Она любит меня, и я последую ее совету» [Толстой 1928–1959, 19: 336][41]. И чуть позже она думает: «Нет, я войду к Долли и прямо скажу ей: я несчастна, я стою того, я виновата, но я всё-таки несчастна, помоги мне» [Там же: 337]. Мосс называет «узы женской дружбы» «последней надеждой на спасение» для Анны в тот момент, когда она проезжает по Москве [Moss 2009: 581]. Толстой отмечает: «Придумывая те слова, в которых она всё скажет Долли, и умышленно растравляя свое сердце, Анна вошла на лестницу» [Толстой 1928–1959, 19: 337]. Как раньше Долли была готова к первому визиту Анны, так теперь Анна готова излить душу перед Долли.

Если бы ей удалось это сделать, вполне возможно, что самоубийство можно было бы предотвратить. Но Анна видит, что Долли не одна и не готова принять ее; с ней Кити. Вместо того чтобы встретиться с близкой подругой, готовой выслушать ее,

---

[41] Это также напоминает мысли Левина в тот момент, когда он отправлялся навестить своего брата в начале романа (как цитировалось выше, [Толстой 1928–1959, 18: 91]).

она оказывается в этой ситуации третьей, что сразу заставляет ее чувствовать себя исключенной. Толстой пишет: «Между сестрами, в то время как приехала Анна, шло совещание о кормлении» [Там же][42]. В этой фразе он называет Кити и Долли «сестрами» и исключает Анну из этой связи. Включенность Анны в мир женщин была центральной идеей Толстого. Глядя на белую шелковую строчку на рукаве своего халата во время работы над романом, Толстой задумался о том,

> ...что существует целый мир женских работ, мод, соображений, которыми живут женщины. Что это должно быть очень весело, и я понимаю, что женщины могут это любить и этим заниматься. И конечно, сейчас же *мои мысли* (т. е. мысли к роману) Анна... И вдруг мне эта строчка дала целую главу. Анна лишена этих радостей заниматься этой женской стороной жизни, потому что она одна, все женщины от нее отвернулись, и ей не с кем поговорить обо всем том, что составляет обыденный, чисто женский круг занятий [Толстая 1978, 1: 501][43].

Помня о первой сцене, когда Анна чувствовала себя как дома с двумя сестрами Щербацкими, теперь мы ощущаем изоляцию, в которой она оказалась. Вместо того чтобы уютно устроиться в окружении племянниц и племянников, с двумя женщинами, которые ее обожают, она стоит в прихожей, пока *истинные* сестры советуются о семейных делах в комнате (то, что ее исключили из разговора о кормлении, также отрезает ее и от материнских забот). Долли выходит повидаться с Анной наедине, и когда она возвращается за письмом Стивы, Анна слышит, как внутри разговаривают «сестры».

---

[42] Лиза Кнапп подчеркивает важность кормления в данный момент: «При всей искренней жалости, которую они могут испытывать к отчаявшейся Анне, эти сестры Щербацкие в первую очередь заботятся о здоровье малыша Мити — о сохранении рода [Щербацких]» [Knapp 1999: 8].

[43] В дневниках указана дата 20 ноября 1873 года, но Тернер утверждает, что это ошибка и правильным годом должен быть 1876-й [Turner 1993: 48].

Оставшись одна, Анна задается вопросом, зачем она пришла, и вспоминает о том, как была отрезана от всего приличного общества. Она решает, что Долли не сможет ее понять и что тут сказать нечего. Последнее окно для настоящего общения закрыто. Анна холодна с сестрами и уезжает в худшем состоянии, чем приехала. Джон Бейли придает большое значение ощущению отделенности, в которое погружается Анна после этой встречи:

> Анна раздавлена не пониманием невозможности жизни с Вронским, а ощущением изоляции. И самое пугающее заключается в том, насколько полностью и как бы невзначай Долли и Кити, которые искренне привязаны к ней, смирились с этой изоляцией. Именно ощущение изгнанности из общества, бывшего для нее естественным домом, где в начале книги она и чувствовала себя как дома, окончательно приводит Анну в отчаяние [Bayley 1967: 227].

Соглашаясь с мнением Бейли о причине страданий Анны, я бы пошла дальше и связала их с семьей и с родственными отношениями. Анна теперь чувствует себя отрезанной от своей собственной семьи — от «сестры», которая любила ее как лучшую подругу. Небрежность, которую Бейли приписывает Долли, представляется несправедливой[44]. Долли по-прежнему заботлива, но душа Анны в этот момент нуждается в чем-то таком, чего Долли не дано постичь. Она делает все, что в ее силах, даже уговаривает Кити выйти повидаться с Анной; вряд ли ее можно винить в том, что сердце Анны ожесточилось против нее в тот момент, когда Анна узнала о присутствии Кити. Эта сцена пронзительна из-за того, что она показывает, насколько беспомощной и хрупкой становится Анна. Мысль о Кити изменяет чувства Анны *к самой себе*, и она выбирает отчуждение.

---

[44] Мандельker тоже резко выступает против Долли, утверждая, что, «когда Анна больше всего в ней нуждается, Долли подводит ее; она чувствует, что важнее обсудить с Кити кормление грудью, чем реагировать на очевидные страдания Анны» [Mandelker 1993: 52]. Карпушина защищает Долли [Karpushina 2001: 73].

Пережив этот удар, по дороге от Долли Анна думает о невозможности делиться своими чувствами с другим человеком. Она рада, что не доверилась Долли, потому что теперь воображает, что Долли ликовала бы, увидев, как ее наказывают за удовольствия, которым сама Долли завидовала. Анна не противится течению этих мрачных мыслей и приходит к убеждению, что ненависть и отчужденность — это естественные отношения. «Зачем эти церкви, этот звон и эта ложь? Только для того, чтобы скрыть, что мы все ненавидим друг друга...» [Толстой 1928–1959, 19: 340–341]. Значение визита к Долли часто либо преуменьшается, либо рассматривается как еще один пример бессмысленной ревности Анны — поскольку Вронскому некогда нравилась Кити, — но на самом деле влияние его огромно[45]. Последний оплот защиты Анны рухнул[46]. Именно здесь ее целиком поглощает отчаяние.

Часть восьмая: переход от буквального братства к национальному масштабу

Если бы основу романа составляла романтическая любовь, это была бы еще одна классическая история о супружеской измене в духе «Мадам Бовари», которая закончилась бы смертью Анны в конце седьмой части. Однако в восьмой части Толстой обращается к более общим философским вопросам. По мере того как Вронский готовится присоединиться к российской армии для защиты своих «братьев-славян» в Сербии, Толстой исследует, можно ли расширить «братские» связи и сеть родства до такой абстрактной крайности. Посредством дебатов в семейном кругу у Левиных Толстой сопоставляет являющиеся противополож-

---

[45] Густафсон опускает этот визит в обсуждении событий, предшествовавших смерти Анны [Густафсон 2003]. Энтони Пирайно видит значение Кити как соперницы в борьбе за любовь Вронского. См. [Piraino 1993: 121–122].

[46] Мосс видит более масштабные последствия, утверждая: «Неспособность женской дружбы спасти Анну или Долли соответствует растущему неверию Толстого в семейную жизнь и в сам роман» [Moss 2009: 581]. Я думаю, что серьезный результат этой неудачи скорее подчеркивает, насколько важными Толстой считал семейные узы.

стями массовое и личное, абстрактный идеал и подлинные концепции братства и семьи[47]. Вронский выступает в качестве переходной фигуры. Воспитанный в Пажеском корпусе, больше всего он чувствовал себя как дома в своем полку. Таким образом, его решение вернуться в армию и погибнуть вместе с однополчанами — это возвращение к своим братьям, а также решимость пожертвовать своей жизнью ради великого дела (и забыть о своем горе из-за смерти Анны).

Автор иронично повествует об энтузиазме дворян, стремящихся помочь братьям-славянам, разоблачая мелочную и своекорыстную подоплеку этой «нежной заботы»[48]. «Балы, концерты, обеды, спичи, дамские наряды, пиво, трактиры — всё свидетельствовало о сочувствии к Славянам» [Там же: 352]. Они могут продолжать предаваться своим праздным удовольствиям, но теперь с чувством морального удовлетворения оттого, что помогают несчастным осажденным сербам. Кознышева, который тяжело переживает провал своей недавней книги и ищет отвлечения, захватывает этот пыл[49].

> Он видел, что много тут было легкомысленного и смешного; но он видел и признавал несомненный, всё разраставшийся энтузиазм, соединивший в одно все классы общества, кото-

---

[47] Хруска отмечает, что стремление Левина к единению с крестьянами отражает его стремление к семейному счастью с Кити [Hruska 2007: 637]. Это еще один способ расширения семейной модели, но он больше способствует укреплению патриархального порядка.

[48] Барбара Лоннквист утверждает, что, изображая личные мотивы персонажей, вовлеченных в связанные с войной мероприятия, Толстой «разоблачает» «движение помощи славянам» [Lonnqvist 2005: 38]. Несмотря на многообещающее название, ее статья не затрагивает философские вопросы, поднятые в восьмой части, которые я считаю фундаментальными, — связи между родством и идеей «братьев-славян», что объединило бы проблемы восьмой части с остальной книгой (ее выводы связаны с реализмом и ролью СМИ). Удивительно, но она также умалчивает о проблеме российского империализма.

[49] Толстой изображает подобную модель ложной заботы о человечестве ранее в романе применительно к мадам Шталь, которая утверждает, что является воплощением христианской добродетели, но оказывается притворщицей, потому что не любит своих собственных родственников.

> рому нельзя было не сочувствовать. <...> И геройство Сербов и Черногорцев, борющихся за великое дело, породило во всем народе желание помочь своим братьям уже не словом, а делом [Там же: 353].

Ирония этого отрывка, конечно, заключается в идее, будто помощь своим братьям подразумевает отъезд на войну и убийство совершенно незнакомых людей, которые тоже принадлежат к «братству человечества». Любое чувство, побуждающее людей к насилию, в мире Толстого более чем подозрительно.

То, что Кознышев воспринимает как общечеловеческое чувство, его брат расценивает как забаву для праздных высших классов. Это вписывается в непрекращающийся спор между братьями. Как резюмирует Александров: «Кознышев последовательно рассуждает с позиции универсального этического императива, согласно которому человек должен желать для других того, что он считает благом для себя», тогда как Левин верит только в действия, мотивированные личными интересами [Alexandrov 2004: 154]. Левин не верит, что «народ» хоть в малейшей степени заботится о своих «братьях» в Сербии. Простолюдинов не увлекает романтическая риторика высшего класса. Они не рассуждают и не должны рассуждать об абстрактных понятиях долга и связей. Левин открывает для себя, что истинное благо приходит от заботы о своих насущных нуждах.

> Прежде... когда он старался сделать что-нибудь такое, что сделало бы добро для всех, для человечества, для России, для губернии, для всей деревни, он замечал, что мысли об этом были приятны, но сама деятельность всегда бывала нескладная, не было полной уверенности в том, что дело необходимо нужно, и сама деятельность, казавшаяся сначала столь большою, все уменьшаясь и уменьшаясь, сходила на нет; теперь же, когда он после женитьбы стал более и более ограничиваться жизнью для себя, он, хотя не испытывал более никакой радости при мысли о своей деятельности, чувствовал уверенность, что дело его необходимо, видел, что оно спорится гораздо лучше, чем прежде, и что оно все становится больше и больше [Толстой 1928–1959, 19: 372].

Непосредственно перед этим эпизодом Толстой упоминает о делах сестры и брата Левина, «которые были у него на руках», тем самым противопоставляя заботу о близких, которую Левин считает само собой разумеющейся, противоестественной идее заботы о целом народе. Как отметил Густафсон: «В "Анне Карениной" сфера связанности — не абстрактный патриотизм [как в "Войне и мире"], но опосредующая структура семьи» [Густафсон 2003: 211]. Это изначально предполагает ограничения. По словам Лизы Кнапп, добрососедская любовь в «Анне Карениной» распространяется по определенным каналам (а не рассеивается, как в «Мидлмарче»). Она предполагает, что после своих откровений в конце романа «Левин будет любить своего соседа, а не душить его, но любовь будет подконтрольно просачиваться или излучаться наружу, в первую очередь на семью, далее распространяясь на крестьян как на продолжение и даже, по утверждению Энн Хруски, как на часть семьи» [Knapp 2011]. Это просачивание вызвано пониманием героями собственных границ и границ «своих».

Говоря о войне, Кознышев утверждает: «Народ услыхал о страданиях своих братий и заговорил». Но Левин отвечает: «Может быть... но я не вижу; я сам народ, я и не чувствую этого» [Толстой 1928–1959, 19: 388]. Достоевский был так расстроен этим отрывком, что посвятил ему целую главу «Дневника писателя», стремясь опровергнуть эту позицию: «Но смею уверить г-на Левина, что оно [такое чувство] может быть и что я сам был тому уже неоднократно свидетелем» [Достоевский 1972–1990, 25: 219]. Анализируя спор между Левиным и Кознышевым, Достоевский, очевидно, косвенно касается Толстого, не обращаясь к нему напрямую. В центре внимания Толстого — два вопроса: право убивать другого человека — право, которым, по мнению Толстого, никто никогда не обладал, и границы «своего», определяющие пределы моральной ответственности, связывая ее с сетью родства[50].

---

[50] Как резюмирует вторую половину позиции Толстого Морсон: «Для Толстого нравственность можно описать, воспользовавшись образом концентрических кругов. Мы несем величайшую ответственность перед нашей семьей, затем перед нашими соседями, родственниками или коллегами по работе, затем перед людьми в нашем сообществе и, только через несколько кругов, перед

Критикуя восьмую часть, Достоевский фокусируется не на родственной стороне вопроса о помощи сербам, а на ее религиозном аспекте. Он пишет:

> Прошлого года не воля народа обозначилась, а великое сострадание его, во-первых, во-вторых, ревность о Христе, а в-третьих, собственное как бы покаяние его, вроде как бы говения — право, этак можно бы выразиться. <...>
> ...со стороны народа было как бы всеобщее умиленное покаяние, жажда принять участие в чем-то святом, в деле Христовом, за ревнующих о кресте его, — вот всё что было [Там же: 213, 216][51].

Такое понимание человеческих действий совсем не учитывает аспект семейных связей. Сосредоточившись на религиозной основе народных чувств, Достоевский отрицает, что для сострадания к сербам необходимо панславянское братство.

Однако в сфокусированном на родстве представлении Толстого, структурирующем «Анну Каренину», любить незнакомцев на другом конце света невозможно. Сеть родства, которую Толстой с такой любовью создает в романе, — это его попытка решить проблему расширения любви в 1870-х годах. Любовь расширяется, потому что мы можем любить наших «ближних», и хотя нет конкретного предела тому, сколько людей это может включать, они все равно должны быть каким-то образом с нами связаны. Как пишет Густафсон: «Произведения Толстого рассказывают одну и ту же историю, историю роста или упадка человеческой

людьми на другом конце света, которых мы никогда не встречали; и только после этого перед “марсианами”. Когда кто-то приказывает нам как-то поступить с другими, спросите их, с *какими* другими. Поскольку время и энергия ограничены, потребуйте узнать, для каких других мы, в результате, сделаем меньше. Ответственность никогда полностью не исчезает ни на каком расстоянии, но она уменьшается. Если быть точным, она уменьшается не с физической, а с тем, что можно назвать *моральной дистанцией*» [Morson 2007: 217]. Чтобы преодолеть эту дистанцию, Толстой пытается использовать братство в его различных буквальных и метафорических формах.

[51] Этот отрывок подробно проанализирован в [Frank 2002: 328–333].

связанности, возрастания или уменьшения любви ко всему в человеке и в мире» [Густафсон 2003: 212].

Утверждая, что в «Анне Карениной» личность определяется «не в более жестких рамках культурных *различий*, а в более туманной сфере *сходства*», Кэти Попкин высказывает предположение, что в романе идет поиск способов «наметить мир взаимосвязей, где человек может найти свое место среди существ, которые не так уж сильно от него отличаются, но тем не менее не являются им самим» [Popkin 2010]. Она развенчивает логику Кознышева и других, согласно которой, поскольку сербы имеют ту же религию и в их жилах течет та же кровь (*единокровцы*), «то, следовательно, они — это мы». По словам Попкин, «сходство» не эквивалентно «одинаковости». Братство занимает центральное место в этом процессе определения идентичности через установление различий внутри сходства. Попкин называет братьев «близкими и похожими другими, но не нами», подобно тому как Митчелл называет родного брата «кем-то, кто находится в положении, которое изначально кажется таким же, что и твое» [Mitchell 2003: 46]. Определяя отношения с сербскими братьями, герои осознают собственную идентичность, а также рамки своей моральной ответственности.

Эта схема допускает ограниченную, но расширяющуюся любовь по горизонтальной оси братства. В психоаналитических терминах братство — это первый шаг в социальное, через то, что Митчелл описывает как «серийность... вдоль горизонтальной оси» [Mitchell 2005: 20]. В этом отношении оно контрастирует с бинарностью романтической любви, которая, по мнению Толстого, никогда не сможет стать социальной и должна оставаться внутри пары. Как и Достоевский, он нетерпимо относился к идеям Чернышевского о трехсторонних союзах[52]. Вся та ревность, которую испытывает Анна (не говоря уже о Левине и Кити), является доказательством конфликтов, вызванных даже намеком на выход романтической любви за пределы пары. Также и мать Вронского чувствует угрозу в привязанности Вронского

[52] Паперно обнаруживает полемику Толстого с Чернышевским по этому вопросу в сне Анны о том, что два ее Алексея «оба вместе были ей мужья» [Паперно 1996: 131].

к Анне, видя в ней соперницу в любви сына; это говорит о том, что родительским узам также может не хватать расширительного потенциала горизонтальных братских отношений (в «Анне Карениной» братья и сестры никогда не испытывают ревности к романтическим партнерам друг друга)[53]. Благодаря бракам и появлению свояков семейная сеть может расширяться, создавая все больше «своих». Это постепенное распространение любви в конкретной форме, все еще ограниченной реальными физическими существами, а не основанной на абстракциях вроде «братства». Оно обозначает границы расширяющейся любви.

Хотя Левин не испытывает чувства долга по отношению к незнакомцам в Сербии, он все же верит, что люди обладают врожденным ощущением того, что они должны любить друг друга.

> Разумом, что ли, дошел я до того, что надо любить ближнего и не душить его? Мне сказали это в детстве, и я радостно поверил, потому что мне сказали то, что было у меня в душе. <...> А любить другого не мог открыть разум, потому что это неразумно [Толстой 1928–1959, 19: 379][54].

Эта любовь к «ближним» реальна и естественна для Толстого, и он никогда не подвергает сомнению ее ценность. И я считаю, что эта любовь начинается в мире Анны Карениной с братьев и сестер.

Один трогательный момент показывает, как этот природный инстинкт укрепляется в детстве. Гувернантка наказывает сына Долли, Гришу, оставив его без сладкого пирога, и Долли, проходя мимо детской, видит «сцену, наполнившую такою радостью ее сердце, что слезы выступили ей на глаза» [Там же, 18: 278]. Сестра

---

[53] Этого нет в «Войне и мире», где Марья ревнует Наташу, а Николай чувствует что-то неладное в ее помолвке с Андреем. Что касается жизни самого Толстого, можно с уверенностью предположить, что старшая сестра его жены Елизавета (которой, как все изначально предполагали, он интересовался) нелегко приняла тот факт, что он променял ее на Софию.

[54] Достоевский согласился с Толстым в том, что любовь к «ближним» не достигается разумом, с одобрением процитировав этот отрывок из «Анны Карениной» в «Дневнике писателя» [Достоевский 1972–1990, 25: 204].

Гриши, Таня, принесла свой пирог в детскую и делится им со своим братом. Увидев мать, они боятся, что у них будут неприятности, но потом по ее взгляду понимают, что поступают хорошо[55]. Инстинкт любить брата или сестру и заботиться о них естественно присущ детям, но реакция Долли подтверждает то, что они считают правильным. Именно в такую любовь верит Толстой. И это не та любовь, которую можно применять повсеместно.

Начиная восьмую часть Сербской войной — «братством» в национальном масштабе — и вопросом об абстрактных родственных узах, Толстой завершает роман глубоко личным посещением детской. Кити ведет Левина посмотреть, как их малыш Митя научился распознавать «своих». Все приходят в восхищение, видя, как лицо ребенка озаряется радостью при виде матери, а не неизвестной служанки. Тем не менее в контексте произведения в целом, и особенно восьмой части, эта идиллическая сцена имеет тревожные последствия для возможности всеобщего братства. С самого раннего детства нас учат и вознаграждают за то, что мы признаем и любим *своих*, но равным образом, выделяя *своих*, мы также создаем мир, полный *чужих*. Не каждый может быть частью любящей семьи. В сущности, Фрейд предполагает, что она основана на существовании других, которых можно исключить[56].

Трагедия в «Анне Карениной» возникает из-за внезапной изоляции от мира. Это может быть просто вопросом непредвиденных обстоятельств. Неожиданной гостьи у Долли достаточно, чтобы Анна почувствовала себя отчаянно одинокой, тогда как

---

[55] Морсон обсуждает этот отрывок применительно к материнской заботе Долли, но не упоминает о братском компоненте [Morson 2007: 40]. Достоевский обсуждает противоположный пример из реальной жизни семьи Джунковских в своем «Дневнике писателя» [Достоевский 1972–1990, 25: 183]. Эти родители избили своего сына за то, что он принес еду своей сестре.

[56] «Всегда можно связать любовью большое количество людей, если только останутся и такие, на которых можно будет направлять агрессию» [Фрейд 2012: 959]. В своем анализе сцены в детской Попкин сводит воедино личный и национальный уровни, на которых в «Анне Карениной» действует этот принцип дискриминации. Она фокусируется не на переживании принадлежности Митей, а на потребности Левина любить Митю, а не своих сербских «братьев» [Popkin 2010].

в Левине, случайно увидевшем Кити в карете, напротив, вновь пробуждается идеал семейной жизни. Среди нестабильности и случайностей братья и сестры даруют самые устойчивые отношения, на которых можно построить чувство причастности и общей цели. В «Анне Карениной» ответ Толстого на важные вопросы об абстрактных понятиях долга и братства находится в частной сфере дома и в детской, где существует настоящая семейная жизнь. В «Войне и мире» заключительные сцены семейной близости обещают долгое семейное счастье. В финале «Воскресения» семейный образ матери и ребенка, которых навещает Нехлюдов, представляет отвергнутый ранний идеал.

В период работы над «Анной Карениной» Толстой находился где-то между этими двумя воззрениями. Все больше увлекаясь экзистенциальными вопросами, он начинал рассматривать семейную любовь как прямую противоположность всеобщему братству. Тернер утверждает, что в начале творчества Толстого «взаимопонимание и взаимная симпатия» были для него превыше всего, но затем более важным стало «единство цели» [Turner 1996: 129]. Теперь Толстой искал универсальные нравственные истины, способные поддерживать его в мире, недостатки и пороки которого казались все более очевидными. Этот поиск дает толчок сюжетной линии Левина, которая доминирует в финале романа. Подобно Толстому, «сам Левин считает идеал семьи недостаточным для достижения понимания реальной цели в жизни, и роман постепенно прокладывает путь к осознанию этого как Левиным, так и Толстым» [Slade 1963: 87]. «Анна Каренина» является этапом между идеализированным изображением семьи в «Войне и мире» и отвержением этого идеала в «Крейцеровой сонате» или абстрактного идеала братства в «Воскресении»[57]. Как мы увидим в следующей главе, Достоевский пошел в противоположном направлении. Утверждая, что идеальной семьи Толстого в России больше нет, Достоевский изображал распавшееся или «случайное» семейство. Начав с распада семьи, его герои ищут способы восстановить родственные связи.

---

[57] Этот путь обсуждается в [Slade 1963: 84].

Глава 4

«Случайные семейства» Достоевского и всеобщее братство: поздние произведения

В последнее десятилетие своей жизни Достоевский привлекал внимание к взаимосвязи, которую он видел между распадом русской семьи и русского общества. Три его последних романа 1870-х годов и «Дневник писателя» называют «одним длинным произведением о духовном пути России, отраженном в ее распадающихся семьях» [Morson 1994: 101]. В знаменитой дневниковой записи, датированной январем 1876 года, Достоевский провозгласил:

> Я давно уже поставил себе идеалом написать роман о русских теперешних детях, ну и, конечно, о теперешних их отцах, в теперешнем взаимном их соотношении. <...> Я возьму отцов и детей по возможности из всех слоев общества и прослежу за детьми с их самого первого детства [Достоевский 1972–1990, 22: 7].

В дополнение к этой теме поколений, которую открыто провозглашал Достоевский, каждое из произведений, рассматриваемых в этой главе, — «Бесы» (1872), «Подросток» (1875) и «Братья Карамазовы» (1880) — утверждает необходимость действенных горизонтальных связей. Если разрушенные отношения между родителями и детьми создают мрак, описанием которого столь знаменит Достоевский, то среди этих неудачных вертикалей возникает сеть братских связей, которые создают проблеск света, а часто и целый маяк.

«Бесы»

К работе, итогом которой стал роман «Бесы», Достоевского привлек не литературный потенциал темы, а насущные современные проблемы, которые он хотел затронуть. Написанные в добровольном изгнании в Дрездене, «Бесы» были отчаянной попыткой Достоевского диагностировать болезнь, которая, как он видел, терзала его дорогую родину. В письме Н. Н. Страхову (24 марта / 5 апреля 1870 года) он объяснял: «...хочется высказать несколько мыслей, хотя бы погибла при этом моя художественность. Но меня увлекает накопившееся в уме и сердце; пусть выйдет хоть памфлет, но я выскажусь» [Там же, 29, I: 112]. Основу романа составляет художественная переработка Достоевским «дела Нечаева», когда революционер С. Г. Нечаев подговорил группу студентов убить другого члена их круга, Ивана Иванова (21 ноября 1869 года)[1]. «Бесы» — самое мрачное и откровенное описание Достоевским несостоятельности родителей, но это еще и история братоубийства. В них разоблачается ложный путь социалистов-революционеров, чьи теории привели не к братству, а к порабощению собственных братьев.

Несостоятельность отцов

«Бесы» должны были стать обновленной версией столь значимых «Отцов и детей» Тургенева (1862), изображающей конфликт поколения романтиков-идеалистов 1840-х годов и нигилистов 1860-х[2]. В романе будет показан не только разрыв отношений

---

[1] Исторические предпосылки романа хорошо задокументированы исследователями. См. [Carter 1991: 155–171; Frank 1995: 396–412; Мочульский 1980: 329–335; Wasiolek 1964: 134–136].

[2] Обсуждение взаимосвязи между «Бесами» и романами Тургенева смотрите в [Frank 1995: 453].

между поколениями, но и ответственность старшего поколения за ложный путь своих детей. В письме к А. А. Романову Достоевский утверждал: «Наши Белинские и Грановские не поверили бы, если б им сказали, что они прямые отцы Нечаева. Вот эту родственность и преемственность мысли, развившейся от отцов к детям, я и хотел выразить в произведении моем» [Там же: 260].

Социальная матрица в «Бесах» появляется непосредственно из этой цели. Текст открывается и завершается универсальным образом отца, Степана Трофимовича Верховенского, классического идеалиста 1840-х годов. Степан Трофимович не только официальный (если не биологический) отец униженного революционера Петра Степановича — отец-неудачник, который отослал своего ребенка, не принимал участия в его воспитании, а затем украл его наследство, — он также духовный отец всех молодых людей в романе[3]. В начале повествования Степан Трофимович проводит у себя дома вечера, где излагает свои идеи восприимчивой и опьяненной молодой аудитории. Он также был наставником Николая Ставрогина, Ивана и Дарьи Шатовых и Лизаветы Тушиной[4]. Всем им он передал свою моральную неустойчивость — либо безудержную сентиментальность, либо экзистенциальную тоску, — не дав положительной системы ценностей[5]. Считая его их общим отцом, я буду рассматривать представителей молодого поколения как метафорических брать-

---

3 Рассказчик утверждает: Степан Трофимович «ко всем нам относился отечески» [Достоевский 1972–1990, 10: 29]. Кэрол Аполлонио называет его «символическим образом отца в романе» [Аполлонио 2020: 177]. Подойдя с точки зрения фольклора, Линда Иваниц отмечает место Степана Трофимовича в «демонологии романа, поскольку его поколение породило демонов-нигилистов 1860-х годов» [Ivanits 2008: 108].

4 Франк отмечает, что «такая сюжетная структура делает либерального идеалиста 1840-х годов духовным прародителем байронического типа [Ставрогина], связанного с 1820-ми и 1830-ми годами» [Frank 1995: 478]. Этот анахронизм в структуре поколений романа, по его мнению, во многом лишает байронизм Ставрогина символического значения и ослабляет историческую природу его связей с Шатовым и Кирилловым.

5 Франк обсуждает «болезненную пустоту», которую это оставило «в центре существа Ставрогина» [Ibid.].

ев и сестер. Не имея биологических или юридических уз, связывающих членов реальной семьи, они объединены горизонтальными отношениями друг с другом и вертикальными отношениями со своим символическим отцом[6].

Подчеркивая слабость Степана Трофимовича как наставника и авторитетной фигуры, Достоевский создает образ родителей, которых дети пугают и держат в подчинении. Варвара Ставрогина «очевидно боялась» Николая Всеволодовича и «казалась пред ним словно рабой» [Достоевский 1972–1990, 10: 38]. Прасковья Дроздова, еще более слабая мать, благоговела перед своей дочерью. «Эта раздражительная, но сентиментальная дама, тоже как и Степан Трофимович, беспрерывно нуждалась в истинной дружбе, и главнейшая ее жалоба на дочь ее, Лизавету Николаевну, состояла именно в том, что “дочь ей не друг”» [Там же: 54]. Будучи не в состоянии ее контролировать, она «вдруг осела пред засверкавшим взглядом дочки» [Там же: 131].

Каждый из этих случаев — пример обращения вспять или разрушения иерархии, а не создания равенства. В то время как Достоевский стремился к прочным связям между равными, он понимал, что детям необходим кто-то высший, на кого они могли бы равняться. В «Дневнике писателя» он объяснял отцам, что они значат для своих детей:

> Их маленькие, детские души требуют беспрерывного и неустанного соприкосновения с вашими родительскими душами, требуют, чтоб вы были для них, так сказать, всегда духовно на горе, как предмет любви, великого нелицемерного уважения и прекрасного подражания. Наука наукой, а отец перед детьми всегда должен быть как бы добрым, наглядным примером всего того нравственного вывода, который умы и сердца их могут почерпнуть из науки [Там же, 25: 189–190].

---

[6] Позже в этой главе я рассмотрю «случайное семейство» Достоевского — отсутствие общего дома и совместного опыта традиционной семьи — как промежуточный пункт между такой метафорической семьей и семьей буквальной (в биологическом или юридическом толковании).

Эта модель авторитета, основанная на подражании, противопоставляется столь любимой Толстым версии семейного равенства в духе «яйца курицу учат»[7]. Достоевский, выросший в семье с сильным отцом, придавал большее значение педагогическим и авторитетным аспектам активного и настоящего родительского воспитания, чем сирота Толстой, чей отец был далек от него даже при жизни[8]. Однако Достоевский, подобно Толстому, по-видимому, не чувствовал необходимости четко определять братскую любовь, как он это сделал с отцовской ролью.

В поисках братских уз в «Бесах»

Если реакция на «Бесов», естественно, была сосредоточена на отношениях между поколениями, насущный вопрос, который, на мой взгляд, поднимается в романе, касается отношений *между детьми* нового поколения[9]. Какое общество можно построить на горизонтальных связях внутри этой новой группы братьев? Каждая из философских теорий, выдвигаемых героями, на каком-то уровне является попыткой ответить на этот вопрос. Следует ли воссоздавать иерархию и возводить кого-то в ранг отца? Или группа братьев может действовать сообща и преуспеть больше, чем основанное на иерархии общество, которое они унаследовали?

Достоевский знаменит двойственным характером своего мышления: он видит двуединство между верой и неверием, добродетелью и грехом, добром и злом[10]. Его ви́дение братства

---

[7] Граф Ростов с гордостью говорит это о Наташе, когда она убеждает свою мать разгрузить их повозки, чтобы вывезти раненых солдат из Москвы (см. первую главу).

[8] Родительские фигуры, которых искал Толстой, такие как Татьяна Александровна Ергольская (1795–1874), выполняли скорее материнскую, воспитательную роль, чем отцовскую, педагогическую.

[9] Подтверждение этому можно найти в наблюдении Сюзан Фуссо о том, что в последних трех романах Достоевского «в центре внимания оказываются грехи сыновей, а не отцов» [Fusso 2006: 109].

[10] Ксана Бланк дает превосходное резюме трех подходов к двойственному ви́дению Достоевского, а затем предлагает новый синтезирующий подход, в [Blank 2010: esp. 3–7].

аналогичным образом охватывает две антиномичные модели: ветхозаветное соперничество и ненависть Каина и Авеля и новозаветное полное любви братство во Христе. В «Бесах» мы встречаем мало моментов духовного единения, но множество примеров неспособности быть «пастырем брату своему». Речь Лебядкина, пришедшего вызволять свою сестру Марью Тимофеевну из гостиной Варвары Петровны, можно было бы даже воспринять как завуалированную отсылку к библейской цитате:

> — Сударыня, я приехал отблагодарить за выказанное на паперти великодушие по-русски, по-братски... <...>
> — То есть не по-братски, а единственно в том смысле, что я брат моей сестре, сударыня... [Там же, 10: 138].

Дательный падеж Лебядкина — «я брат моей сестре» — параллелен конструкции, используемой в Книге Бытия (Быт. 4:9): «Разве я сторож брату моему», хотя комический характер его замечания ослабляет эту связь. В этом высказывании он отрицает свое общехристианское братство с Варварой Петровной, по-видимому, смущаясь своим более низким социальным положением.

Подобно своему библейскому предшественнику, Лебядкин терпит неудачу как брат своей кровной сестре: живет на деньги, которые Марья Тимофеевна зарабатывала уборщицей, похищает ее из монастыря, чтобы воспользоваться ее пенсионом, и часто избивает ее в пьяном виде. Марья, со своей стороны, не питает к нему никаких сестринских чувств. Когда Шатов спрашивает ее о брате, она отвечает: «Это ты про Лебядкина? Он мой лакей», по сути сводя на нет их родственные отношения [Там же: 115][11]. Она продолжает: «И совсем мне всё равно, тут он или нет. Я ему крикну: “Лебядкин, принеси воды, Лебядкин, подавай башма-

---

[11] Этот комментарий перекликается с утверждением Алеши: «Убил [Федора Павловича] лакей, а брат невинен», — еще один момент, когда братство (родство со Смердяковым) отрицается путем понижения брата до статуса лакея (этот отрывок будет обсуждаться ниже).

ки", — он и бежит; иной раз согрешишь, смешно на него станет» [Там же][12].

Это братство обездоленных, искалеченных, нетрезвых отбросов общества. Вместо того чтобы предаваться порывам нежности, стремясь смягчить свои страдания (подобные сцены можно встретить в романтических романах или в семье Снегиревых), эти брат и сестра сыплют соль на раны друг друга. Они вызывают друг у друга чувство стыда; Лебядкин не может открыто объявить о замужестве своей сестры и о причине, по которой он получает за нее деньги, а Марья знает, что ее брат — негодяй, недостойный быть родственником ее «принца». В одном показательном разговоре Лебядкин и Шатов нападают друг на друга, оскорбляя сестер друг друга: Лебядкин называет Дашу рабой, а Шатов обвиняет его в продаже Марьи[13].

Помимо неудач непосредственного кровного родства, существуют еще более тревожащий антагонизм и враждебность, которые проявляются вместо братства на собрании социалистов-революционеров. Их способ взаимодействия существенно подрывает идеалы социализма. Как красноречиво описывает собрание Эдвард Васиолек:

> Они собрались, чтобы проповедовать Евангелие социальной гармонии и всеобщей любви к человеку, но они люто ненавидят друг друга и впадают в хаотическую дисгармонию по пустякам. Они — цвет городского либерализма, и никогда еще Достоевский так безжалостно не разоблачал противоречие между абстрактной любовью к человечеству, которую люди держат в своих головах, и реальностью их мелочных желаний и порочных поступков [Wasiolek 1964: 116].

Подлинная проверка в творчестве Достоевского — это всегда воплощение идеи в мире реальности. И потому неспособность

---

[12] Шатов подтверждает, что такое неуважительное обращение соответствует реальности, несмотря на побои, которые получает Марья.

[13] Другие значимые кровные брат и сестра в романе, Дарья Павловна и Иван Павлович Шатовы, не имеют почти ничего общего. Даша впервые появляется в романе в мимолетном упоминании о том, насколько «редкие и отдаленные сношения» имел Шатов с сестрой [Достоевский 1972–1990, 10: 27].

социалистов к гармоничному сосуществованию — это самое убийственное изобличение их социальных воззрений. Они пребывают в растерянности до тех пор, пока Петр Степанович не выйдет на авансцену и не возьмет все в свои руки, и тогда они с радостью подчинят его воле свою.

Здесь перед нами тонкая грань, отделяющая, с точки зрения Достоевского, свободу и равенство от порабощения. Согласно Бердяеву,

> ...если ложная свобода переходит в «безграничный деспотизм», совершенное истребление свободы, то и ложное равенство должно привести к неслыханному неравенству, к тираническому господству привилегированного меньшинства над большинством. Достоевский всегда думал, что революционная демократия и революционный социализм, одержимые идеей абсолютного равенства, в последних пределах своих должны привести к господству небольшой кучки над остальным человечеством [Бердяев 2016: 378].

Это и есть «шигалевщина». Шигалев сообщает собранию: «Я запутался в собственных данных, и мое заключение в прямом противоречии с первоначальной идеей, из которой я выхожу. Выходя из безграничной свободы, я заключаю безграничным деспотизмом» [Достоевский 1972–1990, 10: 311]. В его системе

> ...одна десятая доля получает свободу личности и безграничное право над остальными девятью десятыми. Те же должны потерять личность и обратиться вроде как в стадо и при безграничном повиновении достигнуть рядом перерождений первобытной невинности, вроде как бы первобытного рая, хотя, впрочем, и будут работать [Там же: 312].

Эта система предвосхищает общество Великого инквизитора, где не десятая часть, а один человек стоит во главе послушных масс. Достоевский понимал, что группа братьев не может быть равноправной без чего-то, стоящего над ними. Когда на этом месте не будет Бога, его место займет человек, и результатом неизбежно станет деспотизм.

Роман «Бесы» исследует, что происходит, когда, презирая своих слабых родителей, молодое поколение отвергает Бога Отца и пытается поставить на его место своего брата. Они отчаянно нуждаются в чем-то, во что можно верить, и Ставрогин с маской вместо лица — это экран, на который они могут проецировать свое стремление к кому-то высшему и более авторитетному[14]. Делая Ставрогина «солнцем», «вождем», его «братья» снова создают неравенство, которого они хотели избежать. Петр Верховенский, Шатов и Кириллов — все они наследуют отвергнутые Ставрогиным идеи. Шатов исповедует русский мессианизм, в то время как Кириллов превращает идеи Ставрогина в веру в то, что он, покончив с собой, станет человекобогом. Держа себя в подчинении, чтобы не «компрометировать» Ставрогина «товариществом» [Там же: 176], Петр Верховенский хочет, чтобы его хозяин стоял во главе революционного движения, как Иван-царевич. Женщины находят в Ставрогине не брата, а харизматичного мужественного лидера или сексуального хищника[15].

Ни одни из этих отношений между представителями молодого поколения не представляют собой истинного братства. По сути, «Бесы» примечательны среди произведений Достоевского отсутствием этого идеала. Слово «братство» встречается в романе всего дважды, оба раза как часть французского революционного лозунга: «*Liberté, égalité, fraternité*» (один раз в русском переводе, один раз на французском). Обсуждение Достоевским этого

---

[14] Или, в случае с женщинами, как утверждает Штраус: «Его похожее на маску лицо, на котором жаждущие власти женщины рисуют свои фантазии, его политическая харизма и мускульная сексуальность представляют собой вызов женщинам, потому что эти качества означают ниспровержение патриархального порядка в России, благодаря которому “новые” женщины переживают свое освобождение» [Straus 1994: 91]. Обсуждение «разоблачения» Ставрогина см. в [Frank 1995: 481–487].

[15] В предложенном Штраус феминистском прочтении романа Ставрогин, чье «имя указывает на фаллический рог оленя», черпает свою «политическую харизму» из своих сексуальных побед [Straus 1994: 85]. Она отмечает, что женщины ищут по отношению к нему различных ролей — любовницы, матери, радикальной единомышленницы, няни, — но отсутствие сестры явно заметно в ее списке [Ibid.: 91].

лозунга в «Дневнике писателя» ясно показывает, что в «Бесах» его следует рассматривать в негативном свете:

> По окончании ее (после Наполеона 1-го) явились новые попытки выразить новые желания и новые идеалы. Передовые умы слишком поняли, что лишь обновился деспотизм, что лишь произошло: «Ôte toi de là que je m'y mette» [«Убирайся прочь, а я займу твое место»], что новые победители мира (буржуа) оказались еще, может быть, хуже прежних деспотов (дворян) и что «свобода, равенство и братство» оказались лишь громкими фразами и не более [Там же, 23: 34].

Этот «обновленный деспотизм» характеризует ложное «братство» «Бесов». Впервые это слово появляется в грубой революционной брошюре «Светлая личность»[16]. В этом стихотворении студент предстает перед народом, чтобы проповедовать «братство, равенство, свободу»[17]. Он фактически призывает разрушить и предать мщенью «Церкви, браки и семейство — / Мира старого злодейство!» [Там же, 10: 273].

В более поздней записи в «Дневнике писателя» Достоевский идет дальше, развенчивая французское *братство*, и начинает с фразы, которую он в конечном счете повторит в «Братьях Карамазовых» (в речи таинственного гостя Зосимы — Михаила):

> Были бы братья, будет и братство. Если же нет братьев, то никаким «учреждением» не получите братства. Что толку поставить «учреждение» и написать на нем: «*Liberté, egalité, fraternité*»? Ровно никакого толку не добьетесь тут «учреждением», так что придется — необходимо, неминуемо придется — присовокупить к трем «учредительным» словечкам четвертое: «*ou la mort*», «*fraternité ou la mort*» [«или смерть», «братство или смерть»], — и пойдут братья откалывать головы братьям, чтоб получить чрез «гражданское учреждение» братство [Там же, 26: 167].

---

[16] Достоевский написал это как пародию на стихотворение Н. П. Огарева «Студент». Огарев посвятил стихотворение Нечаеву, когда оно было напечатано в виде брошюры. См. примечание 5 в [Dostoevsky 2006: 726].

[17] Порядок слов, вероятно, изменен для того, чтобы облегчить схему рифмовки.

Этот отрывок точно описывает то, каким образом французский девиз фигурирует в «Бесах». Когда Кирилов пишет свою предсмертную записку, беря на себя ответственность за убийство Шатова, который был ему как брат в Америке, он «с наслаждением» добавляет «*Liberté, égalité, fraternité ou la mort*!» под своей подписью [Там же, 10: 473]. Преступление, лежащее в основе романа, — это убийство братьями брата. Группа братьев по Фрейду выстроилась по горизонтали; выяснилось, что французское революционное *братство* — это не что иное, как братоубийство.

Отречение от семьи и мир без любви

В «Бесах» не только отсутствует братство, но и сама идея семьи подвергается нападкам. Ни одна из биологических семей там не предлагает положительной модели заботы и поддержки, и социалисты не видят места для семьи в будущем миропорядке. По словам одной студентки на их собрании (которая представляет худшие стороны их идеологии), семейные права — это старое суеверие, подобное вере первобытных людей в то, что гром и молния исходят от мстительных богов. Когда ее дядя заявляет о том, что имеет право ругать ее, поскольку заботился о ней в младенчестве, она огрызается: «Какое мне дело, что бы вы там ни таскали. <...> И позвольте мне заметить, что вы не смеете говорить мне *ты*, если не от гражданства, и я вам раз навсегда запрещаю» [Там же: 306]. Достоевский представляет отвержение социалистами семьи как комичное невежество и результат заблуждения, а студентка неверно цитирует Исход (20:12), утверждая, что человек должен почитать своего отца и мать, чтобы получить долгую жизнь и богатство [Там же: 307][18]. В то же время роман-

---

[18] Диана Эннинг Томпсон подчеркивает важность такого намеренно *искаженного* цитирования Библии персонажами (в контексте «Братьев Карамазовых»). См. [Thompson 1991: 15]. Ольга Меерсон также утверждает, что, «когда Достоевский цитирует или пересказывает Священное Писание напрямую, не изменяя ни стиля, ни контекста, он гораздо меньше стремится

тическая концепция семьи дискредитирована в равной степени; представления Степана Верховенского об эмоциональном воссоединении с сыном подрываются осознанием читателем того, что он не занимался Петром и не воспитывал его[19].

Счастливые семьи невозможны в «Бесах», потому что любви не существует[20]. Родителям дети нужны как источник эгоистичной гордости; дети готовы отказаться от своих родителей. Нет гармоничных супружеских пар. Вместо романтической любви Достоевский предлагает интеллектуальную дискуссию о том, какое место любовь должна была бы занимать. Сюжет подводит к любовной связи между Лизой и Ставрогиным, но когда наконец наступает кульминационный момент, все заканчивается, не успев начаться[21]. Мы видим только разговор между двумя «влюбленными» на следующее утро, когда они общаются друг с другом с холодным, безличным рационализмом.

Эта сцена иллюстрирует то, что Флоровский называет опасностью «несвободной любви» у Достоевского, которая на самом деле вовсе не любовь. «Несвободная любовь вырождается в страсть, становится началом порабощения и насилия, — и для любимого, и для влюбленного» [Флоровский 1990: 387]. Ставро-

---

передать благую весть или соотнести свою идею с библейской, чем когда он фактически “искажает” стиль библейского исходного текста или изменяет его контекст» [Meerson 1998: 188]. Неправильное использование библейского отрывка в этой вульгарной обстановке усиливает его истинность.

19 Кроме того, Петр Степанович горько высмеивает роман фон Лембке, конец которого представляет собой «то же прежнее обоготворение семейного счастия, приумножения детей, капиталов, стали жить-поживать да добра наживать» — семьи, описанной Толстым и Тургеневым [Достоевский 1972–1990, 10: 271].

20 Единственным серьезным исключением является любовь Шатова к вернувшейся жене Мари, но эта любовь быстро оканчивается из-за его убийства.

21 Некоторые исследователи расценивают это как случай буквальной физической импотенции [Carter 1991: 170; Straus 1994: 91]. Меня это не убеждает, учитывая последующий комментарий Лизы о том, что она отдала свою жизнь за один час, «и довольно» [Достоевский 1972–1990, 10: 398]. Скорее я вижу бессилие Ставрогина в духовном плане. Тихон называет его «тепловатым», ссылаясь на Откровение Иоанна Богослова (Откр. 3:16).

гин и Лиза, по-видимому, действовали не по своей воле; оба знали, что их связь обречена, и все же продолжали как бы по принуждению. Позднее они разговаривают бесстрастно, и за их словами скрывается осознание Ставрогиным того, что его жена и шурин, вероятно, были убиты во имя этой «любви». Его молчаливое соучастие в их убийствах выбивает его из колеи, но не останавливает погони за мимолетной страстью.

Еще одна большая любовь в романе, которой не случилось, — между Степаном Трофимовичем и Варварой Петровной. Вместо этого у пары двадцатилетняя «романтическая дружба» (в терминологии второй главы). По словам Мочульского: «...главной любовью рыцаря-романтика было его двадцатилетнее платоническое чувство к Варваре Петровне, состоящее из привычки, тщеславия, эгоизма и самой возвышенной и искренней привязанности» [Мочульский 1980: 360]. Если Степан Трофимович сосредотачивается на поэтических чувствах привязанности, то его сын жестоко разоблачает «тщеславие и эгоизм», разрушая отношения и полностью исключая из них любовь. «Я ей доказал, как дважды два, что вы жили на взаимных выгодах: она капиталисткой, а ты при ней сентиментальным шутом» [Достоевский 1972–1990, 10: 239]. Зараженная риторикой Петра Верховенского, а возможно, и осмелевшая от нее, Варвара Петровна говорит Степану Трофимовичу: «Дались вам наши двадцать лет! Двадцать лет обоюдного самолюбия, и больше ничего. Каждое письмо ваше ко мне писано не ко мне, а для потомства. Вы стилист, а не друг, а дружба — это только прославленное слово, в сущности: взаимное излияние помой...» [Там же: 263].

В «Бесах» среди представителей обоих поколений процветает «тройственная любовь». Однако, в отличие от произведений Достоевского, написанных до 1870 года, здесь она основана на гордости и власти, а не на привязанности и страсти. Не желая признаваться самой себе, что она любит Степана Трофимовича, Варвара Петровна использует Дашу Шатову в качестве посредника. Она подталкивает Степана Трофимовича жениться на Даше, затем расстраивается из-за того, как быстро он соглашается (чувствуя, что это свидетельствует об отсутствии любви к ней)[22]. Тройственность здесь необходима, потому что персонажи неспособны любить непосредственно. Третий обеспечивает для них этот выход для выражения чувств, которые их гордость не позволяет им выражать друг другу[23]. В другом треугольнике Петр Степанович вмешивается в любовные отношения Лизы и Ставрогина, используя Лизу как проводника, чтобы получить больший доступ к своему кумиру.

Маврикий, покинутый жених Лизы, понимает самый болезненный аспект любви у Достоевского: ее антиномию с ненавистью. Перед предательством Лизы он говорит Ставрогину:

> Из-под беспрерывной к вам ненависти, искренней и самой полной, каждое мгновение сверкает любовь и... безумие... самая искренняя и безмерная любовь и — безумие! Напротив, из-за любви, которую она ко мне чувствует, тоже искренно, каждое мгновение сверкает ненависть, — самая великая! [Там же: 296][24].

В «Братьях Карамазовых» Дмитрий Карамазов утверждает, что только эротическая любовь может сосуществовать с ненавистью. Он говорит Алеше: «Влюбиться не значит любить. Влюбиться можно и ненавидя» [Там же, 14: 96][25]. Это говорит о том, что любовь, не являющаяся «влюбленностью», любовь, основанная, например, на более устойчивой родственной привязанности, может не смешиваться с элементами тьмы.

---

[22] Она полностью встраивается в отношения в качестве третьей стороны, даже не позволяя паре общаться, пока она занимается помолвкой. Объясняя Степану Трофимовичу свой план, Варвара Петровна доходит до того, что предлагает сопровождать его и его невесту в их свадебном путешествии.

[23] Проблема гордости еще больше осложняется денежными условиями, которые будут сопровождать этот брак.

[24] Мочульский также отмечает, что у Достоевского «люди влекутся друг к другу любовью-ненавистью» [Мочульский 1980: 456]. Это замечание в равной степени применимо и к отношениям Рогожина с Настасьей Филипповной.

[25] Психоаналитический анализ этого аспекта любви у Достоевского (воплощенного в «Записках из подполья») смотрите в [Murav 1989: 421].

Для Ставрогина различные аспекты его «любви» разделены между четырьмя женщинами, которые исполняют разные роли: Даша подобна верной сестре, готовой заботиться о нем, когда его бросили все остальные; Лиза — его поэтическая романтическая возлюбленная; Мария (жена Шатова) — сексуальный партнер, которого можно эксплуатировать; и наконец, Марья Тимофеевна, его невинная невеста, раскрывает его волю и способность к самоуничижению. Таким образом, разделенные чувства Ставрогина к женщинам — это не любовь, которая должна включать в себя некоторую заботу о возлюбленной; он эгоцентричен и использует их для удовлетворения различных потребностей. Любовь должна иметь, по крайней мере, какой-то горизонтальный элемент взаимной заботы, но здесь она превращена в вертикаль власти и гордости. В этой конфигурации женщины просто выполняют определенные функции, а их личности для Ставрогина не имеют значения.

Позитивный свет христианского братства

Позитивный идеал христианской любви лишь слегка обозначен в «Бесах». Достоевский оставляет эгоистичному романтику, Степану Трофимовичу, провозглашать веру перед лицом разрушения. На смертном одре Степан Трофимович объясняет:

> ...Бог уже потому мне необходим, что это единственное существо, которое можно вечно любить... <...> Мое бессмертие уже потому необходимо, что бог не захочет сделать неправды и погасить совсем огонь раз возгоревшейся к нему любви в моем сердце. И что дороже любви? Любовь выше бытия, любовь венец бытия, и как же возможно, чтобы бытие было ей неподклонно? Если я полюбил его и обрадовался любви моей — возможно ли, чтоб он погасил и меня и радость мою и обратил нас в нуль? Если есть бог, то и я бессмертен! [Там же, 10: 505].

Несмотря на смехотворно романтическую формулировку, утверждение Степана Трофимовича является самым мощным противовесом теории Кириллова о человекобоге[26]. Не воля, а любовь — и именно любовь к Богу — создает бессмертие. Однако в этой формулировке не учитываются другие люди, а это означает, что она не способствует созданию братства.

Достоевский исследовал противоположную крайность — любовь к человечеству без Бога — в изъятой цензурой главе «У Тихона», где Ставрогин объясняет свою идею Золотого века. Позже он переработал и расширил эту идею в «Подростке», вложив ее в уста Версилова, который объясняет своему сыну: «И люди вдруг поняли, что они остались совсем одни, и разом почувствовали великое сиротство» [Там же, 13: 378][27]. Без Бога «люди тотчас же стали бы прижиматься друг к другу теснее и любовнее; они схватились бы за руки, понимая, что теперь лишь они одни составляют всё друг для друга» [Достоевский 1972–1990, 13: 378–379]. Вся любовь, которая прежде была направлена к вечному, теперь будет направлена друг на друга; потеряв Отца, люди обнимут своих братьев. «Они просыпались бы и спешили бы целовать друг друга, торопясь любить, сознавая, что дни коротки, что это — всё, что у них остается. <...> Каждый ребенок знал бы и чувствовал, что всякий на Земле — ему как отец и мать» [Там же: 379].

Хотя это ви́дение могло бы показаться истинным идеалом, если бы его предложил Макар Долгорукий или отец Зосима, однако в устах Версилова, стоящего на краю духовной пропасти, оно выглядит фальшиво[28]. Достоевский отвергал гуманистиче-

---

[26] Джеймс П. Сканлан анализирует этот отрывок с философской точки зрения, отмечая, что сила логики Степана Трофимовича зависит от принятия предпосылок, на которых она основана, таких как существование справедливого Бога. См. [Сканлан 2006: 30].

[27] И Ставрогин, и Версилов вдохновлены картиной Клода Лоррена «Ацис и Галатея» и черпают из нее представление о человечестве, живущем на нетронутом Греческом архипелаге в единении и блаженстве. Василек отмечает, что, помещая сон в Античность и на Греческий архипелаг, Достоевский подчеркивает его язычество [Wasiolek 1964: 145].

[28] Василек называет Версилова воплощением веры Достоевского в то, что «грех отцов заключается в вере в человеческую жизнь и человеческую добродетель без Бога» [Ibid.: 141].

ское братство и был уверен, что чувство товарищества без духовной составляющей недостаточно сильно, чтобы связать людей[29]. В «Дневнике писателя» он утверждает:

> ...любовь к человечеству даже *совсем немыслима, непонятна и совсем невозможна без совместной веры в бессмертие души человеческой.* Те же, которые, отняв у человека веру в его бессмертие, хотят заменить эту веру, в смысле высшей цели жизни, «любовью к человечеству», те, говорю я, подымают руки на самих же себя; ибо вместо любви к человечеству насаждают в сердце потерявшего веру лишь зародыш ненависти к человечеству [Там же, 24: 49].

Для Толстого нет различия между любовью к человечеству и любовью к Богу, потому что Бог есть в каждом. Для Достоевского альтернативой любви к Богу является атеизм, и он энергично боролся против либеральной западной идеи Версилова о замене Бога культурой. Он считал, что эта замена помогла привести к возвышению таких фигур, как Нечаев и его соратники-радикалы, и к их дестабилизирующему влиянию на российское общество[30].

Насколько возможно было братство, с точки зрения Достоевского? Сам Версилов признает, что его Золотой век — это фантазия. Аналогичная идея появляется в фантастическом рассказе Достоевского «Сон смешного человека» (1877), одного названия которого достаточно, чтобы усомниться в осуществимости этой идеи. И все же, хотя Смешной человек признает, что гармоничного рая, который ему приснился, никогда не будет, он тем не

---

[29] Флоровский объясняет, что братство без Христа, с точки зрения Достоевского, невозможно, потому что «одной симпатии или жалости недостаточно для братства» [Флоровский 1990: 387].

[30] Он не мог представить себе свободу и равенство, существующие вне христианства. В «Дневнике писателя» (1876) он описывает «всеочеловечение человеческое, так именно понимаемое русским народом, ведущим всё от Христа, воплощающим всё будущее свое во Христе и во Христовой истине и не могущим и представить себя без Христа» [Достоевский 1972–1990, 23: 102–103].

менее утверждает: «А между тем так это просто: в один бы день, *в один бы час* — все бы сразу устроилось! Главное — люби других как себя, вот что главное, и это все, больше ровно ничего не надо: тотчас найдешь как устроиться» [Там же, 25: 119]. Состояние братства — это проект не социальный, а духовный, которого можно достичь в одно мгновение через веру и любовь. Отказ Смешного человека оставить *надежду* на братство имеет первостепенное значение для мировоззрения Достоевского. Хотя он понимал, что братство не будет достигнуто в нашем ущербном мире, всегда существует вероятность того, что оно *могло* бы быть достигнуто[31].

«Подросток» и «Братья Карамазовы»

В «Подростке» внимание переключается с разрушения общества, на котором сосредоточены «Бесы», на разрушение семьи[32]. Здесь Достоевский убедительно представляет идею «случайного семейства», которую он выдвинул в ответ Толстому[33]. В отличие от гармоничных домашних сцен приготовления варенья у Толстого, Достоевский изображает суровые реалии бедности, раз-

---

[31] Это отступление от более ранней точки зрения Достоевского, сформулированной после смерти его первой жены (16 апреля 1864 года), согласно которой истинное единение возможно только на том свете. В этих размышлениях Достоевский утверждал, что уничтожение «я» и слияние «я» с другими есть высшая цель, но такая, которая является кульминацией земной жизни и, следовательно, несовместима с этим миром [Достоевский 1972–1990, 20: 172].

[32] Мочульский указывает, что с Версиловым персонажи связаны кровными узами, а со Ставрогиным — идеями, и заключает: «Конфликты “Бесов” выражаются в борьбе учеников с учителем; конфликты “Подростка” — в раздоре между отцом и детьми. Идейная драма переходит в семейную трагедию» [Мочульский 1980: 416].

[33] При анализе черновиков и записных книжек к «Подростку» Франк приходит к выводу, что Толстой занимал в творческих замыслах Достоевского центральное место [Frank 2002: 167]. См. также [Мочульский 1980: 432; Leatherbarrow 1992: 21–24].

врата и семей, в которых отсутствуют традиционные узы. В «Дневнике писателя» Достоевский объясняет:

> ...никогда семейство русское не было более расшатано, разложено, более нерассортировано и неоформлено, как теперь. Где вы найдете теперь такие «Детства и отрочества», которые бы могли быть воссозданы в таком стройном и отчетливом изложении, в каком представил, например, нам *свою* эпоху и свое семейство граф Лев Толстой, или как в «Войне и мире» его же? Все эти поэмы теперь *не более лишь как исторические картины давно прошедшего* [Там же: 173][34].

Далее Достоевский предлагает модернизировать идеи Толстого:

> Современное русское семейство становится всё более и более *случайным* семейством. Именно *случайное семейство* — вот определение современной русской семьи. Старый облик свой она как-то вдруг потеряла, как-то внезапно даже, а новый... в силах ли она будет создать себе новый, желанный и удовлетворяющий русское сердце облик? Иные и столь серьезные даже люди говорят прямо, что русского семейства теперь «вовсе нет» [Там же].

Конечно, границы того, что можно было бы определить как «семейство», в произведениях Достоевского расширяются. «Подросток» — это повествование от первого лица о незаконнорожденном ребенке — сыне замужней крепостной и ее барина, —

---

[34] Достоевский считал, что вся художественная проза Толстого изображает, по сути, один мир. Обсуждая «Анну Каренину» в «Дневнике писателя» за февраль 1877 года, он отметил: «Всё казалось мне, что я это где-то уже читал, и именно в "Детстве и отрочестве" того же графа Толстого и в "Войне и мире" его же, и что там даже свежее было. Всё та же история барского русского семейства, хотя, конечно, сюжет не тот» [Достоевский 1972–1990, 25: 52]. Орвин отмечает частоту, с которой Достоевский ссылается на «Детство» и «Отрочество», и утверждает, что Достоевский считал Николеньку Иртеньева «архетипическим дворянским ребенком и подростком» [Орвин 2022: 287]. См. также [Фридлендер 1985: 208–212].

которого воспитывали чужие люди; повзрослев, он наконец узнает своих биологических родителей, официального отца, сестру и сводных братьев и сестер из дворян. Не имея ни общего прошлого, ни общего имени, ни даже общего социального класса, который связывал бы их, эти «члены семьи» вынуждены разбираться в значении родства в России своего времени.

В отличие от «Бесов», где общество выступало как метафорическая семья, «Подросток» выходит за пределы семьи, чтобы сделать заявление о российском обществе. Слова Достоевского в «Дневнике писателя», обращенные к отцам, подчеркивают эту связь:

> Я говорю от лица общества, государства, отечества. Вы отцы, они ваши дети, вы современная Россия, они будущая: что же будет с Россией, если русские отцы будут уклоняться от своего гражданского долга и станут искать уединения или, лучше сказать, отъединения, ленивого и цинического, от общества, народа своего и самых первейших к ним обязанностей [Там же: 192].

Семья порождает общество; случайные семьи порождают раздробленный, разлагающийся мир.

Хотя «Подросток» — не самое сильное произведение Достоевского, он стал «мастерской» его идей о семье и обществе, которые достигли зрелости в «Братьях Карамазовых» (1880). На самом деле, некоторые темы кочевали между двумя романами во время написания, что затрудняет их изучение в полной изоляции друг от друга[35]. Поэтому оставшаяся часть этой главы будет посвящена более сильному произведению Достоевского «Братья Карамазовы», с обращением к «Подростку» там, где это помогает прояснить размышления Достоевского на ключевые темы.

В знаменитой записи из «Дневника писателя» за 1877 год, которую критики часто анализируют в связи с «Братьями Карамазовыми», Достоевский утверждает:

---

[35] Обсуждение процесса сочинения см. в [Frank 2002: 149–170]. См. также [Фридлендер 1985: 208–212].

> Случайность современного русского семейства, по-моему, состоит в утрате современными отцами всякой общей идеи, в отношении к своим семействам, общей для всех отцов, связующей их самих между собою, в которую бы они сами верили и научили бы так верить детей своих, передали бы им эту веру в жизнь [Там же: 178].

Внимание критиков к этому отрывку, а также к «Подростку» и к «Братьям Карамазовым», обычно сосредоточено на теме отцов и детей в понимании Достоевского[36]. Однако более важным в нем представляется потребность в идее, *общей* для отцов. Этот пример типичен для исследователей, которые упускают из виду акцент Достоевского на горизонтальных связях.

В отличие от «Бесов», при разрушении вертикальных отношений между отцами и сыновьями в «Подростке» и в «Братьях Карамазовых» альтернативную модель любви, поддержки и понимания предлагают братские узы. Как отмечает Фуссо:

> Дети-сироты в этих романах справляются с тем, что их бросили, двумя основными способами: находя суррогатных отцов, обеспечивающих любовь и моральное руководство, которых их лишили биологические отцы, и стремясь к близости и солидарности со своими братьями и сестрами [Fusso 2006: 107][37].

---

[36] Фуссо утверждает, что «последние три романа Достоевского посвящены исследованию того, как русские отцы не выполнили своих обязательств перед сыновьями и, следовательно, перед будущим нации» [Fusso 2002: 176–177]. Аполлонио называет «Бесов» «первым из трех крупных произведений Достоевского, посвященных популярной в русской литературе XIX века теме конфликта поколений» [Аполлонио 2020: 176]. Как она утверждает далее, роман «Братья Карамазовы» «настолько очевидно является исследованием темы отцовства, что читателя можно извинить, если он забудет, что у братьев Карамазовых были и матери»; тем самым хотя она и расширяет тему взаимоотношений родителей и детей, но в то же время упускает из виду тот факт, что у них также были *братья* [Там же: 242]. Уильям Лезербэрроу тоже пишет: «Семейные отношения Карамазовых ознаменованы символизмом, который призван подразумевать нарушение передачи ценностей и взаимной ответственности между поколениями» [Leatherbarrow 1992: 25].

[37] Фуссо не особенно глубоко развивает эту идею замещения отцов братьями и сестрами.

В «Братьях Карамазовых» горизонтальные братские связи не только становятся ответом на неудавшиеся отношения отца и сына, они также тесно связаны с идеями Достоевского, составляющими идеологическую основу романа, — бунтом Ивана и «Великим инквизитором». Я вижу в «Великом инквизиторе» конфликт между иерархической, весьма спорной отцовской «любовью» Инквизитора и горизонтальной, братской любовью Христа.

Основной идеологический конфликт

В традиционном восприятии один из центральных конфликтов в «Братьях Карамазовых» — это конфликт между верой и неприятием Божьего мира. Эта борьба достигает своего пика в «бунте Ивана» во второй части, в двух главах из пятой книги — «Бунт» и «Великий инквизитор». Бунт Ивана неизменно привлекает внимание исследователей, но фокус внимания на роли братьев позволяет взглянуть на идеи этого фрагмента в новом свете.

Первый элемент этой сцены, который ученые недооценивают, заключается в том, что она происходит между двумя братьями. После того как с момента своего приезда Иван держался от Алеши на расстоянии, он внезапно делает шаг ему навстречу, приглашая Алешу встретиться в трактире. В центре беседы — их статус братьев и обсуждение того, что должна означать эта роль. Когда Алеша спрашивает, что произойдет между их отцом и Дмитрием, если Иван уедет, Иван сердито отвечает: «Сторож я, что ли, моему брату Дмитрию? <...> Каинов ответ Богу об убитом брате, а? Может быть, ты это думаешь в эту минуту? Но, черт возьми, не могу же я в самом деле оставаться тут у них сторожем?» [Достоевский 1972–1990, 14: 211][38]. И все же, несмотря на свои слова, Иван не вполне отказался от этой роли, и его действия показывают, что у него все еще есть элемент веры в брата. Зосима

[38] В более позднем разговоре он делает похожее замечание о Лизе: «Коль она ребенок, то я ей не нянька», а также о Катерине Ивановне [Достоевский 1972–1990, 15: 38, 39].

говорит Ивану, что вопрос о его вере еще не решен и что если он «не может решиться в положительную [сторону], то никогда не решится и в отрицательную» [Там же: 65]. Его вера связана с его ролью брата.

Иван начинает свой бунт с того, что говорит Алеше: «...я никогда не мог понять, как можно любить своих ближних. Именно ближних-то, по-моему, и невозможно любить, а разве лишь дальних» [Там же: 215][39]. Библейское «соседи» переводится на русский как «ближние», что является существенным отличием, поскольку Иван думает не только об абстрактном соседе, но и о вполне реальном младшем брате, сидящем перед ним[40]. Делая это именно сценой между двумя братьями, Достоевский подчеркивает связь между тем, что можно было бы рассматривать как абстрактные философские идеи, и глубоко личным. Когда при обсуждении религиозных ценностей на карту ставится любовь к брату, эти ценности немедленно становятся конкретными и актуальными. Я считаю, что осознанный шаг Ивана навстречу своему брату — это его проверка всех изложенных далее идей[41].

Стюарт Сазерленд называет это обсуждение любви к ближнему «возможно, намеренно нелогичным способом представления одной из центральных проблем романа» [Sutherland 1977: 73]. На мой взгляд, в этом начале нет ничего нелогичного, потому что для Достоевского вопрос любви к абстрактному ближне-

---

[39] Сам Достоевский сделал аналогичное заявление в своих размышлениях после смерти первой жены. Однако, полагая, что невозможно любить другого *как самого себя* — это мог только Христос, — он утверждал, что Христос дал идеал, к которому люди должны стремиться [Достоевский 1972–1990, 20: 172].

[40] Русское слово «ближние» (в оригинале книги используется слово neighbors — «соседи». — *Прим. ред.*) ближе к библейскому ивриту. См. [Hogg 1925].

[41] Здесь я согласна со следующим утверждением Сканлана: «Вымысел Достоевского нередко является гуманитарным эквивалентом теоретических моделей в естественных науках» [Сканлан 2006: 11]. Мои рассуждения о роли взаимоотношений братьев в романе основаны на аналогичном предположении.

му или к человечеству в целом был неразрывно связан с верой[42]. Действительно, разум и вера вступают в связи с этим в противоречие. Достоевский объяснял в «Дневнике писателя»: «...любовь к человечеству *вообще* есть, *как идея*, одна из самых непостижимых идей для человеческого ума. Именно как идея. Ее может оправдать лишь одно чувство» [Достоевский 1972–1990, 24: 49]. Для чрезмерно рационализирующих персонажей Достоевского, таких как Иван и Версилов, прыжок от разума к вере, необходимый для такой любви, является высшим испытанием. Версилов, архетипический прозападный либерал, говорит своему сыну Аркадию:

> Любить своего ближнего и не презирать его — невозможно. По-моему, человек создан с физическою невозможностью любить своего ближнего. Тут какая-то ошибка в словах с самого начала, и «любовь к человечеству» надо понимать лишь к тому человечеству, которое ты же сам и создал в душе своей (другими словами, себя самого создал и к себе самому любовь) и которого, поэтому, никогда и не будет на самом деле [Там же, 13: 175][43].

Может показаться нелогичным, что разум уводит Версилова и Ивана *прочь* от реалий мира, в котором они живут (от реальных людей вокруг них), тогда как вера призывает их к активному взаимодействию с этим миром. Они не поняли, что идеи необхо-

---

[42] Как обсуждалось в третьей главе, запись Достоевского в «Дневнике писателя» о заключительной главе «Анны Карениной» и войне в Сербии оспаривает взгляды Толстого на то, до каких пределов может простираться наша любовь к человечеству. Начиная с вопроса Толстого о том, должны ли мы любить наших «братьев-славян», Достоевский утверждает, что мы *действительно чувствуем* сострадание к далеким людям, которых мы не знаем. Он не согласен с этическим посылом в конце «Анны Карениной», где утверждается, что мы не обязаны заботиться о ком-то за пределами нашего ближайшего круга [Достоевский 1972–1990, 25: 208–209].

[43] Обратите внимание, что *это* высказывание Версилова — наставление, передаваемое от отца к сыну! Эта сцена имеет очевидные параллели со встречей Ивана с Алешей; в более позднем романе отец и сын заменены двумя братьями.

димо заменить личностями; любовь может основываться только на опыте общения с другими людьми[44].

Главный вопрос, мучающий Ивана, — это не противостояние веры и разума в традиционном смысле, но его практическое воплощение в вопросе о том, как человек может любить своих собратьев. Джеймс Сканлан утверждает, что для Достоевского борьба добра и зла — это борьба «закона любви и “закона личности”» (например, эгоизма) [Сканлан 2006: 83]. Тогда для Ивана подвергнуть сомнению возможность любить других — значит поставить себя в центр этой философской борьбы. Неприятие Иваном Божьего мира основано не на атеизме (Иван говорит, что он принимает Бога)[45], а проистекает из его любви ко всем отдельным страдальцам, которых он перечисляет своему брату[46]. В ужасе от бесчеловечности человека к человеку, воплощенной в пытках детей, Иван подвергает сомнению любовь Бога, который мог создать мир, где происходят такие зверства. Это предварительное обсуждение подготавливает почву для «Великого инквизитора», в котором я вижу продолжение вопроса Ивана о том, как людям воплотить в жизнь учение Христа о любви. Иван борется с двумя представлениями о том, что значит любить: отцовский авторитаризм в противовес братскому равенству.

Модель Инквизитора — это модель заботливого и доброжелательного деспотизма, и Иван представляет его как тоталитарного отца[47]. Инквизитор описывает свои (и своих коллег) отно-

---

44 Эта тема также фигурирует в истории Зосимы, рассказанной мадам Хохлаковой о докторе, который утверждал: «...чем больше я люблю человечество вообще, тем меньше я люблю людей в частности, то есть порознь, как отдельных лиц» [Достоевский 1972–1990, 14: 53].

45 Сазерленд отмечает, что вопросы Ивана «не относятся ни ко всемогуществу Бога, ни ко всеведению Бога; они относятся к любви Бога к своему творению» [Sutherland 1977: 74].

46 Другими словами: «Острота рассуждения Ивана в том, что он отрицает Бога *из любви к человечеству*» [Мочульский 1980: 507] (*выделено в оригинале. — А. Б.*).

47 Очевидно, что это не соответствует идеалу истинной отцовской любви, которая предполагает уважение и дарует свободу, основанную на этом уважении.

шения с людьми: «Они станут робки и станут смотреть на нас и прижиматься к нам в страхе, как птенцы к наседке» [Достоевский 1972–1990, 14: 236]. Это перекликается с описанием «шигалевщины» Петром Степановичем, но если Петр Степанович циничен и бесчувственен по отношению к массам, то действия Инквизитора более зловещи, потому что он искренне верит, что действует во имя блага людей. Он говорит Христу: «Неужели мы не любили человечества, столь смиренно сознав его бессилие, с любовию облегчив его ношу и разрешив слабосильной природе его хотя бы и грех, но с нашего позволения?» [Там же: 234].

Вертикальная модель обещает счастье, а горизонтальная обещает свободу. Любовь Христа основана на вызове взрослым, поскольку предлагает модель блага, которое они должны свободно выбирать и ради которого они должны быть готовы пострадать[48]. Прося других любить друг друга так, как *он любит их* (Ин. 13:34 — отрывок, отмеченный Достоевским в его Библии), Христос становится еще одним братом во вселенском братстве, к которому он призывает. Инквизитор недвусмысленно указывает на горизонтальную природу Христовой любви, когда он спрашивает Христа: «кого ты вознес до себя?» [Там же: 233]. Это возвышение до равенства резко противоречит положению Ставрогина среди его «братьев», которых он не любит и которых он неспособен поставить на один уровень с собой. Это также противоположно «шигалевщине», где всех надлежит свести *вниз*, к наименьшему общему знаменателю. Христос, а не Шигалев, «создает равенство» (утверждение Петра Степановича), потому что узы Христа — это взаимные узы привязанности друг к другу. И этот тип привязанности дает надежду массам, потому что он может расширяться бесконечно, охватывая все человечество.

---

[48] Инквизитор говорит Христу: «[Ты] жаждал свободной любви, а не рабских восторгов невольника пред могуществом, раз навсегда его ужаснувшим» [Достоевский 1972–1990, 14: 233]. Или, как отмечает Бердяев: «Никто не насилует человеческой совести в явлении Христа. <...> Ничто не насилует в образе Христа, не заставляет верить в Него, как в Бога. <...> В этом скрыта основная тайна Христианства, тайна свободы» [Бердяев 2016: 373].

Инквизитор утверждает, что Христос слишком многого требовал от людей и проявлял к ним слишком мало сострадания, в то время как он, Инквизитор, испытывает более подлинную любовь к человечеству. Он говорит Христу: «Я ушел от гордых и воротился к смиренным для счастья этих смиренных» [Там же: 237]. Инквизитор представляет себя необходимым миротворцем: «Поймут наконец сами, что свобода и хлеб земной вдоволь для всякого вместе немыслимы, ибо никогда, никогда не сумеют они разделиться между собою!» [Там же: 231]. Эта цитата точно описывает основную вертикаль отношений между отцом и сыновьями в романе, напоминая о борьбе Дмитрия с Федором Павловичем за наследство и о полной неспособности последнего обеспечить своих детей, пока они росли. Та же модель предстает в грубо выстроенной форме в эгоистичных отношениях купца Самсонова к своим детям.

> И дети, и приказчики теснились в своих помещениях, но верх дома занимал старик один и не пускал к себе жить даже дочь, ухаживавшую за ним и которая в определенные часы и в неопределенные зовы его должна была каждый раз взбегать к нему наверх снизу, несмотря на давнишнюю одышку свою [Там же: 333].

Эти примеры, казалось бы, оправдывают отсутствие у Инквизитора веры в людей, связанное, в свою очередь, с его потерей веры в Бога, в чем он в конечном счете признается Христу.

Сцена, в которой Инквизитор изливает свои сомнения Христу, полностью параллельна сцене, свидетелями которой мы являемся, когда Иван изливает свои сомнения Алеше. Каждый из говорящих возлагает надежду на своего молчаливого слушателя. В ответе Христа Инквизитору можно увидеть признание в любви. Иван повествует об этом так: «Но он вдруг молча приближается к старику и тихо целует его в его бескровные девяностолетние уста. Вот и весь ответ» [Там же: 239]. Фраза о бескровных девяностолетних устах внезапно напоминает нам о том, насколько человечен и хрупок инквизитор. Таким образом, поцелуй не только подтверждает любовь Христа, но и усиливает наше осознание общей смертности человечества. Инквизитор планировал казнить Христа на следующий день, но любовь Христа побеждает его решимость. После поцелуя он освобождает Христа.

Я убеждена, что любовь, которая проявляется здесь с такой силой, — это братская любовь. Когда Иван заканчивает свое повествование и видит, как Алеша страдает из-за его убеждений, он говорит с большим чувством:

> Я, брат, уезжая, думал, что имею на всем свете хоть тебя... а теперь вижу, что и в твоем сердце мне нет места, мой милый отшельник. От формулы «всё позволено» я не отрекусь, ну и что же, за это ты от меня отречешься, да, да? [Там же: 240].

Алешиным ответом становится безмолвный поцелуй в губы Ивана, в точности повторяющий поцелуй Христа Инквизитору. Иван немедленно называет поцелуй Алеши «литературным воровством», укрепляя эту параллель. У Алеши, как и у Христа, в сердце есть место для брата, даже если он обуреваем самыми мрачными мыслями, в то время как отец, вероятно, счел бы мятеж Ивана подстрекательством к бунту.

Сразу после Алешиного поцелуя Иван дает Алеше, как он это называет, «объяснение в любви» [Там же]. Тот факт, что Иван в этот момент может испытывать братскую любовь, подразумевает, что поцелуй Алеши — его братская любовь — уже победил Инквизитора в сердце Ивана, точно так же, как поцелуй Христа победил Инквизитора. Идя на встречу с Алешей, Иван говорит своему брату: «Я, может быть, себя хотел бы исцелить тобою», и именно это и происходит [Там же: 215]. Конечно, с таким демонстративно противоречивым персонажем, как Иван (и с таким сложным автором, как Достоевский), это исцеление не может быть мгновенным (и полным), но мы видим символические признаки его начала. В начале встречи в трактире Иван рассказывает Алеше ужасные истории, пока Алеша не соглашается, что человек, спустивший свору собак на невинного ребенка, заслуживает расстрела. Ивану чрезвычайно приятно слышать этот нехристианский ответ от Алеши, и он говорит ему: «Ты мне дорог, я тебя упустить не хочу и не уступлю твоему Зосиме» [Там же: 222]. Здесь Иван представляется дьяволом, искушающим Алешу и пытающимся соблазнить его. Однако после поцелуя Иван отпускает Алешу со словами: «Ну иди теперь к твоему Pater Seraphicus» [Там же: 241] — прямая параллель с освобождением Христа Инквизитором. Любовь может помочь восстановить веру, и, в частности, любовь брата побеждает тираническую отцовскую любовь, предлагаемую Инквизитором. Борьба, происходящая внутри Ивана, сама по себе является признаком его добродетели. Алеша обращается к этой добродетельной части своего брата, когда целует его, и в конце концов Иван действительно пытается стать защитником своего брата в трудную для Дмитрия минуту[49].

Деятельная любовь: возвращение веры

Деятельная любовь, которая может восстановить веру, воплощена в жизни и речах старца Зосимы. В начале романа Зосима излагает основы своей философии в разговоре с мадам Хохлаковой, которая признается, что сомневается в существовании Бога. Зосима уверяет ее, что, хотя человек не может доказать существование Бога, он может убедиться

> опытом деятельной любви. Постарайтесь любить ваших ближних деятельно и неустанно. По мере того как будете преуспевать в любви, будете убеждаться и в бытии Бога, и в бессмертии души вашей. Если же дойдете до полного

---

[49] Ключевой момент выбора Ивана во время суда над Дмитрием, когда он возвращается на скамью подсудимых и отдает деньги Смердякова, перекликается с тем, как Рогожин просит Мышкина обменяться крестами, вместо того чтобы воспользоваться ножом, предпочитая братство братоубийству.

> самоотвержения в любви к ближнему, тогда уж несомненно уверуете, и никакое сомнение даже и не возможет зайти в вашу душу. Это испытано, это точно [Там же: 52][50].

Алеша уделяет особое внимание этой теме в своем «житии» Зосимы. Во время работы над «Братьями Карамазовыми» Достоевский говорил К. П. Победоносцеву, что слова Зосимы в шестой книге были задуманы как ответ на бунт Ивана [Там же, 30, I: 66]. Эти слова указывают на важное значение братства. Зосима начинает с рассказа о своем старшем брате Маркеле, который умер, когда он был еще ребенком, и которого Зосима считает своим наставником на духовном пути к богословию любви. Таким образом, еще до того, как повествователь знакомит читателя с Алешиным «житием», Зосима уже осознал первостепенное значение родного брата в своей жизни.

Показательно, что проповедь любви Зосимы не была заповедана ему отцом, но вместо этого была передана ему по горизонтали, от его брата. В лице Маркела Достоевский предлагает альтернативу нарушению передачи ценностей между поколениями — горизонтальную передачу от брата к брату (успешная версия того, что не удается Ставрогину с Шатовым и Кириловым). Говоря свои последние слова Алеше, Зосима вновь предстает как брат, передающий свое учение брату. Хотя во многих отношениях он выступает для Алеши в роли духовного отца, называя его «сынок»; в то же время Зосима утверждает, что любит Алешу, потому что тот напоминает ему брата: «...много раз считал я его как бы прямо за того юношу, брата моего, пришедшего ко мне на конце пути моего таинственно...» [Там же, 14: 259][51].

---

50 В более раннем черновике «Братьев Карамазовых» Зосима говорит: «...Бог дал родных, чтоб учиться на них *любви*. Общечеловеки ненавидят лиц в частности» [Достоевский 1972–1990, 15: 205]. Хотя это утверждение не вошло в окончательную версию, оно указывает на то, как Достоевский рассматривал семейную любовь (которая в романе в основном принимает форму любви братской) — как модель любви «к ближнему».

51 Это отчасти похоже на то, как Кириллов в «Бесах» решил открыться рассказчику, потому что ему вспомнился умерший брат.

В своей последней речи Зосима выступает в смешанной роли как отца, так и брата не только для Алеши, но и для всех собравшихся в его келье. Его роль для них аналогична той, которую сыграл для него Маркел, — он и брат, и наставник в богословии. Следуя церковному обычаю, Зосима попеременно обращается к своим слушателям (другим монахам) то как к «братьям», то как к «отцам и учителям», что указывает на их двойную роль: и братьев для остального человечества, и в то же время — поучающих его отцов. Алеша выступит в подобной роли для Коли Красоткина и мальчиков, с которыми тот дружит.

Повествуя о своей жизни, Зосима рассказывает не только собственную историю, которая сосредоточена на пробуждении в нем осознания братства человечества, но и несколько историй из Библии и из жизни других людей, которых он встречал. В центре этих историй часто оказываются братья и сестры. Зосима призывает деревенских священников читать крестьянам Священное Писание, обращая внимание на историю Иосифа и его братьев. Его толкование фокусируется почти исключительно на взаимоотношениях между Иосифом, его братьями и отцом, демонстрирующих духовное возрождение Иосифа и преодоление гнева через его любовь к своим братьям[52].

Одна из самых значимых историй Зосимы касается его таинственного посетителя Михаила. Подобно Зосиме, Михаил также призывает видеть братьев во всех людях. Он говорит Зосиме: «Раньше, чем не сделаешься в самом деле всякому братом, не наступит братства» [Там же: 275][53]. Михаил считает, что время всеобщего братства еще не наступило, потому что «сначала должен заключиться период человеческого *уединения*». Михаил говорит о проблемах общества, что можно рассматривать как описание отношений между отцами и сыновьями в романе.

---

[52] Ричард К. Миллер подчеркивает важность «деятельной любви» в толковании этой истории Зосимой, причем это толкование также акцентирует значение братских взаимоотношений. См. [Miller R. C. 1982: 658].

[53] Эта фраза взята из записи в «Дневнике писателя», процитированной выше.

> Ибо всякий-то теперь стремится отделить свое лицо наиболее, хочет испытать в себе самом полноту жизни, а между тем выходит изо всех его усилий вместо полноты жизни лишь полное самоубийство, ибо вместо полноты определения существа своего впадают в совершенное уединение. Ибо все-то в наш век разделились на единицы, всякий уединяется в свою нору, всякий от другого отдаляется, прячется и, что имеет, прячет и кончает тем, что сам от людей отталкивается и сам людей от себя отталкивает. Копит уединенно богатство и думает: сколь силен я теперь и сколь обеспечен, а и не знает безумный, что чем более копит, тем более погружается в самоубийственное бессилие [Там же: 275][54].

Высшими идеалами Достоевского были взаимная поддержка и взаимопомощь[55]. Он считал, что именно такие человеческие отношения дадут истинную свободу. Как утверждает Михаил, время изоляции закончится, когда люди придут к пониманию того, что «истинное обеспечение лица состоит не в личном уединенном его усилии, а в людской общей целостности» [Там же: 276]. Его ответ, который, по-видимому, подтверждается содержанием «Братьев Карамазовых» в целом, заключается в том, что братство может преодолеть эту изоляцию (в результате чего он ставит долг по отношению к абстрактному братству даже выше, чем свой отцовский долг). Зосима недвусмысленно заявляет, что братство позволит людям жить в гармонии: «Были бы братья, будет и братство, а раньше братства никогда не разделятся» [Там же: 286–287]. Здесь взаимообмен, присущий братским отношениям, распространяется на всю человеческую семью.

Хотя Достоевский утверждал во время работы над романом, что слова Зосимы были задуманы как ответ Великому инквизи-

---

54 Кэрил Эмерсон указывает, что «возрождение» Михаила начинается «не с епитимьи [то есть раскаяния в совершенном им убийстве]... а с этого заявления о *взаимо*зависимости» [Emerson 2004: 167].

55 Достоевский критиковал русский социализм, но, как отмечает Сканлан, он все же ценил социализм, если рассматривать его как «нравственную систему взаимной любви и братства» [Сканлан 2006: 177].

тору, после завершения работы он отметил в своей записной книжке, что как ответ была задумана вся книга [Там же, 27: 48][56]. Вместе эти утверждения побуждают нас проследить воплощение проповеди деятельной любви Зосимы на протяжении всего текста, где оно чаще всего происходит между братьями или во имя братства. Три законных брата Карамазовы — часть случайного семейства; у них две разные матери, шут-отец, и по большей части они воспитывались порознь чужими людьми[57]. Поэтому к моменту встречи эти молодые люди практически не поддерживают никаких отношений, и связь, которую они создают, должна основываться на деятельной любви в настоящем.

Алеша — главный объект любви и для Дмитрия, и для Ивана, и сам он искренне любит обоих братьев. В какой-то момент Дмитрий замышляет самоубийство, но, увидев Алешу, думает: «...да ведь есть же, стало быть, человек, которого и я люблю, ведь вот он, вот тот человечек, братишка мой милый, кого я всех больше на свете люблю и кого я единственно люблю!» [Там же, 14: 142]. Хотя Алеша всеми силами старается дать брату все необходимое и никогда намеренно не обижает его, ему все же случается терпеть неудачу. Потрясенный бунтом Ивана, Алеша забывает разыскать Дмитрия, как намеревался[58]. А в минуту отчаяния после смерти Зосимы он позволяет отвести себя к воз-

---

[56] Сканлан аналогичным образом утверждал: «Конечно, сам роман можно рассматривать как развернутый *литературный* ответ Ивану Карамазову» [Сканлан 2006: 53].

[57] Хотя многие исследователи предлагали структурировать роман через образы трех законных братьев Карамазовых (бытие, знание, воля; разум, тело, дух; оно, эго, супер-эго и т. д.), их анализ не учитывал, что значит для этих троих быть *братьями*. Краткий обзор различных структурных подходов к триаде смотрите в [Cunningham 2001: 143].

[58] Диана Томпсон в своем обсуждении Алешиного «провала в памяти», когда он не пошел к Дмитрию, выступает против ученых, которые утверждают, что это «свидетельство его подавленного желания убить своего отца» [Thompson 1991: 195]. Я согласна с Томпсон, но ни она, ни исследователи, с которыми она спорит, не обсуждают родственный аспект этой забывчивости.

любленной Дмитрия, Грушеньке. В обоих этих случаях состояние крайней уязвимости Алеши и отсутствие дурных намерений (во втором случае вся вина лежит на Ракитине) смягчают его упущение в роли защитника своего брата. Они не являются преднамеренным предательством и не затрагивают глубинного чувства связи между братьями.

В то время как любовь Дмитрия к Алеше нас не удивляет — Дмитрий человек сентиментальный, — удивительно обнаружить, что он доверяет свои самые заветные секреты также и своему более холодному, циничному и рассудительному брату Ивану. Рассказчик пытается убедить нас, что Иван и Дмитрий ненавидят друг друга, не приводя ни одного из их разговоров[59], но из случайных замечаний мы узнаем о глубокой связи даже между этими братьями, которые внешне демонстрируют неприязнь друг к другу. Например, когда Дмитрий рассказывает Алеше историю своей помолвки с Катериной Ивановной, он говорит: «...я никому никогда не рассказывал, тебе первому сейчас расскажу, конечно Ивана исключая, Иван все знает. Раньше тебя давно знает» [Там же: 101]. Дмитрий воспринимает это как нечто само собой разумеющееся.

Не видя реакции Ивана, когда Дмитрий делится с ним своими потаенными чувствами и секретами, мы все же осознаем, что Иван сильно взволнован. После своего ареста Дмитрий рассказывает Ивану о гимне из недр Земли, который они будут петь в Сибири, — эту идею он связывает со спасением своей души. Мы не присутствуем при этом разговоре, но впоследствии слышим, как Катерина Ивановна рассказывает Алеше, что слова брата глубоко тронули Ивана. Она восклицает: «...если б вы знали, как он говорил! <...> ...если б вы знали, как он любил этого несчастного в ту минуту, когда мне передавал про него, и как ненавидел его, может быть, в ту же минуту!» [Там же, 15:

---

[59] Робин Фойер Миллер, Дебора А. Мартинсен и Ольга Меерсон обсуждают субъективность рассказчиков Достоевского и расхождение между их взглядами и взглядами автора. См. [Miller R. F. 1981; Martinsen 2003: 104]; конкретно о «Братьях Карамазовых» [Meerson 1998: chap. 6; Miller R. F. 1992: 15].

182]. Здесь антиномическое отношение любви/ненависти, которым славится Достоевский, распространяется даже на родственные узы. Но, что примечательно, Иван способен преодолеть свое чувство неприязни и общаться со своим братом на более глубоком уровне. Даже с приступом мозговой горячки он возвращается в зал суда и выкладывает деньги Смердякова в попытке доказать невиновность Дмитрия. Именно *это* — деятельная любовь.

Важнейшая роль братства наиболее очевидна в поступке Алеши, когда он пытается отдать капитану Снегиреву двести рублей от Катерины Ивановны. Она просит Алешу передать деньги любым способом, каким Снегиреву будет не стыдно их взять, и Алеша решает передать их от «сестры». Он сообщает Снегиреву, что и он, и Катерина Ивановна были оскорблены одним и тем же человеком, и заключает: «Это значит, сестра идет к брату с помощью... Она именно поручила мне уговорить вас принять от нее вот эти двести рублей как от сестры» [Там же, 14: 190]. Для Алеши брат или сестра — кто-то очень близкий, рядом с кем не испытываешь гордыню и от кого, следовательно, можно принять помощь без стыда. Он говорит Снегиреву: «... вы должны принять их, иначе... иначе, стало быть, все должны быть врагами друг другу на свете! Но ведь есть же и на свете братья... У вас благородная душа... вы должны это понять, должны!» [Там же].

В этой короткой речи Алеша использует слово «должны» четыре раза; это подразумевает, что принятие братства есть долг, необходимый для совершенствования человечества. Снегирев прислушивается к Алешиной риторике о братстве и, вероятно, разделяет взгляды Алеши на особый статус братьев и сестер. Он спрашивает дважды: «И говорит, что сестра... и вправду это, вправду? <...> ...вы вот уговариваете меня принять тем, что “сестра” посылает» [Там же: 190, 191]. В «Подростке» описан противоположный случай, когда бедная девушка принимает денежную помощь от Версилова как от человека, «который мог бы быть» ее отцом [Там же, 13: 145]. Позже, охваченная чувством вины и стыда, она совершает самоубийство[60]. В мире Достоевского гордыня менее препятствует горизонтальным связям (а мужчина, принимающий деньги, сталкивается с иными угрызениями совести, чем женщина).

Как показывает пример Катерины, предлагающей деньги «от сестры», братские отношения могут выходить за рамки непосредственного кровного родства, и на протяжении всего романа герои называют других «братом» или «сестрой», чтобы укрепить близость или разрушить социальные барьеры. Катерина Ивановна называет Алешу «братом», когда ищет близости. Грушенька тоже привязана к Алеше как к брату. Скорбящий после смерти Зосимы Алеша позволяет Ракитину привести его к Грушеньке, ожидая, что она совратит его. Когда вместо этого она проявляет сострадание, узнав о смерти Зосимы, Алеша говорит ей: «Я шел сюда злую душу найти — так влекло меня самого к тому, потому что я был подл и зол, а нашел сестру искреннюю, нашел сокровище — душу любящую...» [Там же, 14: 318]. В этот поворотный момент своей жизни Алеша думает о той, кто понимает его и относится к нему с состраданием, как о сестре (использование этого слова также очищает от сексуального подтекста)[61]. В ответе Грушеньки слово «сестра» не остается без внимания: «Он меня сестрой своей назвал, и я никогда того впредь не забуду!» [Там же]. С этого момента она доверяется Алеше, как настоящему брату.

---

[60] Снодграсс анализирует вред, причиняемый вручением денег в «Преступлении и наказании», подчеркивая чувство намеренного причинения вреда, которое испытывают некоторые персонажи, принимая деньги. «Можно рассматривать этот роман в целом практически как структуру финансовых и эмоциональных долгов, которые должники пытаются погасить с помощью благодеяний, с одной стороны, или самонаказаний, с другой» [Snodgrass 1960: 226]. Я считаю, что Достоевский ищет способ избежать этой модели долга, чтобы отдача и получение фактически могли способствовать равенству, а не усиливать иерархию.

[61] Очень похожая речь звучит в «Подростке», когда Аркадий приходит к Катерине Николаевне, женщине, покорившей и отца, и сына: «Входя сюда, я думал, что унесу иезуитство, хитрость, выведывающую змею, а нашел честь, славу, студента!..» [Достоевский 1972–1990, 13: 208]. Существенно, что Аркадий *не* называет ее сестрой, и у нее так и не сложились с ним такие близкие отношения.

Предлагая примеры деятельной любви на всем протяжении «Братьев Карамазовых», братские отношения бросают вызов идее о необходимости заслужить любовь — идее, которая в значительной степени ассоциируется с отцами. В «Бесах» Степан Трофимович неоднократно заявляет, что из-за его неудач он «не находит себя вправе называться отцом» или «недостоин названия отца» [Там же, 10: 75, 101]. В своей первоначальной фазе изоляционизма Аркадий («Подросток») тоже говорит своей матери: «Тем-то и безнравственна родственная любовь, мама, что она — не заслуженная. Любовь надо заслужить» [Там же, 13: 212]. Эта идея о необходимости заслужить любовь убедительно проявляется в судебном процессе Дмитрия Карамазова, когда адвокат защиты говорит об отцеубийстве, указывая, что для того, чтобы быть настоящим отцом, нужно не только зачать ребенка, но и любить его, идти на жертвы ради этого ребенка и разделять его радости и страдания. Он утверждает, что Федор Павлович ничего не сделал, чтобы заслужить это звание, и заключает: «Любовь к отцу, не оправданная отцом, есть нелепость, есть невозможность. Нельзя создать любовь из ничего, из ничего только Бог творит» [Там же, 15: 169].

Утверждение адвоката защиты напоминает заявление Ивана (приведенное выше): «...Христова любовь к людям есть в своем роде невозможное на Земле чудо» [Там же, 14: 216]. Мы видели, что братская любовь, воплощенная в Алешином поцелуе, опровергла это утверждение. Следовательно, по той же логике, адвокат защиты также ошибается в отношении возможностей деятельной любви. И чтобы устранить все сомнения в своей собственной позиции, Достоевский называет главу «Прелюбодей мысли»[62]. Другой дискредитированный персонаж, Ракитин, также не может понять деятельную любовь. Когда его обвиняют в том, что он не любит Грушеньку и Алешу, Ракитин сердито спрашивает: «Любят за что-нибудь, а вы что мне сделали оба?»

---

[62] Опровергая идею о том, что любовь нужно заслужить, Достоевский проводит параллель с Благодатью (Рим. 9–11). Как и Благодать, братскую любовь надлежит даровать брату без каких-либо условий.

[Там же: 319–320]. Ответ Грушеньки: «А ты ни за что люби, вот как Алеша любит», — следует сразу после того, как Алеша назвал ее сестрой, снова связав бескорыстную любовь с братскими узами.

Достоевский не объясняет прямо, *как* должна работать эта незаслуженная братская любовь. В произведениях Толстого герои любят своих братьев и сестер в силу длительной связи; они связаны общим прошлым. Когда этой близости, основанной на глубоком знании, нет, героям Достоевского необходим духовный компонент братства. Соловьев рассуждает об этом на абстрактном, философском уровне в «Трех речах памяти Достоевского» (1881–1883). Он раскрывает три истины, которые Достоевский усвоил за время своего пребывания в Сибири:

> ...он понял прежде всего, что отдельные лица, хотя бы и лучшие люди, не имеют права насиловать общество во имя своего личного превосходства; он понял также, что общественная правда не выдумывается отдельными умами, а коренится во всенародном чувстве, и, наконец, он понял, что эта правда имеет значение религиозное и необходимо связана с верой Христовой, с идеалом Христа [Соловьев 1990: 39].

Переход к этой третьей истине — потребности во Христе — Достоевский никогда прямо не объясняет, но тщательное исследование его философской мысли Сканланом проливает свет на этот вопрос. Согласно Сканлану, для Достоевского

> окончательное оправдание нравственного суждения происходит от веры в Христа как воплощение наивысшего добра... с рациональной точки зрения любовь к человечеству неразумна. Возразить на это совершенно нечего, единственным твердым основанием может быть только вера в Бога, который заповедал любить своих ближних [Сканлан 2006: 96].

Развивая эту мысль дальше, я полагаю, что в «Братьях Карамазовых» даже узы между настоящими братьями и сестрами поддерживаются за счет веры в модель братской любви во Христе.

Достоевский считает, что вера позволяет людям заглянуть за внешность другого и «признавать в нем ту силу и свободу, которая связывает его с Божеством» [Соловьев 1990: 51]. Вот почему лучшие герои Достоевского — люди Божьи, и вот почему его социалисты не могут любить друг друга как братья.

Смердяков

Безусловно, роль Смердякова является наиболее проблемным аспектом статуса братства в «Братьях Карамазовых». Хотя эту тему уже основательно и убедительно рассмотрела Ольга Меерсон, от работы которой я буду отталкиваться, я размышляю о проблеме братского статуса Смердякова с совершенно иных позиций, и поэтому, хотя я согласна с составляющими ее аргументации, мы с ней приходим к разным заключениям.

Для Меерсон центральной проблемой является табу: «Главное табу в "Братьях Карамазовых" — это идея, что Смердяков является четвертым сыном Федора Павловича, — а точнее, что он равен другим братьям, будучи сыном их отца» [Meerson 1998: 183]. Хотя многие признают, что Смердяков — незаконнорожденный сын Федора Павловича (это даже публично заявляется во время суда над Дмитрием), «однако упоминание связанной с этим идеи — вероятности того, что Смердяков — четвертый *брат* трех братьев Карамазовых, — считается абсолютно недопустимым» [Ibid.: 186]. Если бы роль Смердякова как брата была табуирована, как утверждает Меерсон, то должно было бы существовать обоснование этого табу. Меерсон не приводит никаких обоснований, и я думаю, что их и не может быть, потому что *братские связи не могут быть объектом табу*. Определенно, в «Братьях Карамазовых» такое табу не имело бы смысла, потому что оно шло бы вразрез с основным авторским принципом романа.

Однако эта проблема исчезает, если мы видим в братском статусе Смердякова не табу, а испытание. Нет высшего закона, который запрещал бы другим видеть в Смердякове брата. Если его не любят как брата, то причина только в человеческом несовершенстве. Как сказал Зосима госпоже Хохлаковой, «любовь деятельная сравнительно с мечтательною есть дело жестокое и устрашающее... любовь же деятельная — это работа и выдержка» [Достоевский 1972–1990, 14: 54]. Подлая сущность Смердякова еще более усложняет эту задачу[63]. Любовь к Смердякову — это испытание, которое предлагает Достоевский своим героям, чтобы связать основное действие романа с центральной идеологической дилеммой в «Великом инквизиторе». Если люди предпочтут Христа Инквизитору, они должны будут принять вызов и активно *выбирать* любовь к ближним как к своим братьям. Как писал Бердяев: «Свобода добра предполагает свободу зла» [Бердяев 2016: 364][64]. Чем сильнее Достоевский усложняет задачу любить Смердякова, тем бóльшую добродетель он приписывает этому выбору. Именно потому, что Смердяков столь подл, он делает идею мирового братства еще более весомой, показывая, как далеко она должна быть в состоянии зайти. Алешу любить легко, но любовь к нему ничего не доказывает.

Дмитрий, менее склонный к рефлексии, чем другие братья, никогда не задается вопросом, насколько справедлива роль послушного слуги, которую он отводит Смердякову. Этим он не только ущемляет брата, но и идет против заветов старца Зосимы, гласящих, что нужно стать слугою слуге своему. Дмитрий зовет Смердякова «лакеем», как будто забывая, что у них общий отец. Странно, что и Алеша придерживается такой модели поведения. На фоне постоянной заботы о двух других братьях, со Смердяковым он разговаривает только один раз, и то очень коротко. Алеша, кажется, не замечает «суровых реалий его жизни» [Golstein 2004: 103], несмотря на то что слышит, как Смердяков говорит, что лучше бы он вовсе никогда не родился. В беседе Алеша тоже называет Смердякова лакеем. После судебного процесса по убийству Федора Павловича он говорит Коле: «Убил лакей, а брат

63 Как убедительно утверждает Сканлан: «Достоевский отрицает существование у человечества природных (в смысле земных) оснований для любви», но он не считает людей «неспособными на любовь или на социальное взаимодействие, которое любовь делает возможным. Он имеет в виду лишь то, что подобные явления не возникают “естественно”» [Сканлан 2006: 39].

64 Сканлан высказывает аналогичную точку зрения [Там же: 224].

невинен» [Достоевский 1972–1990, 15: 189]. Таким образом он радикально противопоставляет лакея и брата, доказывая свою неспособность признать брата в лакее[65]. Достоевский не объясняет читателю, почему Алеша так поступает. Не может дать этому объяснения и автор настоящей книги. Из всех братьев Карамазовых Иван лучше других осведомлен о сущности Смердякова. Хоть Иван и не признает Смердякова братом, его поведение по отношению к Смердякову указывает, что подсознательно он борется с этим родством. Всего несколькими словами Смердяков способен вызвать у своего замкнутого и сдержанного брата такую ярость, что тот даже задумывается о братоубийстве.

Смердяков также знает о своих братских узах и не принимает их[66]. Меерсон утверждает, что он «активно *открещивается* от братских уз с Карамазовыми — так активно, что становится очевидно: он уверен, что является одним из них» [Meerson 1998: 187]. Смердяков делает завуалированную ссылку на слова Каина из Библии «разве я сторож брату моему», но изменяет высказывание, чтобы не использовать слово «брат». Когда Алеша спрашивает, скоро ли вернется «брат Дмитрий», Смердяков отвечает: «Почему ж бы я мог быть известен про Дмитрия Федоровича; другое дело, кабы я при них сторожем состоял?» [Достоевский 1972–1990, 14: 206][67]. Значимость этой отсылки возрастает, когда через несколько страниц Иван произносит аналогичную фразу (процитированную выше), а затем, спохватившись, проводит параллель с Библией. Кажется, что Смердяков намеренно пытается одновременно и указать на свое осознание родства с Алешей, и, убрав слово «брат», подчеркнуть свое полное неприятие этого родства[68]. Смердяков выдвигает на первый план историю Каина

---

[65] Этот комментарий также отмечает Меерсон [Meerson 1998: 197].

[66] Морсон даже утверждает, что «он губит своих братьев, потому что они не признают его как брата» [Morson 1986: 241].

[67] Этот отрывок обсуждается как Меерсон [Meerson 1998: 187–188], так и Морсоном [Morson 1986: 241].

[68] Эта попытка отвергнуть братство сочетается с его готовностью отвергнуть христианство, которую он выражает в беседе за столом отца [Достоевский 1972–1990, 14: 118–120].

и Авеля, которая, хотя и рассказывает о первой паре братьев, на самом деле указывает на отсутствие братских уз. Каин и Авель связаны только своими конкурирующими отношениями с высшим существом и не взаимодействуют до тех пор, пока Каин не зовет Авеля в поле, чтобы убить его.

Единственный брат, с которым Смердяков ищет единения, — это Иван, хотя он никогда не называет Ивана братом. В отличие от Дмитрия и Алеши, которых он ненавидит, Иван становится для Смердякова идеалом и образцом для подражания из-за их общего восхищения Европой. Федор Павлович отмечает, что Смердяков демонстрирует Ивану свою ученость, и с тех пор, как Иван приехал, приходит к обеду каждый день. Во время первой встречи после убийства Смердяков говорит Ивану: «Простите-с, подумал, что и вы, как и я» [Там же, 15: 46], и сразу после этого он добавляет насчет разговора перед отъездом Ивана в Москву: «Полюбил я вас тогда очень и был с вами по всей простоте» [Там же: 46, 47]. Это единственный раз, когда Смердяков утверждает, что кого-то любил. Принимая во внимание утверждение Зосимы, что ад — это неспособность любить, очень важно, что единственный луч любви от Смердякова обращен к брату.

Перед убийством Смердяков тешит себя фантазией, что их с братом, которым он восхищается, соединяет внутренняя связь. Никогда не говоря напрямую, он искренне верит, что Иван понимает глубинный смысл его слов. Однако в ходе трех встреч после убийства Смердяков осознаёт, что они с Иваном друг друга *не* понимают. Во время второй встречи Иван ударил Смердякова, из-за чего тот разрыдался. Это привело его к тяжслому осознанию того, что они с Иваном не были заодно. Подтверждением этому становится их последняя встреча, когда Иван называет Смердякова гадиной и говорит ему: «Мне до тебя нет и дела» [Там же: 58, 59]. В свете утраты единственной положительной связи, которая, как Смердякову казалось, у него была, я думаю, что его самоубийство было результатом полной безнадежности. Единственный очаг любви в его жизни погас. Холквист считает, что Смердяков совершает самоубийство «от отчаяния дважды брошенного сироты», воспринимавшего Ивана как своего второго отца [Holquist 1977: 182]. Предательство брата может быть еще более разрушительным[69].

Последствия равнодушия братьев к Смердякову выходят далеко за рамки его личной трагедии или трагедии ближайших родственников. Чтобы в полной мере оценить это, нам следует снять табу с его статуса брата и увидеть его в истинном свете: как главную проблему романа, возможно, даже более серьезную, чем «Инквизитор». Для братьев Карамазовых «он — первый шаг от конкретного и приземленного кровного братства ко всеобщему» [Meerson 1998: 194][70], и Достоевский делает его самым трудным шагом, какой только можно вообразить. Не сумев полюбить Смердякова, братья Карамазовы не могут войти в это большее братство. Даже Алеша, названный «просто ранним человеколюбцем» [Достоевский 1972–1990, 14: 17], умудряется не замечать одного из самых близких ему «братьев». Помня учение Михаила («Раньше, чем не сделаешься в самом деле всякому братом, не наступит братства» [Там же: 275]), можно утверждать, что, отвергая Смердякова, не только Дмитрий, Иван и Алеша, но и все персонажи романа нарушают главную заповедь Зосимы — любить всякое Божье творение.

Более того, как показывает Меерсон, не только персонажи не воспринимают Смердякова как брата, но и сам рассказчик [Meerson 1998: 190]. В то время как каждому из законных братьев в первой книге посвящена целая глава, Смердяков впервые упоминается в романе, когда Дмитрий, опоздав на встречу в келью отца Зосимы, объясняет, что «слуга Смердяков» указал ему неправильный час [Достоевский 1972–1990, 14: 63]. В следующий

---

69 Самый болезненный момент для Аркадия в «Подростке» — это встреча со сводным братом — дворянином и осознание того, что к нему относятся как к слуге, а не как к брату.

70 Иван и Алеша — родные братья, но Дмитрий — только их сводный брат, так что в некотором смысле Достоевский уже сделал несколько шагов от полной общности кровного родства к половинчатой общности и к юридически не признаваемой общности со Смердяковым, который также мог бы считаться сводным братом.

раз Смердяков упоминается в главе о слугах, что сразу ставит его на более низкий уровень, чем «истинных» братьев. В конце следующей главы, «Лизавета Смердящая», посвященной матери Смердякова, рассказчик наконец говорит нам:

> Очень бы надо примолвить кое-что и о нем специально, но мне совестно столь долго отвлекать внимание моего читателя на столь обыкновенных лакеев, а потому и перехожу к моему рассказу, уповая, что о Смердякове как-нибудь сойдет само собою в дальнейшем течении повести [Там же: 93].

Используя рассказчика таким образом — как для того, чтобы отвергнуть Смердякова, так и для того, чтобы затушевать положительные моменты братства между Дмитрием и Иваном, — Достоевский расширяет рамки этого испытания братства, превращая его в испытание и для читателя. Если рассказчику удалось нас убедить, что Смердяков не заслуживает быть частью всеобщего братства и что Дмитрий и Иван ненавидят друг друга, тогда Достоевский обвиняет нас, своих читателей, как и братьев Карамазовых, в невнимании к Смердякову и в провале братства[71]. Это усиливает идею о том, что каждый виноват перед всеми, делая вину за убийство Федора Павловича поистине универсальным феноменом[72]. Смердяков выступает стержнем романа, незамеченным братом в мире, где главенствуют горизонтальные связи. Он — напоминание о цене, которую мы платим за то, что предпочли Христа Инквизитору.

---

71 Миллер утверждает, что «Достоевский стремился вывести своего читателя за рамки простого вовлечения: он пытался заставить его фактически разделить ответственность с персонажами романа за моральные и этические суждения, посредством которых персонажи, часто трагически, влияли на жизнь друг друга» [Miller R. F. 1981: 6]. Своими размышлениями о роли рассказчика в формировании чувства вины читателя я обязана ее блестящему исследованию «Идиота».

72 Мартинсен согласна с этим: «Шокируя нас, Достоевский заставляет нас осознать, как мы поддерживаем статус-кво, как мы исключаем таких стыдливых и бесстыдных персонажей, как Павел Федорович Смердяков и Федор Павлович Карамазов, из нашего чувства всеобщего братства» [Martinsen 2003: 60].

Алешина «речь у камня»: всечеловеческое братство, построенное на родственных связях

Несмотря на эту тревожащую идею, Достоевский решает завершить книгу утверждением братской любви. Владимир Голштейн предположил, что, заключая роман речью Алеши у камня, Достоевский противопоставляет «описание дисфункциональной семьи, с которого начинается книга, образу нового типа семьи в финале романа» [Golstein 2004: 104][73]. Если Голштейн и Фуссо полагают, что новая семья включает идеального приемного отца (Алешу) и его двенадцать мальчиков, то я считаю, что эта новая семья — семья братьев[74].

И действительно, вся речь Алеши укоренена в настоящих братских узах. Немалая часть ее почти слово в слово повторяет отрывок из романа «Подросток». В нем Аркадий, пришедший однажды в солнечный день навестить князя, потрясен тем, что видит в соседней комнате свою сестру Лизу. Он поспешно уходит, и Лиза догоняет его уже на улице. Их разговор — это первый пример доверительных отношений брата и сестры. Тем не менее, когда Аркадий спрашивает Лизу, что она делала у князя, та отвечает, что была в гостях у его родственницы, не признаваясь в романе с князем (от которого скоро забеременеет)[75]. Ложь Лизы позволяет Аркадию воспринять эту сцену как момент

---

[73] Фуссо утверждает, что «роман заканчивается подчеркиванием любви, существующей между отцами и сыновьями» [Fusso 2006: 69]. Аполлонио более негативно оценивает эту последнюю семейную группировку, подчеркивая отсутствие в ней женщин. По ее мнению, «они являются неполноценным вариантом мира, подобно тем примитивным утопическим общинам, которые Достоевский критиковал в своих предыдущих произведениях» [Аполлонио 2020: 275]. Хотя я с пониманием отношусь к ее точке зрения, я думаю, что она несколько нивелируется связью с «Подростком» (описанной ниже).

[74] Я обсуждаю родственные отношения, которые Алеша устанавливает с Колей, в [Berman 2009: 268–269].

[75] Из-за этого обмана Аркадий на протяжении большей части книги регулярно занимает деньги у князя, думая, что это дается в знак дружбы, находясь в неведении, что он извлекает выгоду из позора своей сестры, — данную тему мы уже встречали в «Преступлении и наказании».

детской невинности[76]: светит солнце, Лиза весела, смеется и быстро заражает своим настроением брата. Аркадий говорит ей: «Смотри, какой день, смотри, как хорошо! Какая ты сегодня красавица, Лиза. А впрочем, ты ужасный ребенок» [Достоевский 1972–1990, 13: 160].

Аркадий неловко чувствует себя с женщинами, но с сестрой он ощущает близость и признается Лизе в платонической любви: «Лиза, у меня не было друга, да и смотрю я на эту идею как на вздор; но с тобой не вздор... Хочешь, станем друзьями? Ты понимаешь, что я хочу сказать?..» Хотя они не росли вместе и у них нет общего прошлого, их родственная связь — статус незаконнорожденных детей в одной семье — скрепляет узы. Аркадий спрашивает Лизу, понимает ли она его просьбу о дружбе, и она отвечает:

> — Очень понимаю.
> — И знаешь, без уговору, без контракту, — просто будем друзьями!
> — Да, просто, просто, но только один уговор: если когда-нибудь мы обвиним друг друга, если будем в чем недовольны, если сделаемся сами злы, дурны, если даже забудем всё это, — то не забудем никогда этого дня и вот этого самого часа! Дадим слово такое себе. Дадим слово, что всегда припомним этот день, когда мы вот шли с тобой оба рука в руку, и так смеялись, и так нам весело было... Да? Ведь да? [Там же: 161].

Аркадий клянется. Лиза, конечно, намекает на то время, когда Аркадий узнает о ее романе. Она не знает, отвергнет ли ее брат, узнав о ее позоре, и ее речь готовит его к такому повороту событий.

---

[76] По крайней мере, так он описывает это в мемуарах, которые мы читаем. Однако имеются намеки на то, что его ретроспективные знания при написании, возможно, просочились обратно в то, как он описывает тот день; слово «ужасно» встречается в отрывке восемь раз, «страшно» — также несколько раз, и он говорит, что во взгляде Лизы было что-то «ужасно веселое, а на капельку и лукавое» [Достоевский 1972–1990, 13: 159]. Однако эти формулировки не передают того, как Аркадий переживает эту встречу непосредственно *в тот момент*.

Хотя исследователи редко комментируют этот отрывок, любой, кто знаком с «Братьями Карамазовыми», узнает в нем прототип «речи у камня». В конце «Братьев Карамазовых» Алеша говорит мальчикам: «...всё равно не забывайте никогда, как нам было раз здесь хорошо, всем сообща, соединенным таким хорошим и добрым чувством, которое и нас сделало на это время любви нашей к бедному мальчику, может быть, лучшими, чем мы есть в самом деле» [Там же, 15: 195]. Он завершает словами: «Вот мы теперь и идем рука в руку», точно так же, как Аркадий и Лиза — случайные брат и сестра, которых свела вместе деятельная любовь [Там же: 197][77]. Лиза рассказывает о девочке, недавно покончившей с собой, и эти замечания находят аналогию в словах Алеши об Илюше, на похоронах которого мальчики только что побывали. Именно перед лицом смерти утверждается жизнь и связь между людьми. Алексей, человек верующий, создает братство на могиле невинно погибшего, в то время как его сомневающийся брат Иван использовал страдания ребенка, чтобы поднять мятеж против Бога.

Подобно тому как Лиза предупреждает о времени, когда они с братом могут обидеть друг друга или рассердиться, Алеша также готовит свою любящую аудиторию мальчиков к тому времени, когда они могут стать злыми и «пред дурным поступком устоять будут не в силах» [Там же: 195]. Ряду исследователей удалось собрать все косвенные доказательства, позволяющие предположить, что в возможном продолжении «Братьев Карамазовых» Алеша мог бы совершить политическое преступление и, возможно, даже попытаться убить царя[78]. В этом свете восклицание Коли — «И вечно так, всю жизнь рука в руку! Ура Карамазову!» [Там же: 197] — можно рассматривать как силу, призванную

---

[77] Энн Хруска отмечает, что «на краткий миг мальчики преодолевают иерархию, больше не борются за то, чтобы быть старше и установить превосходство друг над другом» [Hruska 2007: 489].

[78] Одно из таких исследований см. в [Rice 2006]. Бланк синтезирует различные научные взгляды на возможное продолжение и предполагает, что в дополнение к психологическим и политическим мотивам транформации Алеши существуют также художественные мотивы [Blank 2010: 58–61].

связать общество и предотвратить такое насилие и разрушения[79]. Но, обращаясь к модели этой идеи совершения предосудительного поступка (роману Лизы с князем), мы видим, что источник, на самом деле, может быть гораздо более глубинным. Раскол, которого боится Лиза, основан на личных отношениях и выполняет функцию проверки деятельной любви между людьми, которые уже объединены.

Рассматривая роман «Подросток» как основу для Алешиной речи у камня, мы видим, что Достоевский использует связь между реальными братом и сестрой в предыдущем романе в качестве образца для своего идеала всеобщего братства в «Братьях Карамазовых». У Лизы и Аркадия нет общего прошлого, как у большинства биологических братьев и сестер, поэтому их связь основана на деятельной любви, очень похожей на любовь между братьями Карамазовыми или на любовь, которую Алеша пытается пробудить между мальчиками. Как отмечают исследователи, Алеша произносит свою речь у камня перед двенадцатью мальчиками, словно перед двенадцатью апостолами [Jackson 2004: 237; Miller R. F. 1992: 132][80]. Это придает сцене религиозные коннотации братства во Христе. И речь Лизы, и речь Алеши в двух романах упоминают хождение рука об руку — высший образ единства, равенства и любви. Аркадий заканчивает сцену с Лизой тем, что впервые целует ее. Этот поцелуй перекликается с моментами, когда Алеша целует Ивана после его восстания и когда Христос целует Инквизитора — двумя самыми значимыми примерами деятельной любви в «Братьях Карамазовых».

Сцена между Аркадием и Лизой на улице — лишь краткое солнечное мгновение в длинном, мрачном, сложном романе, но она олицетворяет надежду и радость, которые находят свое полное выражение в словах Алеши в конце «Братьев Карамазовых». Видя корни этой сцены в буквальном родстве двух неза-

---

[79] В более негативном ключе это также можно воспринимать как отголосок *братства* как идеи Французской революции.

[80] Подобно любви Христа в *поэме* Ивана, братская любовь Алеши предлагается вместо иерархической модели.

коннорожденных детей в самом «случайном» из всех семейств Достоевского, мы лучше понимаем ви́дение Достоевским всеобщего братства и его связи с буквальными родственными узами. Случайный характер семьи у Достоевского уже делает реальную семью на шаг ближе к объединению разрозненных детей, отпрысков разных родителей, в братство человечества. Это ответ Достоевского на вопрос о расширении семейной любви, который Толстой безуспешно пытался решить в «Анне Карениной». Семья может расширяться, когда связывающие ее узы — это деятельная любовь, которой можно одаривать всех, а не нечто общее — воспоминания детства, род, раса, национальность, — что в конечном счете окажется ограничивающей и разделяющей силой[81]. Моделью для такого расширения, типом связей, способных распространяться, является братство.

Все произведения, обсуждавшиеся в этой главе, объединены простым основополагающим принципом: потребностью в уязвимости. Герои Достоевского, в отличие от героев Толстого, страдают от неспособности оказаться уязвимыми перед другими. На первый взгляд это может показаться странным, учитывая, насколько слабы и не уверены в себе многие персонажи, но все они стремятся скрыть этот факт. Над сентиментальными романтиками 1840-х годов, такими как Степан Трофимович, человек с душой нараспашку, — откровенно насмехаются. Новые революционеры отвергли семью и любовь; им ни от кого ничего не нужно.

Неспособность раскрыться перед другими в своей уязвимости объясняет, почему героям так трудно принять милостыню или помощь. Неуязвимым не нужно от других ничего, но в этом состоянии они могут оказать помощь, только создав вертикальную

---

[81] Соловьев делает параллельный комментарий о христианстве Достоевского: «Все дела и отношения общечеловеческие должны окончательно управляться тем же самым нравственным началом, которому мы поклоняемся в храмах и которое признаем в своей домашней жизни, т. е. началом любви, свободного согласия и братского единения» [Соловьев 1990: 42]. Здесь Соловьев связывает храм и бытовую сферу.

структуру власти. Помощь должна быть взаимной: материальное благодеяние в обмен на духовное благословение. Уязвимость лежит в основе речи таинственного посетителя Михаила об одиночестве, противопоставляемом братству. Люди копят деньги и прячутся в своих крепостях в одиночестве, чтобы избежать потребности в других. Братство предполагает отказ от независимости и принятие взаимной зависимости. Но это не та «взаимная выгода», к которой Петр Степанович сводит дружбу. И это не взаимное рабство «шигалевщины»; по мнению Достоевского, это возвышающее братство Христа, который поднял братьев до своего уровня.

Эта тема зависимости обнаруживает неожиданную точку соприкосновения с Толстым. Как будет обсуждаться в следующей главе, Ричард Густафсон утверждает, что толстовские герои (как и сам писатель) колеблются между двумя состояниями: Обитателя — того, кто погружен в мир человеческих связей, — и Чужака — того, кто чувствует себя отчужденным от этого мира [Густафсон 2003: 22–36]. Типичная для Толстого сюжетная линия строится на сдвиге между этими двумя полюсами, и то же самое можно сказать о нескольких романах Достоевского. Как «Подросток», так и «Преступление и наказание» рассказывают одну и ту же историю: молодой человек одержим идеей, которая отрезала его от остального мира (Аркадий — стать Ротшильдом; Раскольников — стать Наполеоном)[82]. Его развитие включает в себя отказ от этой идеи и болезненный переход от изоляции к сопричастности. Каждый герой должен постепенно примириться со своей отчужденной, но любящей семьей, приняв ее заботу, и для каждого этот процесс подразумевает необходимость предстать перед другими уязвимым. В «Бесах» замена любви гордостью и властью — отношения Варвары со Степаном Трофимовичем, отношения Лизы со Ставрогиным, отношения Петра с его революционными «братьями» — это, по сути, способ избежать уязвимости, которая могла бы реально объединить людей.

---

[82] Как отмечалось во второй главе, у молодых людей одинаковая структура семьи: младшая сестра и умерший в младенчестве брат.

Достоевский уделяет столько внимания переломным моментам из-за заложенного в них потенциала, как психологического, так и драматического[83]. Эти моменты крайней уязвимости также таят в себе потенциал для установления уз, подобных родственным. Когда Алеша после смерти Зосимы направляется к Грушеньке, он внутренне ослаблен, беззащитен, и он встречает сестринскую заботу. Когда Дмитрий изливает душу *обоим* братьям, Алеше и Ивану, они принимают его слова о спасении близко к сердцу. Когда мальчики оплакивают смерть Илюши, их ранимые сердца открыты Алешиным словам, которые свяжут их братской любовью. Зависимость и забота, необходимые для братства, не могут прийти к людям в их изолированных крепостях.

Одним из наиболее удручающих аспектов мысли Достоевского был растущий шовинизм, с которым он рассматривал братство. Достоевский видел в изоляционистской тенденции мировоззренческую концепцию Запада и верил, что миссия России заключается в распространении братской любви. В «Зимних заметках о летних впечатлениях» (1863), описывая свою первую заграничную поездку в Европу, Достоевский объяснил, почему братство невозможно на Западе. «Западный человек толкует о братстве как о великой движущей силе человечества и не догадывается, что негде взять братства, коли его нет в действительности» [Достоевский 1972–1990, 5: 79]. Он полагал, что братство возникает естественным образом и не может быть создано искусственно.

> А в природе французской, да и вообще западной, его в наличности не оказалось, а оказалось начало личное, начало особняка, усиленного самосохранения, самопромышления, самоопределения в своем собственном *Я*. <...> Ну, а из такого самопоставления не могло произойти братства [Там же].

Когда западные социалисты попытались создать братство, они потерпели неудачу, потому что братство должно быть инстинк-

[83] Бахтин пишет: «[Достоевский] всегда изображает человека на *пороге* последнего решения, в момент *кризиса* и незавершенного — и *непредопределимого* — поворота его души» [Бахтин 2002: 72].

том, основанным на любви, а не на разуме, а западникам, по мнению Достоевского, недостает этого инстинкта. Сканлан указывает на крайне пагубное влияние, которое это оказало на представления Достоевского о братстве:

> ...из-за его отождествления зла с эгоизмом и его определения Запада как страны самонадеянных индивидуумов, его практический нравственный посыл был не гуманистическим, а националистическим и противоречивым [Сканлан 2006: 234].

Достоевский сделал братство частью уникальной миссии России. Более чем через десять лет после «Зимних записок» он включил такое пророчество для России в «Дневник писателя»:

> И впоследствии, я верю в это, мы, то есть, конечно, не мы, а будущие грядущие русские люди поймут уже все до единого, что стать настоящим русским и будет именно значить: стремиться внести примирение в европейские противоречия уже окончательно, указать исход европейской тоске в своей русской душе, всечеловечной и воссоединяющей, вместить в нее с братскою любовию всех наших братьев, а в конце концов, может быть, и изречь окончательное слово великой, общей гармонии, братского окончательного согласия всех племен по Христову евангельскому закону! [Достоевский 1972–1990, 26: 148].

Братство, по Достоевскому, являлось естественным состоянием русской души. Толстой в своих поздних произведениях пошел дальше, сделав его состоянием человеческой души.

Глава 5
Толстой и братство

Мы все знаем и не можем не знать, если бы даже мы никогда и не слыхали и не читали ясно выраженной этой мысли и никогда сами не выражали ее, мы, всосав это носящееся в христианском воздухе сознание, — все, всем сердцем знаем и не можем не знать ту основную истину христианского учения, ту, что мы все сыны одного отца, все, где бы мы ни жили и на каком бы языке ни говорили, — все братья и подлежим только одному закону любви, общим отцом нашим вложенному в наши сердца.

Л. Н. Толстой. Царство Божие внутри вас
[Толстой 1928–1959, 28: 91]

Для Толстого братство было фактом бытия, неизбежным законом взаимосвязанности, который люди могут принимать или отвергать, но не могут изменить или избежать. В противовес мессианскому варианту русского православия по Достоевскому, которое должно было *привести* к братству, Толстой утверждал, что братство уже *здесь*, в сердце каждого человека, и его нужно только принять и действовать в соответствии с ним. Всю жизнь его не оставляло воспоминание об игре в «муравейных братьев», в которую они с братьями играли в детстве, прижимаясь друг к другу в темноте под одеялами[1]. Этот образ родственной связи

---

[1] Этот отрывок [Толстой 1928–1959, 34: 386] приводился во введении. Брат Толстого Николенька утверждал, что у него есть секрет всеобщего братства и счастья, написанный на зеленой палочке, которую он закопал в овраге на территории фамильного поместья. Этот идеал был настолько силен для Толстого, что он даже просил похоронить его в овраге зеленой палочки, и эта просьба была выполнена.

и причастности стал для Толстого символом большего единства, к которому он стремился. В возрасте семидесяти лет он писал: «Идеал муравейных братьев, льнущих любовно друг к другу, только не под двумя креслами, завешанными платками, а под всем небесным сводом всех людей мира, остался для меня тот же» [Там же, 34: 387]. Это самое исчерпывающее высказывание Толстого о его идеале всеобщего братства, вырастающем непосредственно из его непосредственных братских уз[2].

По мере того как Толстой стремится распространить чувство семейной любви, объединявшее его с братьями и сестрой, на все человечество, в его логике появляется натяжка. Тот тип любви, который объединяет братьев под одним одеялом, несоизмерим с любовью, способной объединить все человечество под куполом небес. Поскольку концепция братства может охватывать сильную личную привязанность, основанную на повседневном опыте (муравейные братья), и безличное единство всех как детей Божьих (человечество под небесами), братская связь стала для Толстого важным связующим звеном, которое скрыло от него общую проблему его мировоззрения. Он хотел, чтобы братство было как личным, так и безличностным — основывалось на сильной привязанности и близости, которые он испытывал к своим собственным братьям, и в то же время распространялось на каждое существо на Земле, независимо от их личных качеств. Как обсуждалось в третьей главе, во время написания «Анны Карениной» в 1870-х годах Толстой уже пришел к пониманию того, что расширение реальной сети родства имеет пределы. Не каждый может быть *своим*, так же как под одеялом нет места для всего человечества.

Я считаю, что изображение семьи Толстым меняется на протяжении всей трилогии его главных романов отчасти как ответ на эту проблему, а отчасти в ответ на его обращение к религии

---

2 Это согласуется с наблюдением Донны Орвин о том, что «в искусстве Толстого действует закон движения снизу вверх, от деталей и частностей — к обобщению, генерализации, а не наоборот» [Орвин 2022: 112]. Он начинает с индивидуальных родственных связей и на их основе конструирует общие идеалы.

в 1870-х годах[3]. Двигаясь от ограниченных семей «Войны и мира» через расширяющуюся (но в конечном счете ограниченную) сеть родства «Анны Карениной» к «Воскресению» (1899), Толстой разрабатывал все более абстрактную концепцию семьи. Идеал, к которому он в конечном счете пришел, иллюстрируется религией взаимосвязанности Симонсона (она обсуждается ниже), где все в мире является частью органического целого. Если Достоевский сместил внимание с общества в «Бесах» на семью в «Подростке» и в «Братьях Карамазовых», то Толстой пошел в противоположном направлении: идеал семьи, который вдохновил «Войну и мир» и был поставлен под вопрос в «Анне Карениной», в «Воскресении» отступает, по мере того как на первый план выходят более масштабные социальные и общечеловеческие проблемы. Семья становится для Толстого *всей* человеческой семьей, и, как следствие, по его утверждению, *каждая* связь должна уподобиться родственным узам[4]. В этой главе прослеживается эволюция размышлений Толстого о любви и братстве, исследуется его попытка вывести всеобщее братство из буквальной родственной связи.

Переход от индивидуальной любви ко всеобщей

От земной романтической любви к бескорыстной любви и самопожертвованию, к божественной, беспредметной любви — в прозе Толстого исследуются связи и скачки между личной любовью, основанной на предпочтениях, и всем человечеством, объединенным недифференцированным чувством привязанно-

---

3 Подробный анализ обращения Толстого, проведенный Инессой Меджибовской, позволяет проследить переход от его мировоззрения до «Анны Карениной» к его религиозным произведениям после обращения. См. [Medzhibovskaya 2008]. Меджибовская уделяет мало внимания «Воскресению», но переход к духовной концепции человеческой семьи, который я нахожу в этом романе, согласуется с ее общими наблюдениями.

4 Даже супружеские отношения, которые он моделировал по образцу братских уз в ранних произведениях, таких как «Война и мир», должны были стать буквально отношениями «сестры и брата» ко времени «Крейцеровой сонаты» и его отказа от сексуальной любви в браке.

сти. Толстой понимал, что любовь часто вырастает из тесного личного контакта и глубокого понимания другого существа, но он жаждал всеобщей любви всех ко всем, которая, по своей сути, должна существовать независимо от индивидуальности любимого. Он объясняет этот фундаментальный парадокс в «Царстве Божием внутри вас»: «Необходимость расширения области любви несомненна; но вместе с тем эта самая необходимость расширения ее в действительности уничтожает возможность любви и доказывает недостаточность любви личной, человеческой...» [Там же, 28: 84]. Его теория, полностью сосредоточенная на роли любящего, который должен излучать любовь на всех в равной степени, не принимает во внимание того, на кого любовь направлена, и его или ее потребности или желания. Если Царство Божие действительно *внутри*, тогда другой не имеет значения. Эта однобокая сосредоточенность на себе как на источнике любви характерна для всех произведений Толстого о любви и братстве.

Многие усматривают иронию в том, что весь толстовский проект всеобщей любви и братства исходил от «троглодита», который постоянно конфликтовал со своей семьей и друзьями[5]. Как Толстой понял из своей личной жизни, недифференцированная любовь может быть уместна для случайного знакомого или соседа, но ее не ценят ни ребенок, ни жена, с которой прожито более сорока лет; для них такая «любовь» больше похожа на безразличие[6]. Однако для Толстого она стала *единственной* возможной формой[7]. В письме Мохандасу

---

5 Троглодит — прозвище, данное Тургеневым Толстому за его сложный характер [Wilson 1988: 126].

6 Фрейд утверждал, что было бы неправильно любить незнакомца, потому что «все мои близкие ценят мою любовь как знак предпочтения; для них будет несправедливостью, если я наравне с ними поставлю чужого» [Фрейд 2012: 955].

7 В ранней дневниковой записи (1847) он приказывает: «Жертвуй всеми прочи[ми] чувствами любви любви всеобщей»; это позволяет предположить, что зачатки его более поздних взглядов уже присутствовали в юности [Толстой 1928–1959, 46: 269].

Ганди за два месяца до своей смерти (7 сентября 1910 года) он излагает свое определение любви так, как если бы оно было общепринятым, сводя его к подпункту: «Любовь, т. е. стремление душ человеческих к единению, и вытекающая из этого стремления деятельность есть высший и единственный закон жизни» [Там же, 82: 137]. Можно предположить, что Толстой воспринимал такую любовь как данность, поскольку он писал Ганди, что «это в глубине души чувствует и знает каждый человек» [Там же].

Толстой считал, что роль искусства состоит в том, чтобы донести это чувство всеобщей любви до сознания и тем самым способствовать всеобщему братству. В своем трактате «Что такое искусство?» (1896) он утверждает:

> Искусство должно сделать то, чтобы чувства братства и любви к ближним, доступные теперь только лучшим людям общества, стали привычными чувствами, инстинктом всех людей. <...> Соединяя же всех самых различных людей в одном чувстве и уничтожая разделение, всенародное искусство воспитает людей к единению, покажет им не рассуждением, но самою жизнью радость всеобщего единения вне преград, поставленных жизнью [Там же, 30: 195].

Целью искусства Толстого было не только изобразить, но и культивировать всеобщее братство, давая читателям опыт объединения. И все же ему трудно было примирить эту более общую привязанность с сильной любовью между отдельными людьми, которую он также ценил (если это была правильная разновидность любви).

В первой половине этой главы рассматриваются три способа, которыми Толстой пытался перейти от индивидуальной любви к универсальной — сначала с помощью своих фаз любви, затем с помощью *Bildung* (воспитания) Пьера в «Войне и мире» и, наконец, с помощью философии взаимосвязи Платона Каратаева. Каждый раз, как и в случае с «муравейными братьями», Толстой пытается поставить знак равенства между двумя принципиально разными формами любви. Затем, во второй половине главы, мы отступаем от этих конкретных случаев, чтобы исследовать параллельный сдвиг от индивидуальных братьев и сестер ко всеобщему братству в творчестве Толстого в целом. Прослеживание развития «идеи братьев и сестер» в главных романах Толстого раскрывает его зарождающуюся философию человеческой взаимосвязи.

Фазы любви

Хотя о толстовской концепции братства написано много[8], связи братства с реальным родством братьев и сестер практически не исследовались. Это поразительное упущение в науке, учитывая то, насколько четко Толстой излагает свои идеи о расширении любви — начиная с семьи, доходя до уровня нации и в конечном счете приходя к человечеству в целом[9]. Поскольку это занимает в данной главе центральное место, я полностью процитирую один из ключевых отрывков из книги «Царство Божие внутри вас»:

> Сущность общественного жизнепонимания состоит в перенесении смысла своей личной жизни в жизнь совокупности личностей: племени, семьи, рода, государства. Перенесение это совершалось и совершается легко и естественно в первых своих формах, в перенесении смысла жизни из своей личности в племя, семью. Перенесение же в род или народ уже труднее и требует особенного воспитания для этого; перенесение же сознания в государство уже составляет предел такого перенесения.

---

[8] См., например, [Donskov, Woodsworth 1996], несколько статей откуда цитируются в этой главе.

[9] Фрейд в «Неудовлетворенности культурой» описывает тот же процесс, подчеркивая, что «этот процесс служит Эросу, стремящемуся объединить сначала отдельных людей, затем семьи, затем племена, народы, нации в одно большое целое — человечество» [Фрейд 2012а: 966]. Он утверждает, что объединяет их именно либидо, а не просто «преимущества объединения в совместном труде». Толстой был бы категорически против этого, поскольку он пытался полностью исключить эрос.

> Любить себя естественно каждому, и каждый себя любит без поощрения к этому; любить свое племя, поддерживающее и защищающее меня, любить жену — радость и помощь жизни, своих детей — утеху и надежду жизни, и своих родителей, давших жизнь и воспитание, естественно; и любовь эта, хоть далеко не столь сильная, как любовь к себе, встречается довольно часто.
>
> Любить для себя, для своей гордости свой род, свой народ, хотя уже не так естественно, все-таки встречается. Любовь своего одноплеменного, одноязычного, одноверного народа еще возможна, хотя чувство это далеко не такое сильное, не только как любовь к себе, но и к семье или роду; но любовь к государству, как Турция, Германия, Англия, Австрия, Россия, уже почти невозможная вещь и, несмотря на усиленное воспитание в этом направлении, только предполагается и не существует в действительности. На этой совокупности уже кончается возможность для человека переносить свое сознание и испытывать к этой фикции какое-либо непосредственное чувство. Позитивисты же и все проповедники научного братства, не принимая во внимание ослабление чувства по мере расширения предмета, теоретически рассуждают далее в том же направлении. «Если, — говорят они, — личности было выгодно перенести свое сознание в племя, семью, а потом в народ, государство, то еще выгоднее будет перенести свое сознание в совокупность всего человечества и всем жить для человечества так же, как люди живут для семьи, для государства».
>
> Оно теоретически действительно так выходит.
>
> <...> Казалось бы это логичнее всего, и теоретически проповедуют это, не замечая того, что любовь есть чувство, которое можно иметь, но которое нельзя проповедовать, и что кроме того для любви должен быть предмет, а человечество не есть предмет, а только фикция [Там же, 28: 81–82].

Этот отрывок иллюстрирует острое осознание Толстым разницы между абстрактной философией и реальным, пережитым опытом[10]. Он скептически относится к «научному» взгляду на

[10] Работая над рукописью, Толстой сам участвовал в масштабном гуманитарном проекте помощи голодающим (1891–1892). См. комментарий Н. В. Горбачева в Полном собрании сочинений [Толстой 1928–1959, 28: 346].

жизнь, потому что — как он столь блестяще демонстрирует в «Войне и мире» — людьми движут их непосредственные личные интересы, а не только крупные исторические мотивы, которые мы позже им приписываем (и которые наиболее заметны). Люди могут любить только то, что они могут себе представить, и это становится ограничивающим фактором в распространении любви. Далее Толстой замечает: «Действительно, очень выгодно бы было, если бы люди могли любить человечество так же, как они любят семью...» [Там же: 83]. Это наблюдение еще сильнее подчеркивает, что Толстой использует семью как ступеньку на пути ко всеобщей любви, одновременно демонстрируя свое осознание того, что этот скачок — который был бы таким «удобным» — невозможен для людей.

Князь Андрей в «Войне и мире» служит вымышленной моделью этой толстовской правды о любви, распространяющейся через семью, но никогда не охватывающей все человечество. Когда Пьер оспаривает утверждение Андрея о том, что человек должен жить для себя и не беспокоиться о других (отказ от более ранней идеи Андрея жить ради славы), он напоминает Андрею о его сыне, сестре и отце, и Андрей отвечает: «Да это всё тот же я, это не другие». Андрей проводит различие между своей семьей — как частью его самого — и некими «ближними» (библейскими «соседями»): «...а другие, 'ближние', *le prochain*, как вы с княжной Марьей называете, это главный источник заблуждения и зла. *Le prochain* — это те, твои киевские мужики, которым ты хочешь делать добро» [Там же, 10: 111]. Активно отвергая христианский идеал, согласно которому все люди братья, Андрей расширяет границы своего «я» настолько, что включает в себя своих ближайших родственников, что является самым естественным первым шагом, как позже описал Толстой в «Царстве Божием».

Это распространение любви, как и другие аспекты философии Толстого, основано на прохождении определенных этапов. В отличие от персонажей Достоевского, которые могут постичь истину путем внезапного обращения — как Зиновий, который становится Зосимой после того, как запланированная дуэль приводит его к радикальному духовному пробуждению, — у Толстого персонажи-«искатели» продвигаются с многочисленными сомнениями и колебаниями через различные стадии сознания, на каждой стадии веря, что они достигли окончательной истины. Для Толстого моменты, подобные обращению Зиновия, никогда не являются последним словом и не приводят к окончательным сдвигам в мировоззрении. Густафсон справедливо утверждает, что ключевым аспектом размышлений Толстого является предположение о том, что жизнь — это «серия поддающихся определению "фаз"», которые более или менее универсальны, так что их описание (в его художественной и публицистической литературе) «может иметь психологическую и моральную цель, поскольку читатели могут увидеть бы себя в этом [описании] и обнаружить свое единство с другими» [Gustafson 1978: 481][11]. Это по сути неоклассическое понимание истины и опыта, которое Толстой хотел навязать обществу, пропитанному идеей романтической индивидуальности. Рассматривая свои личные истины как универсальные, Толстой отвергал романтический взгляд на одинокую душу, прокладывающую свой собственный курс, и представлял всех людей находящимися на том же духовном пути, что и он сам. Он стремился подтолкнуть их, повышая их осведомленность о фазах, через которые они проходят, и дать им ощущение общности.

Как упоминалось в первой главе, Толстой представлял себе три человеческих возраста — личностный/дикарский, политический/общественный, христианский/божественный, — через которые проходит человеческое общество, и полагал, что каждый лично проходит параллельный путь в своей собственной жизни [Тол-

---

[11] Густафсон основывает этот комментарий на отрывке, написанном Толстым в возрасте шестидесяти шести лет (1894), о желании создать произведение, в котором были бы описаны «возрасты» жизни: «Не знаю, удастся ли мне когда-нибудь — уж мало осталось времени, описать те различные фазы, возрасты духовные, кот[орые] мы все проходили и проходим и кот[орые] я очень живо всегда вижу на вас. Описать это хорошо бы потому, что если это описать верно, то каждый, проходя эти возрасты, эти кризисы, не будет пугаться, а будет ждать следующего состояния, будет знать, что то же было и с другими» [Толстой 1928–1959, 67: 214].

стой 1928–1959, 28: 86–89]. *Личное*, воплощенное в дикаре, основано на собственном благополучии и на удовлетворении потребностей своего «я». Начав с этого, человек постепенно переходит на общественную стадию, на которой он видит необходимость подчинять потребности своего «я» благу других: семьи, рода, страны (как обсуждалось в процитированном выше отрывке). Это приводит к созданию общества, основанного на политическом порядке, который требует принесения личных свобод в жертву государству[12]. Густафсон отмечает, что на этой стадии человек «постигает жизнь только в других, в “совокупности личностей”, таких как племя, семья, клан, Церковь, государство или “человечество”» [Густафсон 2003: 95]. Согласно Толстому, именно этой стадии человечество достигло в его время (то есть в конце XIX века).

В конечном счете, однако, Толстой полагал, что человек продвинется дальше этого к христианской, или божественной стадии.

> Придет время и приходит уже, когда христианские основы жизни — равенства, братства людей, общности имуществ, непротивления злу насилием — сделаются столь же естественными и простыми, какими теперь нам кажутся основы жизни семейной, общественной, государственной [Толстой 1928–1959, 28: 89].

Утверждая, что любовь может распространяться через семью, клан и род на нацию, Толстой верил, что для достижения последней ступени, любви ко всему человечеству, необходима божественная любовь. Толстой полагал, что на этой третьей стадии человек осознает, что другой и «я» являются частью единого целого — Бога, — которое включает в себя все в мире. Следовательно, вместо того чтобы жить для других, теперь можно будет жить для Бога, что для Толстого означало жить для себя и для других сразу. Как объясняет эту новую концепцию Густафсон: «Этот Бог включает “я”. Это Всё — не просто все остальное. Это

---

12 Здесь имеются отголоски «Эмиля» Руссо (1762), который оказал большое влияние на Толстого.

всё — то, где мое истинное место, то, что мне принадлежит и чему я принадлежу» [Густафсон 2003: 98].

Хотя третья фаза любви должна была прекратить противостояние «я» и «другого», Толстой продолжал противопоставлять жизнь для себя и жизнь для других по принципу «или-или». Сохраняя оппозицию между этими понятиями, он проводил жесткое различие между двумя формами любви, которые он с ними связывал; жизнь для себя подразумевает индивидуалистическую, потенциально собственническую любовь, а жизнь для других зависит от более общей, безличной любви, которую трудно идентифицировать как любовь, поскольку она утратила всякую специфичность[13]. Чтобы жить для других, нужно любить их, но для любви объект должен оказывать некоторое влияние на вызываемое им чувство. Простое излучение «любви» без какой-либо заботы о другой стороне не является собственно любовью и не способствует единству. Поскольку в его модели отсутствует взаимность, она не признает возможности того, что нечто может быть полезно для *обеих* сторон: как для самого человека, так и для других. Казалось бы, это необходимо для подлинно всеобщей любви.

---

[13] Эдвард Васиолек представляет интригующее и противоречащее здравому смыслу прочтение «Войны и мира», при котором идеалом оказывается «жизнь для себя», а не жизнь для других, как обычно утверждают исследователи [Wasiolek 1978: 112]. Толстой ценил искренность и непосредственность реакции, воплощенные в Каратаеве, Наташе, а иногда и Пьере. Их радостная жизненная сила и умение жить для себя, жить текущим моментом позволяют испытывать подлинную любовь, которая никогда не бывает фальшивой или наигранной. Васиолек утверждает, что недостатки жизни для других можно увидеть в «лицемерном, подхалимском, своекорыстном» поведении Бориса, вызванном не его истинными чувствами, а «чувствами, одобряемыми обществом», а также в Элен, которая живет для того, чтобы вызывать желание у мужчин [Ibid.: 104]. Хотя это справедливо, Васиолек отождествляет жизнь ради *хорошего мнения* других с жизнью ради *блага* других, тогда как Толстой определенно видел между ними различие. В начале романа Андрей совершает аналогичную ошибку, полагая, что его идеал жизни ради славы — это жизнь для других. Он не осознавал, что желать, чтобы люди думали о нем хорошо, — это не то же самое, что посвятить себя их благу из любви.

По сути, третья фаза — божественная любовь — была новой концепцией Толстого, концепцией христианского братства. В своем дневнике за 1909 год Толстой отмечает: «...мне всегда в словах Христа: любить Бога и ближнего — любовь к Богу кажется лишней, несовместимой с любовью к ближнему, несовместимою п[отому], ч[то] любовь к ближнему так ясна, яснее чего ничего не может быть, а любовь к Б[огу], напротив, оч[ень] неясна» [Толстой 1928–1959, 57: 177]. Для Толстого божественная любовь все еще должна быть сосредоточена на конкретных объектах. Хотя он может принять, что Бог существует, он задается вопросом, можно ли его любить.

> Бог — любовь, это так. Мы знаем Его только п[отому], ч[то] любим; а то, что Б[ог] есть сам в себе, это — рассуждение, и часто излишнее и даже вредное. Если спросят: а сам в себе есть Бог? — я должен сказать и скажу: Да, вероятно, но я в Нем, в этом Боге самом в себе, ничего не понимаю. Но не то с Богом — любовью. Этого я наверно знаю. Он для меня всё, и объяснение и цель моей жиз[ни] [Там же].

В этой дневниковой записи Толстой приравнивает любовь к ближнему к божественной любви, потому что они не могут существовать раздельно[14]. Невозможно любить всех людей, не ощущая Бога во всем. Эта идея перекликается с убеждением Достоевского в том, что братство невозможно без «веры в бессмертие души человеческой» [Достоевский 1972–1990, 24: 49], но для Достоевского христианский контекст необходим, потому что в противном случае любить людей будет невозможно, в то время как для Толстого познание любви — *именно это и есть* познание божественного. Как отмечалось в первой главе, Толстой считал, что

---

[14] В этом взгляды Толстого очень похожи на идеи отца Зосимы о «деятельной любви», высказанные в «Братьях Карамазовых». Поэтому неудивительно, что на Толстого произвели большое впечатление эпизоды с Зосимой из романа Достоевского.

> Христианское учение есть указание человеку на то, что сущность его души есть любовь, что благо его получается не оттого, что он будет любить того-то и того-то, а оттого, что он будет любить начало всего — Бога, которого он сознаёт в себе любовью, и потому будет любить всех и всё [Толстой 1928–1959, 28: 85].

Во время написания «Войны и мира» Толстой не видел, как сделать эту безличную божественную любовь совместимой с жизнью. Лежа в госпитале, раненый князь Андрей испытывает любовь ко всем в более традиционной христианской форме.

> Сострадание, любовь к братьям, к любящим, любовь к ненавидящим нас, любовь к врагам — да, та любовь, которую проповедовал Бог на Земле, которой меня учила княжна Марья и которой я не понимал; вот отчего мне жалко было жизни, вот оно то, что еще оставалось мне, ежели бы я был жив [Там же, 11: 258][15].

Толстой предполагает, что такая любовь невозможна для живущих. Когда Андрей умирает в Мытищах, прежде чем его найдет Наташа, он снова размышляет о любви:

> Да, любовь (думал он опять с совершенной ясностью), но не та любовь, которая любит за что-нибудь, для чего-нибудь или почему-нибудь, но та любовь, которую я испытал в первый раз, когда, умирая, я увидал своего врага и все-таки полюбил его. Я испытал то чувство любви, которая есть самая сущность души и для которой не нужно предмета. Я и теперь испытываю это блаженное чувство. Любить ближних, любить врагов своих. Всё любить — любить Бога

---

[15] Его список сходен с Наташиной молитвой во время ее нравственного восстановления, которая включает в себя молитву за путешественников (она думает об Андрее), за тех, кто нас любит (ее семья), и тех, кто нас ненавидит (она молится за Анатоля как за врага) [Толстой 1928–1959, 11: 74]. Также в этой цитате значим тот факт, что, подобно тому как герои Достоевского усваивают положительные моральные ценности от братьев, а не от родителей, Андрей научился любви, которую он начинает ценить, у своей сестры, а не у своего обожаемого отца.

> во всех проявлениях. Любить человека дорогого можно человеческой любовью; но только врага можно любить любовью божескою [Там же: 386–387].

Эта всеобъемлющая, недифференцированная любовь несовместима с тем, чтобы продолжать жить; любовь Наташи удерживает Андрея в нашем мире, в то время как божественной любви можно в полной мере достичь только после смерти. Толстой пишет об Андрее: «Всё, всех любить, всегда жертвовать собой для любви, значило никого не любить, значило не жить этою земною жизнию» [Там же, 12: 61]. Густафсон дает превосходный анализ того, что происходит на смертном одре:

> Новая концепция любви князя Андрея не предполагает исключительности, потому что для него любить всё и вся — значит «любить Бога во всех проявлениях» (III, iii, xxxii); он не любит какого-либо конкретного человека или вещь, а только проявление Бога в них, «силу души», которую он видит в Наташе. Таким образом, на смертном одре князь Андрей осознает ограничения эроса и свободу и истину агапе [Gustafson 1978: 500].

Эти ограничения *эроса* Толстой пытается преодолеть посредством братской привязанности, которая располагается где-то между интенсивным фокусом романтической любви и бесконечной распространяемостью *агапе* — или сочетает их в себе.

Пьер в поисках братства

Путь Пьера Безухова в романе «Война и мир» иллюстрирует связь, которую Толстой стремился установить между реальными родственными узами и всеобщим братством. Пьер появляется в романе как посторонний: незаконнорожденный сын, который только что вернулся из-за границы и не вписывается в приличное общество. Вечный философ, он озабочен *идеей* причастности к большему целому, но, лишенный семейных уз, столь значимых в «Войне и мире», он не знает, что значит чувствовать непосредственную связь[16]. Поэтому он ищет более широкой общности всех людей в братстве, которое остается притягательной абстракцией. Стремление Пьера к единству и принадлежности к различным социальным институтам на самом деле является поиском братьев и сестер.

Именно обещание братских уз изначально привлекает Пьера к франкмасонству. Встретив Иосифа Алексеевича Баздеева в пути на привале, Пьер впечатлен тем, как старик представляется: «Да, я принадлежу к *братству* свободных каменщиков. <...> И от себя и от их имени протягиваю вам *братскую* руку» [Толстой 1928–1959, 10: 68] (*курсив мой. — А. Б.*). Братские узы, предлагаемые масонством, и грандиозные идеалы самосовершенствования и совершенствования общества очень привлекают Пьера. Когда Пьер просит Баздеева о помощи в переосмыслении своей жизни, Толстой отмечает: «Он твердо верил в возможность братства людей, соединенных с целью поддерживать друг друга на пути добродетели, и таким представлялось ему масонство» [Там же: 73]. Коротко говоря, обращение Пьера к масонству — это поиск братьев, которых будут объединять высокие цели, а не кровные узы. Это братство, основанное на абстракции и высокопарных фразах.

Однако с момента посвящения идеал братства Пьера вступает в противоречие с реалиями русского масонства. Во время посвящения «он почувствовал себя с глазу на глаз с совершенно чужим по условиям жизни и с близким, по братству людей, человеком» [Там же: 75–76], но затем он испытывает разочарование, обнаружив, что стоящий перед ним человек — его светский знакомый, а не абстрактный брат. Пьер не может соединить абстрактное с конкретным. Когда его принимают, он в первый момент испытывает радость; и он «не признавал никаких знакомств; во всех людях этих он видел только братьев» [Там же: 83]. Но этот момент быстро проходит, и Пьер не может подавить в себе осознание

---

[16] Пьер — единственный ребенок, сирота, вступающий в неудачный брак с женщиной, которая его не любит и предпочитает не заводить детей. Следовательно, у него нет близких родственников.

того, что эти люди — не братья, а члены высшего общества со своими собственными мелочными интригами и желаниями. Когда к масонам присоединяется Борис Друбецкой, Пьеру больно видеть, что он просто использует это сообщество как способ установить связи с людьми, обладающими властью[17]. Борис думает об иерархии, в то время как Пьер ищет горизонтальных связей.

Несмотря на разочарование в реалиях масонства, Пьер не отказывается от идеалов этой организации. Он оценивает идеал отдельно от его воплощения и руководствуется первым, несмотря на неудачу второго, точно так же, как это рекомендует делать Толстой в своем «Послесловии к “Крейцеровой сонате”». Там Толстой бросает вызов господствующему мнению о том, что «Христов идеал недостижим, поэтому не может служить нам руководством в жизни» [Там же, 27: 88]. Толстой утверждает:

> Рассуждать так — всё равно, что мореплавателю сказать себе, что так как я не могу идти по той линии, которую указывает компас, то я выкину компас или перестану смотреть на него, т. е. отброшу идеал или прикреплю стрелку компаса к тому месту, которое будет соответствовать в данную минуту ходу моего судна, т. е. принижу идеал к моей слабости [Там же: 89].

Пьер понимает, что человеческие неудачи не отменяют божественного учения, и он принимает масонскую миссию самосовершенствования и филантропии, хотя и видит, что это сообщество не соответствует своим идеалам.

Хотя повествователь показывает, как мало на самом деле достигнуто Пьером в его попытках заниматься филантропией, вдохновленной масонством, Пьер в восторге от ощущения, что

---

17 Морсон отметил прискорбную связь между социальным равенством и социальным ростом, которая является осквернением братского идеала Толстого [Morson 1987: 239]. Внутри семьи не может быть никакого социального роста (хотя, конечно, возможна иерархия), потому что все члены уже «свои».

делает добро другим. Он говорит Андрею, что масонство — это «учение равенства, братства и любви». Присоединившись к нему, «почувствуете себя, как и я почувствовал, частью этой огромной, невидимой цепи, которой начало скрывается в небесах, — говорил Пьер» [Там же, 10: 115–116]. Эта цепь заставляет его *чувствовать* связь со своими страдающими крепостными, но читатель может видеть, что реальность «любви к ближнему своему» фальсифицирована. Пьер наивно не замечает последствий своих реформ или реальных условий жизни крепостных, и у него нет никакой фактической связи с ними; лишь его самооценка повышается.

Сосредоточиваясь на грандиозной идее братства, Пьер не понимает, что настоящее чувство причастности, к которому он стремится, воплощено в доме, в семье. Когда он навещает Андрея в Лысых Горах, сначала Марья, а затем старый князь помогают Пьеру почувствовать себя частью семьи[18]. Марья говорит ему: «Ведь я вас давно знаю и люблю как брата» [Там же: 122]. Это более реальное братство, чем любая абстракция, которую могут предложить масоны[19]. Рассказчик утверждает, что «прелесть» дружбы Пьера с Андреем «выразилась не столько в его отношениях с ним самим, сколько в отношениях со всеми родными и домашними» [Там же: 123]. Пьер также как бы член семьи Ростовых. После Наташиного неудавшегося побега и ее попытки отравиться он устанавливает с ней братские отношения и явля-

---

[18] В начале романа Пьер пользовался таким же статусом члена семьи в доме Андрея в Москве. Придя раньше своего друга, Пьер «как домашний человек» идет прямо в кабинет и ложится на диван [Толстой 1928–1959, 9: 29]. Позже, когда Лиза заговаривает с Андреем в кокетливой манере (как она разговаривает со всеми мужчинами), рассказчик отмечает, что ее тон «не шел к семейному кружку, где Пьер был как бы членом» [Там же: 32].

[19] У Пьера с женщинами обычно устананавливаются отношения, напоминающие их отношения с братьями. Для Элен это означает сексуальные отношения (как у нее с Анатолем). В случае с Марьей оба мужчины раскрывают ее духовную сторону. Хотя Андрей зачастую скептически воспринимает духовность Марьи, в моменты наивысшего самоосознания он ценит ее убеждения, например, когда он лежит раненый на поле боя и смотрит в небо, или когда он умирает и просит о Евангелии.

ется единственным человеком, который может дать ей утешение. Пьер также сближается со своим тезкой Петей, выслушивая его планы вступления в армию. Ростовы-родители тоже относятся к Пьеру как к доверенному лицу, члену семьи. Увлеченный философией, Пьер еще не понял, что подобные отношения с реальными людьми из плоти и крови — это то, что действительно необходимо, чтобы стать частью чего-то. Его опыт противоположен опыту Версилова и Ивана Карамазова; абстрактные размышления привели Пьера к вере в братство, которую их рассуждения отвергали. И все же все трое должны понять, что братство начинается с людей, которые находятся рядом.

По мере того как русский народ сплачивается в результате вторжения иноземного врага, Пьера тянет к сердцу этой объединяющей силы — армии. Дородный Пьер появляется во время Бородинской битвы в белой шляпе и зеленом сюртуке, физически выделяясь среди солдат своей неуместностью. Если у всех остальных есть цель как у части одного огромного организма, то Пьер может объяснить свое присутствие только словами «я так» [Там же, 11: 195][20]. Когда начинаются боевые действия, Пьер оказывается у батареи в самой гуще сражения. Сначала он не вписывается туда, «чувствуя себя не на своем месте и без дела», а солдаты смотрят на него недоброжелательно [Там же: 230]. Пьеру они представляются «семейным (отделенным от всех других) кружком людей», тогда как он находится снаружи [Там же: 234][21]. Постепенно привыкая к Пьеру, солдаты начинают смягчаться по отношению к нему:

---

[20] Он впервые ощущает вкус войны, объединяющей людей, когда Долохов просит у него прощения за прошлое, а затем обнимает его, оставляя Пьера в слезах.

[21] В «Войне и мире» опыт Николая также показывает, что полк может стать такой же семьей, как и дом детства (см. особенно [Толстой 1928–1959, 10: 123]). Если принять во внимание технику Толстого в «Войне и мире» — соединения и сопоставления различных сцен, чтобы выявить связи и параллели, — показательно, что он перескакивает с домашней сцены Пьера и семьи Болконских на параллельную ситуацию связи с «семьей» у Николая Ростова в армии.

> ...чувство недоброжелательного недоумения к нему стало переходить в ласковое и шутливое участие, подобное тому, которое солдаты имеют к своим животным: собакам, петухам, козлам и вообще животным, живущим при воинских командах. Солдаты эти сейчас же мысленно приняли Пьера в свою семью, присвоили себе и дали ему прозвище: «наш барин» прозвали его и про него ласково смеялись между собой [Там же: 233].

Когда бой становится слишком жарким и солдатам приходится отступить, они говорят Пьеру: «Эх, барин, не место тебе тут», используя неформальное «ты» [Там же: 236]. Хотя его и принимают в эту семью, Пьер в ней не равноправный брат, а домашнее животное. У него нет никакой функции, и он не ощущает истинной сопричастности.

Размышляя о прошедшей битве, Пьер думает, что стать солдатом — значит стать частью большего целого: «Войти в эту общую жизнь всем существом...» [Там же: 293]. Затем ему снится серия снов, показывающих его жажду сопричастности. В первом из них Пьер сидит за столом со множеством мужчин, которые все подпадают под категорию «они». Пьер наблюдает за этими мужчинами, пока его благодетель говорит о добре и возможности быть похожим на *них*. Все это время никто из этих мужчин не смотрит на Пьера и не знает его. В его следующем сне голос объясняет ему: «...*они* просты. *Они* не говорят, но делают» [Там же: 294]. Голос говорит Пьеру, что ему нужно «соединять в душе своей значение всего», а это приводит к слову «сопрягать», и в конечном счете Пьер просыпается от слов «запрягать надо» [Там же]. Эти сны выражают глубинное желание Пьера установить контакт без философствования, которое настолько усложняет его мышление, что парализует его действия. Его жажда сопричастности заставляет его игнорировать жестокость войны и воспринимать армию как семью братьев, к чему он и стремится.

Только после своего ареста, попав в плен к французам, Пьер, наконец, оказывается втянут в жизнь в группе, где он становится равным окружающим. Через утрату свободы Пьер освобождается от парализующего философствования, к которому он склонен, и получает опыт сопричастности[22]. Когда Пьер освобождается из плена, для него наступает момент любви ко всем. Солдаты, освобождающие российских пленных, кричат: «Братцы! Родимые мои, голубчики!», что указывает на представление о России как о семье братьев и сестер. «Пьер рыдал, сидя посреди их, и не мог выговорить ни слова; он обнял первого подошедшего к нему солдата и плача целовал его» [Там же, 12: 160]. Окончательное прозрение в «Войне и мире» — это не мудрость или знание мировых тайн, а ви́дение всех людей хорошими и достойными любви. Хотя Пьер не сохраняет этого особенного состояния, во время своего выздоровления он продолжает смотреть на окружающих любящим взглядом.

В свете происхождения Пьера он, пожалуй, больше любого другого персонажа подходит для того, чтобы ощущать семейные узы с незнакомыми людьми вокруг себя. Пьер — один из бесчисленных незаконнорожденных детей графа Безухова. Его мать никогда не упоминается, равно как и не описываются никакие братья и сестры, и это наводит на мысль, что он не воспитывался вместе с кем-либо из них; но это не меняет того факта, что такие люди определенно существуют, но Пьер никогда не узнает, кто они такие. Подобно члену «случайного семейства» Достоевского, у него есть потенциал буквально стать биологическим братом для незнакомцев.

Этот потенциал реализуется метафорически, когда на кону стоит жизнь Пьера, ожидающего вынесения приговора французами. Во время суда над Пьером французский генерал Даву обменивается с ним взглядом, который спасает Пьера. «Оба они в эту одну минуту смутно перечувствовали бесчисленное количество вещей и поняли, что они оба дети человечества, что они братья» [Там же: 39][23]. Согласно Роберту Луису Джексону, «как

---

[22] В его счастливом браке с Наташей будет присутствовать такой же элемент несвободы.

[23] Это также показывает их внутриклассовую связь, которая сильнее национальных различий.

указывает Толстой, акт, когда два человека по-настоящему смотрят друг на друга, в основе своей является этическим актом. <...> Видеть что-то по-настоящему, по представлениям Толстого, значит *знать*; а глубоко знать — значит *любить и объединяться*» [Jackson 1993: 60]. По Толстому, как только люди искренне признают человечность друг друга, они не могут не осознавать, что они братья. Этот момент братства с неизвестным французом подкрепляет масонское учение, в которое Пьер хочет верить. Время, проведенное с Платоном Каратаевым, научит его распространять это чувство единения за пределы людей его собственного класса. Тайное общество, к которому Пьер присоединяется в конце книги, после того как он обретает истинную сопричастность в семейной жизни, является продолжением его стремления воплотить в жизнь этот тип абстрактного братства и распространить его на всю Россию.

От руки ко всему телу: Платон Каратаев

В дополнение к исканиям Пьера и к «муравейным братьям», Платон Каратаев предлагает еще одну модель родственных связей как пути ко всеобщему братству. И имя Платона, и его округлость — явные признаки, связывающие его с речью Аристофана в «Симпозиуме». Аристофан рассказывает об изначально круглых людях, которые были разделены Зевсом надвое и ищут свои вторые половинки, чтобы воссоединиться. Однако слияние, которое изображает Платон, — это не две половинки, стремящиеся воссоединиться посредством полового акта. Скорее, он видит себя частью единого целого со своей семьей, используя метафору пальцев на руке. Платон согласен со словами отца, сказанными, когда он пошел в армию вместо брата: «...все детки равны: какой палец ни укуси, всё больно» [Толстой 1928–1959, 12: 47].

Вместо слияния двух в одно эта метафора описывает множество частей одного тела, что перекликается с христианским идеалом единства в теле Христовом: «...тело одно, но имеет многие члены, и все члены одного тела, хотя их и много, составляют одно тело. <...> Посему, страдает ли один член — страдают с ним все члены... И вы — тело Христово, а порознь — члены» (1 Кор. 12:12–27). Хотя предлагаемый Платоном образ пальцев на руке имеет большое сходство с этим отрывком из Первого послания к Коринфянам, он не столь масштабен. Платон начинает с людей, которые имеют больше всего сходства с ним самим, являясь частью одной общности. Хотя Платон любит всех, он все же отдает предпочтение семье и явно встревожен, узнав, что у Пьера нет ни родителей, ни детей. Модель Платона демонстрирует недогматическую форму толстовского христианства, пропитанную платоническими идеалами.

Единство, олицетворяемое Платоном, для Пьера привлекательно, потому что оно завораживающе абстрактно: «...жизнь его, как он сам смотрел на нее, не имела смысла, как отдельная жизнь. Она имела смысл только как частица целого, которое он постоянно чувствовал» [Там же: 51]. Платон не может понимать слова вне их контекста и не делает различий между людьми. Он любит всех без разбора: «...но он любил и любовно жил со всем, с чем его сводила жизнь, и в особенности с человеком — не с известным каким-нибудь человеком, а с теми людьми, которые были перед его глазами» [Там же: 50]. В. В. Ермилов подчеркивает последствия такого подхода, утверждая, что Каратаев «не способен к живой любви, не способен любить человека как *этого* человека. Он не видит себя как отдельную личность, и поэтому он не способен увидеть другого человека как единственную, неповторимую личность» [Ермилов 1961: 340]. Это помогает объяснить, почему Каратаев не может служить практическим примером для Пьера; он скорее принцип, а не личность. По словам Ермилова:

> Он не был живым человеком; его любовь не была любовью к кому-то; и любовь Пьера к Каратаеву была не живой любовью реальной, живущей личности, а любовью *к целому*, которую Каратаев ощущал *безлично* и которую Пьер ощущает лично, как земного, реального *этого* человека [Ермилов 1961: 341].

Пальцы на руке, по-видимому, указывают на потенциал индивидуальности (каждый палец может быть уникален, хотя и соединен с другими), но неспособность Каратаева любить конкретных людей делает его в большей степени моделью свободы и счастья, чем любви.

Другим любопытным аспектом метафоры Платона о пальцах, соединенных с телом, является контекст, в котором она повторяется в «Первом эпилоге». Через несколько лет после свадьбы Николая и Марьи, когда она сообщает ему о своих опасениях, что он не может любить ее, потому что она некрасива, Николай отвечает, что любит не за красоту: «...а жену разве я люблю? Я не люблю, а так, не знаю как тебе сказать. Без тебя и когда вот так у нас какая-то кошка пробежит, я как будто пропал и ничего не могу. Ну, что я люблю палец свой? Я не люблю, а попробуй, отрежь его...» [Толстой 1928–1959, 12: 264]. Здесь метафора, впервые появившаяся в семейном контексте, используется для романтических отношений (и утверждает скорее патриархальный порядок, а не горизонтальное равенство братьев). Толстой деэротизировал Платона и объединил его с христианской теологией. Используя эту новую, родственную версию слияния — многие объединяются в единое целое — как для братьев (Платон), так и для супружеских уз (Николай), Толстой проводит параллель между этими двумя, казалось бы, противоположными типами отношений.

От этого образа семьи, сливающейся в одно тело, Толстой готов сделать трудный шаг к божественной любви и ко всеобщему слиянию в качестве частей Бога. Сон Пьера после смерти Каратаева, где он видит живой глобус, служит для перехода от руки к целому в толстовском поиске расширяющейся любви. Во этом сне Пьеру показывают живой глобус с расширяющимися и сжимающимися капельками на поверхности и говорят: «В середине Бог, и каждая капля стремится расшириться, чтобы в наибольших размерах отражать Его. И растет, сливается, и сжимается, и уничтожается на поверхности, уходит в глубину и опять всплывает. Вот он Каратаев, вот разлился и исчез» [Там же: 158]. Вместо пяти отдельных пальцев теперь имеется бесчисленное множество капель. Осознание, приходящее Пьеру во сне, — это одновременно и внутреннее понимание самого себя, и внешнее понимание связанности. Глобус дает Пьеру глубоко личное и ощутимое представление о всеобщей взаимосвязи. Он видит буквальную текучесть границы между «я» и «другим» и осознает, что каждое существо — это капелька в динамичном целом, которым является Бог. Этот отрывок также перекликается со смертью Андрея. Римвидас Шильбайорис называет смерть Андрея «процессом расширения любви», и этот образ также отражает картину смерти Каратаева в сновидении о глобусе [Silbajoris 1996: 98]. Полное расширение означает единение с Богом, но в «Войне и мире» это достигается только в смерти. Для живых единство может быть пережито только в более ограниченном масштабе Платона и его братьев, подобно пальцам на одной руке.

Всеобщее братство: переосмысление семейного идеала в трилогии

Перемены, происходящие с каждой «расширяющейся капелькой» во сне Пьера, аналогичны развитию семейного идеала Толстого на протяжении всей трилогии его главных романов, поскольку там этот идеал одновременно расширяется и абстрагируется. Рассмотрев самодостаточные примеры попыток Толстого построить всемирное братство на основе модели буквальных родственных уз, в оставшейся части этой главы я воспользуюсь более широкой перспективой, чтобы проследить, как эволюция толстовской идеи семьи в его главных романах привела его к итоговой концепции человеческой взаимосвязанности.

Густафсон продемонстрировал тематическое единство произведений Толстого, повторяющуюся психологическую прогрессию, которая воплощает его опыт переходов между исключенностью и сопричастностью. Я буду развивать эту идею далее в ходе главы. По словам Густафсона:

> Трилогия «Детство», «Отрочество», «Юность» — как бы репетиция парадигматического действия трех главных романов [«Война и мир», «Анна Каренина» и «Воскресе-

> ние»], потому что она воспроизводит, как и эти романы, психологическую драму кризисов самого Толстого. В этой драме три действия: идиллическое прошлое, бесплодное настоящее и полное надежд будущее. В центре этой драмы — Чужак, но начало и конец повествуют об Обитателе [Густафсон 2003: 64–65].

Эта прогрессия — действующая на микроуровне в рамках каждого произведения — помогает объяснить эволюцию отношения Толстого к семье на протяжении трех его главных романов. Человек начинает с семьи (то есть соединенности); это единство находится под угрозой, и человек оказывается отрезан от других, но в конечном счете сохраняется надежда на будущее восстановление единства и вновь обретенное чувство сопричастности.

В начале «Войны и мира» персонажи погружены в гармоничный мир семейной жизни. Они сталкиваются с опасностью вторжения силы, угрожающей гармонии (на национальном уровне — французы; во внутренней сфере — соблазнение Наташи Анатолем), а затем в конечном счете восстанавливают единство и стабильность своего идеализированного прошлого. Как пишет Густафсон, «мир человеческой связанности утрачен и затем восстановлен на высшем уровне» [Там же: 55]. В «Войне и мире» Толстой в большей степени, чем в позднейших романах, фокусируется на детстве, оглядываясь назад, на время невинности, и завершается роман таким же идиллическим единством в «Первом эпилоге». Эта невинность и семейная гармония затем оказываются под угрозой в «Анне Карениной». Там герои сталкиваются с разрушением некогда стабильного порядка[24]. Роман начина-

---

[24] Орвин противопоставляет отношение к семье в «Войне и мире» и в «Анне Карениной», предполагая, что в первом случае «семья рассматривается как законная, потому что она естественна», в то время как во втором «она узаконивает нечто чисто естественное» [Orwin 1993: 215]. В «Войне и мире» такие персонажи, как дядя, могут счастливо жить вне брака, но по мере того как в «Анне Карениной» Толстой становится все менее уверен в своем семейном идеале, брак становится необходим для привнесения «элемента целомудрия или закона в необузданность сексуальной страсти» [Ibid.].

ется с разлада в семье Облонских и все больше движется к энтропии, пока в конце порядок не будет отчасти восстановлен. У Анны все начинается с семьи и движется к изоляции. Левин отвергнут, он отчаялся создать семью и должен вернуться к своей мечте. Княгиня Щербацкая больше не знает, как устраиваются браки, и Кити должна расстаться с любовью, чтобы постепенно вернуть ее. «В "Войне и мире" моменты гармонии подлинны; в "Анне Карениной" гармония неуловима и часто обманчива» [Там же: 60]. «Война и мир» заканчивается единством семьи. Заключительная сцена «Анны Карениной» в детской — появление «чужих» (незнакомых друг другу индивидуумов), разрыв уже присутствует в кажущемся моменте сопричастности.

В «Воскресении» срыв произошел еще до начала романа. Нехлюдов приобщился к разврату за время службы в армии и уже погубил невинность Катюши. Его сестра состоит в чувственном браке, и все их детские идеалы улетучились. По мере того как глаза Нехлюдова постепенно открываются на ужас его положения, он с надеждой смотрит в будущее, в котором трещины в человеческих отношениях могут быть устранены. Он отворачивается от детской, где поддерживается семейная жизнь, и выбирает путь служения человеческой семье, который не сделает его бенефициаром продажного общественного порядка. Первоначальное побуждение, которое толкает его на этот новый путь, приходит от чтения Евангелий, где он находит ответы в Евангелии от Матфея. После религиозного поворота Толстой заменяет свой семейный идеал христианским[25].

---

[25] Меджибовская отмечает негативное, пренебрежительное отношение исследователей к этому произведению из-за его религиозной направленности. По ее словам: «Мы, ученые, не досадуем на Толстого за его долгую жизнь, но считаем достойным сожаления тот факт, что в последние тридцать лет своей жизни он перестал писать "обычные" светские романы. Мы рассматриваем "Воскресение" (1899) как основание для отлучения Толстого от искусства, точно так же, как российский Священный синод рассматривал его как основание для его отлучения от Церкви в 1901 году» [Medzhibovskaya 2008: XI]. В противовес этому общепринятому взгляду, я полагаю, что он является частью личностной эволюции Толстого.

Возвращение домой: семейные дебаты о границах любви

В финальных сценах «Войны и мира», «Анны Карениной» и «Воскресения» главенство семьи противопоставляется всеобщей любви. Заключение художественной части «Войны и мира» погружает персонажей в мир дома и семьи, где Ростовы и Безуховы объединяются в одном поместье, воплощая идеал домашнего очага[26]. Если Наташины дети теперь удовлетворяют ее потребность заботиться о других (материнство — для Толстого в этот период — конечное назначение женщин), то Пьер продолжает философствовать в более глобальном масштабе, и его масонская сторона возрождается. Он появляется в «Первом эпилоге», только что вернувшись из Петербурга, с собрания тайного общества, цель которого состоит в том, что «надо как можно теснее и больше народа взяться рука с рукой... мы только для этого беремся рука с рукой, с одной целью общего блага и общей безопасности» [Толстой 1928–1959, 12: 283–284]. Устроив собственную семейную жизнь, Пьер все еще мечтает о более общем братстве. Начавшийся на заре жизни поиск единения подтолкнул его к декабристам[27]. Главной темой обсуждения становится забота о сиюминутном в противовес абстрактному, что вызывает спор между Пьером и его нынешним шурином Николаем, который является сторонником более скромной сферы обязанностей и деятельности в семейном поместье[28].

Дебаты продолжаются даже после того, как две пары разошлись по своим комнатам. Наташа спрашивает Пьера, думает ли он, что Платон одобрил бы его общество. Сначала Пьер сомневается:

---

[26] Такого рода тесное семейное единство перекликается с «Юлией, или Новой Элоизой» Руссо (которая обсуждалась в первой главе).

[27] Первоначально Толстой планировал написать о декабристах, но неоднократно отодвигал начало времени действия в этой книге. Описание этого сдвига см. в [Толстой 1928–1959, 13: 54–55]. Этот процесс также был проанализирован Б. М. Эйхенбаумом в [Эйхенбаум 2009: 426–449]; см. также [Feuer 1996: esp. 32–33].

[28] Наташа встает на сторону своего мужа, а не брата, подчеркивая переход своей ориентации от брата к супругу.

«Он не понял бы, а впрочем, может быть, что да», но затем, после дальнейших размышлений, он приходит к выводу: «Нет, не одобрил бы. Что он одобрил бы, это нашу семейную жизнь» [Там же: 292–293]. Признание Пьера в конечном счете подводит его к выводу, к которому приходят и Ростовы, вернувшись в свою комнату. Оценивая слова Пьера о долге помогать тем, кто страдает, а также своим близким, Марья комментирует: «Разумеется, он прав... но он забывает, что у нас есть другие обязанности ближе, которые сам Бог указал нам, и что мы можем рисковать собой, но не детьми» [Там же: 288]. Как и ее муж, Марья ставит семью выше абстрактного ближнего, но она верит в необходимость заботиться и о том, и о другом.

Борьба Марьи в конце «Войны и мира» воплощает это напряжение: «...в душе своей обещала себе исправиться и сделать невозможное — т. е. в этой жизни любить и своего мужа, и детей, и Николеньку [своего племянника], и всех ближних так, как Христос любил человечество» [Там же: 290]. То, что даже Марья — самый одухотворенный женский персонаж Толстого — кажется неспособной достичь как эксклюзивной, так и инклюзивной любви, подчеркивает неспособность Толстого успешно представить синтез между ними. На самом деле, даже Христос в его «Кратком изложении Евангелия» (1883) не достигает этого, а лишь настаивает: «Тот, кто хочет быть моим учеником, тот пусть ни во что считает отца, и мать, и жену, и детей, и братьев, и сестёр, и всё своё имущество, и пусть на всякий час будет готов на всё» [Там же, 24: 867][29]. К 1890-м годам Толстой предпочтет семье безличное служение человечеству, но в 1860-х, когда он писал «Войну и мир», материнство и семейная жизнь все еще были высшим идеалом Толстого для Марьи.

Толстой создает похожий финал для «Анны Карениной». Дискуссии между Ростовыми и Болконскими сопоставимы с заключительной дискуссией в доме Левиных. Там также обсуждается тема долга человека перед семьей в сравнении с долгом

---

[29] Это парафраз Евангелия от Марка (Мк. 3:34–35), который я обсуждала во второй главе.

перед абстрактным братом, олицетворяемым славянами — «братьями» русских в Сербской войне. Как и в «Войне и мире», в «Анне Карениной» Толстой выступает за любовь к семье, а не за более универсальную форму братства (как обсуждалось в третьей главе). Но к этому моменту семья превратилась из ограниченных нуклеарных семей времен «Войны и мира» во все расширяющуюся сеть родственников. В группу, собравшуюся у Левиных, помимо Левиных и Щербацких входит сводный брат Кознышев, и ей недостает гармонии «Войны и мира». Финал «Анны Карениной» высвечивает проблему в мышлении Толстого. Как отмечает Л. Д. Громова-Опульская: «Заканчивая свой “семейный” роман, Толстой уже знал, что спасает человека не семья, даже и “счастливая”» [Громова-Опульская 2005: 228]. Толстой постепенно отходит от своего узкого семейного идеала 1860-х годов, но он еще не нашел альтернативы, которую мог бы реально назвать любовью.

Толстой нашел ответ в «Воскресении», где идеал семьи уступил место более общей концепции долга и связей на социальном уровне. В «Воскресении» Толстой представляет конфликт между семейным и общественным единством как внутреннюю борьбу Нехлюдова, а не как дискуссию в семейном кругу. Альтер эго самого Толстого становится главным центром духовных поисков, в отличие от более ранних романов, где у него было множество искателей. В конце «Воскресения», перед своим последним визитом к Катюше, Нехлюдов ужинает с генералом и его семьей и вновь ощущает комфорт домашней жизни среди представителей своего класса. Убаюканный хорошей едой, удобными креслами, интересной беседой и фортепианным исполнением Пятой симфонии Бетховена в четыре руки, «Нехлюдов почувствовал давно неиспытанное им душевное состояние полного довольства собой, точно как будто он теперь только узнал, какой он был хороший человек» [Толстой 1928–1959, 32: 429]. Комфорт домашней жизни вызывает ложное чувство собственного достоинства.

Пребывание в этом теплом, уютном доме вновь пробуждает в Нехлюдове осознание принесенных им жертв и жизни, от которой он отказался. В конце визита дочь генерала приглашает его в детскую полюбоваться ее детьми, что напоминает визит Левина в детскую в конце «Анны Карениной». Вид мирных лиц спящих детей снова заставляет Нехлюдова осознать контраст между этой жизнью и жизнью заключенных, за которыми он следовал. «Нехлюдов вспомнил цепи, бритые головы, побои, разврат, умирающего Крыльцова, Катюшу со всем её прошедшим. И ему стало завидно и захотелось себе такого же изящного, чистого, как ему казалось теперь, счастья» [Там же: 430]. Тем не менее, даже желая того, что он видит, Нехлюдов не до конца идеализирует эту сцену, полностью отдавая себе отчет в том, что мать «жадна» до похвалы своим детям. Действительно, как заметила Круз, подчеркивая «исключительную преданность этой матери своим детям, Толстой подразумевает, что она безразлична к страданиям и лишениям, которые существуют практически за ее порогом» [Cruise 1977: 28].

Отправившись из этой мирной гавани домашнего спокойствия сквозь снежную бурю в тюрьму, Нехлюдов испытывает еще один приступ тоски по семейному идеалу. Когда Катюша входит в комнату, он испытывает «тяжелое чувство» и думает: «Я жить хочу, хочу семью, детей, хочу человеческой жизни» [Толстой 1928–1959, 32: 431]. Катюша отвергает «жертву» Нехлюдова (предложение жениться на ней), предоставляя ему возможность вернуться к такой комфортной жизни. Однако, открыв глаза на несправедливость и страдания, которые создает его общество, Нехлюдов больше не может повернуться к нему спиной и возвратиться к своей прежней жизни, где он участвует в систематическом угнетении невинных и извлекает из этого выгоду[30]. Осознание

---

[30] Йозеф Метцеле связывает это с братством, называя «описания несправедливой судебной системы и связанных с ней проявлений бесчеловечного поведения представителей Церкви и государства, а также изображение различных сцен насилия, деградации и эксплуатации» «примерами *отсутствия* братской любви» [Metzele 1996: 165]. Критика Толстым общественного неравенства и правоохранительной системы опирается на политическую позицию Руссо. См. [Barran 1992]. Барран отмечает довольно явную отсылку к Руссо в конце «Воскресения», когда старик объясняет Нехлюдову источники неравенства [Ibid.: 8].

Нехлюдовым противоречия между восприятием людей как братьев и извлечением выгоды из организации общества недвусмысленно отражено в отрывке из «Царства Божиего внутри Вас»:

> Мы все братья, а между тем каждое утро брат или сестра выносит мой горшок. Мы все братья, а мне утром необходима сигара, сахар, зеркало и т. п. предметы, на работе которых теряли и теряют здоровье мои, равные мне, братья и сестры, а я пользуюсь этими предметами и даже требую их. Мы все братья, а я живу тем, что работаю в банке или в торговом доме и лавке над тем, чтобы сделать все нужные моим братьям товары дороже. Мы все братья, а я живу тем, что получаю жалованье за то, чтобы уличать, судить и казнить вора или проститутку, существование которых обусловлено всем складом моей жизни и которых я сам знаю, что надо не казнить, а исправлять. <...> Мы все братья, а я получаю жалованье за то, что готовлюсь к убийству, учусь убивать или делаю оружие, порох, крепости [Там же, 28: 93–94].

Нехлюдов видел слишком много страданий, чтобы поверить в возможность чистого семейного счастья, построенного на этой системе. Его неприятие статус-кво очень похоже на неприятие Иваном Карамазовым вечной гармонии, построенной на слезах одного-единственного ребенка. Разница заключается в их реакции на это чувство: Нехлюдов принимается помогать страдающим невинным, в то время как Иван восстает против Божьего мира.

«Воскресение»: утраченный идеал семьи

Помимо того что «Воскресение» знаменует собой последний этап в развитии Толстого — надежду на будущее, — роман также заключает в себе эволюцию отношения Толстого к семье в полном объеме. На протяжении всего романа семейный идеал связывается с утраченным, но идеализированным прошлым. Лишь родственные узы дают доступ к этому детскому периоду невинности, который Нехлюдов переживает, навещая свою старшую сестру

Наталью перед отъездом в Сибирь. Описывая период до замужества Натальи, когда они чувствовали себя почти равными (ей было двадцать пять, а Нехлюдову пятнадцать), Толстой пишет: «Она тогда была влюблена в его умершего друга Николеньку Иртенева. Они оба любили Николеньку и любили в нем и себе то, что было в них хорошего и единящего всех людей» [Там же, 32: 314]. Здесь Толстой возвращает своего полуавтобиографического героя из «Детства», делая его символом неиспорченной невинности. Поскольку Николенька умер, не достигнув совершеннолетия, он остается в памяти как бы застывшим в том состоянии, когда развращающие влияния внешнего мира еще не коснулись его так, как они коснулись Натальи и Нехлюдова.

Толстой прямо противопоставляет это время невинности последовавшему за ним грехопадению:

> С тех пор они оба развратились: он — военной службой, дурной жизнью, она — замужеством с человеком, которого она полюбила чувственно, но который не только не любил всего того, что было когда-то для нее с Дмитрием самым святым и дорогим, но даже не понимал, что это такое, и приписывал все те стремления к нравственному совершенствованию и служению людям, которыми она жила когда-то, одному, понятному ему, увлечению самолюбием, желанием выказаться перед людьми [Там же].

Фамилия мужа Натальи — Рогожинский, что является явной отсылкой к движимому страстью Рогожину из «Идиота» Достоевского[31]. Для женщин развращающим влиянием обладает сексуальная страсть. Нехлюдов ненавидит зятя прежде всего не из-за его «вульгарности чувств и самоуверенной ограниченности», а потому, что, несмотря на это, Наталья «могла так страстно,

---

[31] Необычно для Толстого, что во второй половине «Воскресения» имеется несколько подобных отсылок к романам Достоевского (другая — конкретно к «Преступлению и наказанию»), предполагающих полемику с идеями Достоевского о страданиях в пенитенциарной системе и их роли в воскресении души. Толстой не видел в этом страдании той положительной духовной ценности, которую находил Достоевский.

эгоистично, чувственно любить эту бедную натуру и в угоду ему могла заглушить всё то хорошее, что было в ней» [Там же: 315].

Семья, — которую Нехлюдов теперь считает развращенной сексом, — больше не идеал для него.

> Нехлюдову всегда было мучительно больно думать, что Наташа — жена этого волосатого, с глянцовитой лысиной самоуверенного человека. Он не мог даже удерживать отвращения к его детям. И всякий раз, когда узнавал, что она готовится быть матерью, испытывал чувство, подобное соболезнованию о том, что опять она чем-то дурным заразилась от этого чуждого им всем человека [Там же][32].

Ненависть Нехлюдова к Рогожинскому граничит с патологией; секс для продолжения рода, даже в счастливом любовном браке, теперь вызывает у него отвращение. Стыдясь собственного сексуального поведения и того, что из-за него появился незаконнорожденный ребенок и жизнь Катюши оказалась разрушена, Нехлюдов не в состоянии принять сексуальность и беременность своей сестры. Ее сексуальность напоминает ему о том, что их детская невинность утрачена.

Когда Наталья навещает Нехлюдова перед его отъездом в Сибирь, их объединяет прошлое. Он испытывает к ней «сплетенное из бесчисленных детских воспоминаний нежное чувство» [Там же: 318]. Как и в случае с лучшими толстовским парами братьев и сестер, они общаются без слов, с помощью взглядов. «Совершился тот таинственный, невыразимый словами, многозначительный обмен взглядов, в котором все было правда, и начался обмен слов, в котором уже не было той правды» [Там же: 317]. Несмотря на эту привязанность и глубокое взаимопонимание с сестрой, Нехлюдов отдаляется от нее из-за всей той враждебности, которую он питает к ее мужу. Его зять, который должен

---

[32] Эта реакция поражает, поскольку мы узнаем, что дети играют в те же игры, что и Наталья и Нехлюдов когда-то, передавая то же чувство их детской невинности, которое существовало у Нехлюдова и его сестры [Толстой 1928–1959, 32: 322].

быть ему близок, становится первым препятствием на пути любви к человечеству. После жаркого спора с Рогожинским Нехлюдов признается самому себе: «Мало же я изменился, если я мог так увлечься недобрым чувством и так оскорбить его и огорчить бедную Наташу» [Там же: 325]. Настоящее — это разлад, но с надеждой на будущее. Последний задушевный разговор на вокзале перед отъездом Нехлюдова восстанавливает его связь с Натальей и вновь подтверждает их взаимную любовь.

Реакция Нехлюдова на жизнь сестры является частью более широкого неприятия романтической любви в «Воскресении»[33]. Нехлюдов испытывает отвращение к похоти и «эгоизму» в любви своей сестры, что косвенно указывает на проблемы Толстого с романтической любовью: секс и исключительность. Отвергая сексуальную супружескую любовь, Толстой отвергает и семейный идеал, основой которого она служит (беременность становится «инфекцией»). По этому поводу весьма поучителен Фрейд:

> Как чувственная, так и заторможенная по цели любовь выходит за рамки семьи и создает новые отношения там, где раньше была отчужденность. Половая любовь ведет к новым семейным образованиям, а заторможенная по цели любовь — к «дружбе», к явлению, которое приобретает важность с точки зрения культуры, так как оно выходит за рамки некоторых ограничений половой любви, например ее исключительности [Фрейд 2012а: 948–949][34].

[33] Маклин отмечает, что, хотя Толстого долгое время интересовало «различие между двумя видами любви, плотской и духовной, эросом и агапе», и что на него оказало глубокое влияние их различение Платоном, «в “Воскресении” всякая толстовская терпимость к эросу исчезла» [McLean 2008: 77, 78].

[34] Фрейд утверждает, что семья *противостоит* любви ко всем. Он отмечает, что, хотя одной из целей культуры является «объединение людей в бо́льшие единства», семья «не хочет освободить человека. Чем теснее связь членов семьи друг с другом, тем больше и чаще они склонны отгораживаться от других и тем труднее для них становится вхождение в более широкий круговорот жизни» [Фрейд 2012: 949]. Толстой, по-видимому, в своих произведениях выступает против этой идеи, стремясь изобразить более широкую форму единства, выходящую за рамки семьи.

Я думаю, Толстой согласился бы с точкой зрения Фрейда; даже если сексуальная любовь может привести к расширению любви путем создания новых семей, она всегда будет ограниченной и более избирательной, чем несексуальная любовь, которая, следовательно, может быть полезна обществу в целом. Несмотря на то что Наталья произвела на свет невинных детей и стала для них преданной матерью, ее любовь все еще слишком узка для новых взглядов Толстого[35]. Такая любовь не оставляет места для анонимных страдающих заключенных, которым помогает ее брат. Она не стремится принести пользу кому-либо за пределами своей ограниченной сферы.

Нехлюдов, напротив, отворачивается от возможности брака и семейной жизни (его идея жениться на Мисси) и пытается научиться сострадательной любви к человечеству, в какой бы форме он ее ни находил. К концу «Воскресения» Нехлюдов достигает этого состояния любви ко всем, вызванного нежным братским чувством любви к Катюше. Этот отрывок иллюстрирует развитие любви в творчестве и мышлении Толстого, поэтому я процитирую его полностью:

> Он испытывал теперь к ней чувство, никогда не испытанное им прежде. Чувство это не имело ничего общего ни с первым поэтическим увлечением, ни еще менее с тем чувственным влюблением, которое он испытывал потом, ни даже с тем чувством сознания исполненного долга, соединенного с самолюбованием, с которым он после суда решил жениться на ней. Чувство это было то самое простое чувство жалости и умиления, которое он испытал в первый раз на свидании с нею в тюрьме и потом, с новой силой, после больницы, когда он, поборов свое отвращение, простил ее за воображаемую историю с фельдшером (несправедливость которой разъяснилась потом); это было то же самое чувство, но только с тою разницею, что тогда оно было временно, теперь же оно стало постоянным. О чем бы он ни думал

---

[35] Круз отмечает, что «в Наталье Толстой синтезирует главное возражение против брака: он подразумевает исключительное и эгоистичное посвящение своей энергии одному человеку и требует аналогичного ответа» [Cruise 1977: 283].

> теперь, что бы ни делал, общее настроение его было это чувство жалости и умиления не только к ней, но ко всем людям [Толстой 1928–1959, 32: 372].

Этот отрывок отражает переход от жизни для себя — поэтической и чувственной любви, с которой начинал Нехлюдов, — ко второму этапу жизни для других — долгу и идее самопожертвования, — и далее к нежной любви ко всем людям, которая признает присутствие Бога во всем[36]. Объект любви больше не имеет значения, имеет значение только чувство внутри любящего. Примечательно, что любовь Нехлюдова в этом отрывке находится не в абстрактной плоскости философии, а глубоко связана со страдающим человечеством рядом с ним; она заложена в видении общества Толстым. «Воскресение» может быть истолковано не как отказ от семейного идеала, а как его переосмысление: семьей стало все человечество[37]. Больше нет конкретных ролей родителей и детей, мужей и жен; вместо этого все отношения напоминают отношения братьев и сестер.

Расширение до социума

В «Воскресении» сексуальная любовь и другие формы исключительной любви предстают как преграды на пути к единству[38]. Толстой иллюстрирует это, подробно описывая сложные отно-

---

[36] Хотя в нем нет упоминания о Боге, это не отрицает присутствия божественной любви. В «Отце Сергии» Толстой показывает, что человек не всегда знает, когда он действует для Бога. Конечным осознанием главного героя является то, что он жил для людей под предлогом того, что живет для Бога, в то время как Пашенька жила для Бога, воображая, что живет для людей.

[37] В своем исследовании материнства у Толстого Круз приходит к аналогичному выводу: «Устраняя в “Воскресении” все сексуальные союзы, Толстой заменяет биологическую семейную единицу семьей человечества, тем самым устраняя последний барьер на пути воплощения совершенной, идеальной женщины» [Cruise 1977: 286].

[38] Рональд Леблан делает схожее заявление о «Холстомере» (1885). Описывая противопоставление сексуальной любви и братства в ви́дении христианства Толстым, Леблан утверждает: «Он верил, что в значительной степени именно

шения между политзаключенными во время этапа в Сибирь: «...они почти все были влюблены» [Там же: 396]. В результате получается комическая сатира. Новодворов любил Грабец, единственный интерес которой с тех пор, как она попала в тюрьму, состоит в привлечении мужчин. Вера Богодуховская влюблялась в других — часто в Новодворова или Набатова, — но сама не внушала любви. Крыльцов был почти влюблен в Марью Павловну, но скрывал природу своих чувств под маской дружбы, зная, что она против романтических привязанностей. Между тем у Набатова были «сложные отношения» с Ранцевой, женой его друга. Он «старался обращаться с ней как с сестрой, но в отношениях его к ней проскальзывало нечто большее, и это нечто большее пугало их обоих и вместе с тем украшало теперь их трудную жизнь» [Там же: 397]. Мы узнаем, что из всего кружка только Марья Павловна и Кондратьев были свободны от любовных отношений. Этот отрывок выглядит как пародия на традицию романов о романтической любви. Конденсируя все эти сложные человеческие эмоции и переплетения в три абзаца, Толстой принижает их, показывая, что это не более чем ребячество, которое стоит на пути истинного единения. В то же время этот отрывок демонстрирует реализм Толстого, поскольку он признает, что политические заключенные не сосредоточены исключительно на возвышенных целях, а охвачены теми же земными желаниями и борьбой, что и все остальные. Высочайший идеал, который возникает в этом отрывке, — это братская любовь; все остальные формы должны быть сублимированы и преобразованы в этот высочайший духовный и эмоциональный союз. Только она позволяет проникнуть в общественное сознание.

плотское желание мешало проявиться истинной братской любви и христианскому состраданию» [LeBlanc 2011: 553]. Леблан отмечает, что после кастрации Холстомер «продолжает вести жизнь, посвященную бескорыстному служению другим», и предполагает, что рассказ может быть прочитан как «выражение аскетического желания автора освободиться от того, что он считал проявлением сексуальной похоти, и, таким образом, стать свободным, чтобы вести более духовное, менее плотское существование на Земле» [Ibid.: 547]. По сути, это тот процесс, в который вовлечен Нехлюдов, и, подобно мерину, он закончит свою жизнь бескорыстным служением.

Катюша отдает предпочтение этому социальному ви́дению перед романтической любовью. Она начинает как классическая невинная девушка из романтической истории о соблазнении. После своего грехопадения, приняв образ проститутки по имени Любовь, она видит в способности привлекать мужчин свою отличительную черту. За время пребывания в тюрьме, под влиянием целомудренной Марьи Павловны, Любовь постепенно снова становится Катюшей, но уже без тех невинных мечтаний своей юности. В момент ее окончательного отказа от Нехлюдова он видит по ее глазам, что «она любила его и думала, что, соединившись с ним, ему она испортила бы жизнь» [Там же: 433]. Не отрицая, что она ощущает эту любовь, Толстой показывает, что Катюша способна ее преодолеть (идея, которая перекликается с «Юлией, или Новой Элоизой» Руссо). Вместо любовной привязанности она выбирает любовь Симонсона, человека, который объясняет свою привязанность к ней чем угодно, только не романтикой.

> Вы не думайте, что я влюблен в нее, — продолжал он. — Я люблю ее как прекрасного, редкого, много страдавшего человека. Мне от нее ничего не нужно, но страшно хочется помочь ей, облегчить ее поло...
> Нехлюдов удивился, услыхав дрожание голоса Симонсона.
> — ...облегчить ее положение, — продолжал Симонсон. — Я только желаю, чтобы эта страдающая душа обрела покой [Там же: 404–405].

Симонсон описывает свою любовь в безличных терминах, как вселенскую любовь, которую Толстой исповедовал в поздние годы своей жизни. Он создает для себя религию, напоминающую приведенный выше отрывок из Первого послания к Коринфянам.

> Религиозное учение это состояло в том, что всё в мире живое, что мертвого нет, что все предметы, которые мы считаем мертвыми, неорганическими, суть только части огромного органического тела, которое мы не можем обнять,

> и что поэтому задача человека, как частицы большого организма, состоит в поддержании жизни этого организма и всех живых частей его [Там же: 369–370].

Симонсон видит себя человеческим фагоцитом, чья работа состоит в том, чтобы помогать больным частям вселенского организма (и Круз отмечает, что как фагоцит он «лишен пола») [Cruise 1977: 283][39]. Его любовь к Катюше вписывается в это ви́дение, поскольку он относится к ней как к части целого[40]. По сути, он идет в противоположном направлении — к индивидуальной любви от любви к целому, что является обратным ходом развития по сравнению с Толстым.

Нехлюдов в конце романа также обращается к религии, находя после отказа Катюши новую цель благодаря чтению Евангелия от Матфея. Он начинает со случайного отрывка, и дальше его мысли блуждают, наконец доходя до простой истины, что мы должны прощать всех, потому что мы все виноваты. Затем, «надеясь найти подтверждение этой мысли в том же Евангелии», он начинает читать с самого начала [Толстой 1928–1959, 32: 443]. Таким образом, истина, к которой он приходит, уже заключена в нем самом *до* того, как он найдет для нее подтверждение в Евангелии (точно так же, как Левин осознает, что истина уже в нем, в конце «Анны Карениной»). Это согласуется со взглядом самого Христа в Евангелии Толстого, где он говорит своим последователям: «Мое учение истинно не потому, что я, как Моисей, буду вас уверять, что Бог на Синае говорил со мною; но оно истинно потому, что оно в вас тоже» [Там же, 24: 857]. Толстовский Иисус — как и сам Толстой — строит свой авторитет на уверенности в том, что его личные истины ощущаются повсеместно, если не признаются вслух.

---

[39] Толстой явно почерпнул метафору фагоцита из своего ознакомления с научными теориями И. И. Мечникова (1845–1916).

[40] Неясно, лежат ли в основе любви Симонсона к Катюше сексуальные чувства, но если они и присутствуют, то они в значительной степени сублимированы. Круз утверждает, что его любовь к Катюше — «утопическая, платоническая любовь между полами», и отмечает материнское качество этой любви [Cruise 1977: 284].

В заключительном чтении Нехлюдовым Евангелий моральным ориентиром для него становится Нагорная проповедь. Теперь Нехлюдов видит

> ...не отвлеченные, прекрасные мысли и большею частью предъявляющие преувеличенные и неисполнимые требования, а простые, ясные и практически исполнимые заповеди, которые, в случае исполнения их (что было вполне возможно), устанавливали совершенно новое устройство человеческого общества, при котором... достигалось высшее доступное человечеству благо — Царство Божие на Земле [Там же, 32: 443].

Как и в переписанном Толстым Евангелии, для Нехлюдова все сжато в пять практических правил, каждое из которых следует понимать буквально.

Принятие этих правил предполагает сдвиг сознания — признание того, что «если мы посланы сюда, то по чьей-нибудь воле и для чего-нибудь», и отказ от убеждения, что мы «живем только для своей радости» [Там же: 444]. Этот сдвиг во многом напоминает «коперниковскую революцию», к которой призывает Толстой в заключительных строках «Войны и мира», когда он утверждает, что нам «необходимо отказаться от несуществующей свободы и признать неощущаемую нами зависимость» [Там же, 12: 341]. Оба вывода направлены на то, чтобы заставить нас осознать, что мы не существуем независимо, а являемся частью большего целого и управляемся силами, находящимися вне нас, — в первом случае историческими, во втором — духовными. Конкретный способ ощутить это единство — через всеобщее братство, или буквальное признание всех людей братьями и сестрами.

Хотя мы не видим, как сложится жизнь Нехлюдова в будущем, выводы, которые он делает, явно готовят его не к семейной жизни, состоящей в служении небольшой группе близких людей, но к служению человеческой семье через смиренное облегчение страданий других. Йозеф Метцеле пишет:

> Радикальное христианство Нехлюдова противостоит учениям официальной Русской православной церкви... [и] политической системе царской России, демонстрируя большее сходство с социалистической или коммунистической идеологиями [Metzele 1996: 164].

Братство парадоксальным образом означает отказ принадлежать к какому-либо из существующих социальных образований. В мире Толстого, чтобы ощутить истинное единство, человек должен порвать с чужими идеалами и искать личную истину внутри себя. Это проблематичное противоречие остается в его мировоззрении неразрешенным. Как и «Отец Сергий», «Воскресение» завершается переключением на настоящее время, предполагая, что путь Нехлюдова все еще продолжается.

В обоих этих поздних произведениях индивидуальность стирается (Сергий даже теряет свое имя), а конечный идеал совершенно безличен. Толстой, по-видимому, высказывает предположение, что человек должен служить всем без различия и участвовать во всех делах, независимо от личных склонностей или талантов. Хью Маклин красноречиво резюмирует «искупление посредством агапе» Нехлюдова и Катюши, когда они отказываются от своих собственных потребностей и посвящают себя другим: «...таким образом, они сбегают из тюрьмы своего "я". Жизнь, даже в буквальном смысле тюремная, становится свободнее и богаче. В этом суть проповеди Толстого: возлюби ближнего своего не как самого себя, а вместо себя» [McLean 2008: 81]. Я бы выдвинула предположение, что Толстой идет еще на шаг дальше, устраняя четкое различие между собой и другим.

Женщины в братстве

У Толстого «искатели», размышляющие о всеобщем братстве, — исключительно мужчины. А как же женщины? Какова их роль в более широком, безличном целом? В конфликте между семьей и обществом в целом — ограниченная любовь против универсальной — Фрейд видел мужчин и женщин по разные стороны баррикад:

> Женщины представляют интересы семьи и сексуальной жизни; культурная деятельность все больше и больше становилась делом мужчин и всегда Она ставила перед ними тяжелые задачи, принуждая их к сублимации первичных позывов, к чему женщины менее приспособлены [Фрейд 2012а: 949].

В ранних произведениях Толстого это различие, по-видимому, сохраняется, поскольку он определяет женщин через материнство, что означает для них быть любящими женами и плодовитыми создательницами семьи, у которых нет интересов вне дома. Постепенно, однако, Толстой стал искать возможность приобщить женщин к братству человечества, и эта попытка обнажает гендерную составляющую его представлений о всеобщей любви.

Хотя мужчинам открыто больше возможностей для участия в более широкой общественной сфере, на протяжении всей трилогии знаменитых романов Толстого мы можем проследить прогресс в изображении незамужних самоотверженных женщин. По мере того как они отдаляются от семейного идеала, сфера их деятельности расширяется, а их образы становятся все более позитивными. Соня в «Войне и мире» сильнее всего стремится к любви и браку, больше всего привязана к дому и обладает самыми ограниченными возможностями. Первоначально описываемая в позитивных терминах самопожертвования и доброты, она говорит Наташе: «Я так благодарна вам [семье Ростовых], что рада бы всем пожертвовать, да мне нечем...» [Там же, 9: 80]. Толстой пишет, что Соня «так кротка, так добра, так преданно-благодарна своим благодетелям и так верно, неизменно, с самоотвержением влюблена в Николая, что нельзя было ни в чем упрекнуть ее...» [Там же: 272][41]. И все же, хотя можно было бы ожидать, что Толстой будет восхвалять такую преданность, вместо этого он в конечном счете показывает, что эта любовь к Николаю *и есть* Сонина вина. Это мешает ей быть в полной мере сестрой Ростовых. Во второй части Соня пытается отрицать

---

[41] Некоторые исследователи, такие как Круз, видят «расчет в жертвах Сони», но я нахожу это прочтение неоправданно суровым [Cruise 2002: 198].

свои истинные чувства и намекает, что она не претендует на романтическую любовь и брак. Не предъявляя никаких требований к Николаю, она говорит ему: «Я люблю вас, как брата, и всегда буду любить, и больше мне ничего не надо» [Толстой 1928–1959, 10: 48]. Если бы это было правдой и Соня действительно нуждалась только в брате, она бы уже достигла позднего идеала Толстого 1890-х годов. Но на самом деле она — продукт его мышления 1860-х годов, и в глубине души она отчаянно желает романтической любви и брака.

Вместо того чтобы заключить счастливый брак, Соня в конечном счете становится «неимущей», продолжая жить в доме Николая после его женитьбы на Марье. Вынужденная пожертвовать единственным, чего она желала, Соня, по-видимому, примирилась со своей участью «тетушки Туанетты»[42]. «Она дорожила, казалось, не столько людьми, сколько всею семьей» [Там же, 12: 260]. Отказавшись от идеи создать собственную семью, она довольствуется ролью помощницы в чужом доме: «Она, как кошка, прижилась не к людям, а к дому» [Там же: 260]. У нее есть цель и обязанности перед другими как у маргинальной фигуры в этом семейном единстве: она «всегда была готова оказать те мелкие услуги, на которые она была способна; но всё это принималось невольно с слишком слабою благодарностию...» [Там же]. Это представляется плохой заменой романтической любви и материнству, к которым стремилась Соня.

Для Вареньки в «Анне Карениной» стремление к романтической любви отсутствует в настоящем; она оставила его в своем прошлом. Она утверждает, что не расстроилась из-за того, что ее возлюбленному запретили жениться на ней, потому что у нее не было денег, и вместо этого он женился на другой. Живя на иждивении у мадам Шталь, она посвятила себя оказанию помощи инвалидам на водах в Германии, где мадам Шталь лечится. Варенька «ухаживала за мадам Шталь и, кроме того, как замечала

[42] «Тетя Туанетта», Татьяна Александровна Ергольская (1795–1874), жила в семье Толстых и была для юного Толстого главным источником любви и утешения.

Кити, сходилась со всеми тяжело-больными, которых было много на водах, и самым натуральным образом ухаживала за ними» [Там же, 18: 226]. Восхищенными глазами Кити мы видим, что Варенька «всегда казалась занятою делом, в котором не могло быть сомнения, и потому, казалось, ничем посторонним не могла интересоваться» [Там же: 227]. Светлана Гренье отмечает, что «Вареньку, сфера деятельности которой не ограничивается одной семьей, ценят гораздо больше — и она кажется счастливее, — чем Соня, которая остается в семье» [Grenier 2001: 101].

Несмотря на положительную роль, которую она для себя создала, Варенька по-прежнему считает высшими идеалами брак и семью. В сцене грибной охоты, когда она ожидает предложения, повествователь утверждает: «Быть женой такого человека, как Кознышев, после своего положения у госпожи Шталь, представлялось ей верхом счастья» [Толстой 1928–1959, 19: 137]. Однако эта мысль, по-видимому, проистекает из желания избежать неловкости, а не из подлинного стремления к замужеству и семейной жизни, и в конечном счете она испытывает облегчение, а не разочарование, когда Кознышев не делает предложения. Варенька нашла удовлетворение в жизни, посвященной служению другим, и не зависит от романтической любви, что выводит ее за рамки модели Сони. Но Толстой по-прежнему изображает ее участь как худшую по сравнению с участью плодовитой жизнерадостной Кити, что подтверждается разговором о правах женщин у Облонских[43].

В «Воскресении» Толстой настаивал на безличной всеобъемлющей любви, которая сможет действовать на уровне общества. Такой подход не оставлял женщинам особого места, поскольку их семейная сфера сливалась с более широким общественным порядком. Чтобы войти в эту более широкую общественную

---

43 Орвин связывает неудачи Сони и Вареньки с отсутствием «жизненной силы, необходимой для того, чтобы жить своей собственной жизнью». Как она объясняет: «Эти персонажи, если они хотят быть реализованными и счастливыми, должны... смириться с тем фактом, что у них есть тела и они нуждаются не только в духовном, но и в физическом удовлетворении» [Orwin 1993: 197].

сферу, женщины должны утратить пол, и примером такой утраты становится самый положительный женский персонаж Толстого — Марья Павловна Щетинина. В отличие от Сони и Вареньки, которые (в разной степени) обе желают брака и семьи, Марья Павловна активно выступает против брака, основанного на сексуальной любви (в понимании Толстого). Ей было приятно осознавать, «что она красива, но... она не только не радовалась тому впечатлению, которое производила на мужчин ее наружность, но боялась этого и испытывала прямое отвращение и страх к влюблению» [Там же, 32: 367]. Толстой пишет, что она со всеми в «братских отношениях», выбирая мужскую форму «братский» (а также называя ее походку «почти мужской»), как если бы Марья Павловна действительно была лишена пола [Там же: 182][44]. Это говорит о том, что во всеобщем братстве, за которое ратовал Толстой, было место и для женщин, но лишь в той мере, в какой они могли стать братьями, а не сестрами, или, другими словами, только тогда, когда различий по половому признаку не было[45].

Идеал женщины у Толстого становится тем же, что и идеал мужчины. Вместо поиска семьи Марья Павловна целиком и почти агрессивно посвящает себя тому, чтобы жить для других, во многом как сам Нехлюдов. «Марья Павловна никогда не думала о себе, а всегда была озабочена только тем, как бы услужить, помочь кому-нибудь в большом или малом. <...> Весь интерес ее жизни состоял, как для охотника найти дичь, в том, чтобы найти случай служения другим» [Там же: 368]. Как и Соня, «делала она это так естественно, что все, знавшие ее, уже не ценили, а требовали этого» [Там же]. И все же, хотя в случае Сони из-за этого кажется, что ее эксплуатируют, Марья Павловна явно обладает

---

[44] По-английски называть свои отношения «братскими» звучит более неловко, и Констанс Гарнетт переводит это как «сестринский».

[45] По словам Круз: «Больше нет поляризации полов в зависимости от физиологии. Мария Павловна и Симонсон — люди одного типа, поскольку они оба “фагоциты” и, следовательно, не имеют пола» [Cruise 1977: 283]. В русском языке высшие формы связи имеют мужской род: «брат» сильнее, чем «сестра», а «друг» сильнее, чем «подруга». В отличие от английского, формы мужского рода могут использоваться и для женщин.

свободой воли и предстает как сильный персонаж[46]. Она создала для себя самую широкую сферу деятельности, посвящая свою энергию революционерам и политическим заключенным, тем, кто пытается реформировать существующий порядок, созидая эру гармонии и братства. Толстой вывел женщин за рамки семьи, предоставив им роль в более широком стремлении ко всеобщей братской любви.

Вера Толстого во всеобщее братство присутствует во всех его произведениях; она лежит прямо под поверхностью и готова вырваться наружу в любой момент. На самом деле, именно незначительные, на первый взгляд, моменты, когда персонажи ощущают себя братьями с незнакомцами, наиболее явно воплощают взгляды Толстого. Радостный разговор Николая Ростова со своим хозяином в немецкой деревне, где в октябре 1805 года остановился его полк, — как раз такой момент. Обмениваясь утренними приветствиями, Николай одаривает хозяина «братской улыбкой» и возглашает: «Hoch Oestreicher! Hoch Russen! Kaiser Alexander hoch!» [«Да здравствуют австрийцы! Да здравствуют русские! Ура император Александр!»], на что немец отвечает: «Und die ganze Welt hoch!», и Ростов отзывается: «Und vivat die ganze Welt!» [«И да здравствует весь свет!»]. Толстой отмечает:

> Хотя не было никакой причины к особенной радости ни для немца, вычищавшего свой коровник, ни для Ростова, ездившего со взводом за сеном, оба человека эти с счастливым восторгом и братскою любовью посмотрели друг на друга, потрясли головами в знак взаимной любви и, улыбаясь, разошлись — немец в коровник, а Ростов в избу [Там же, 9: 156–157].

Этот момент никак не повлияет на развитие сюжета. Немец больше не появляется, и Ростов никогда не вспоминает об этом разговоре (в отличие от романов Диккенса, где значимость такой

---

46 Марья Павловна — единственная из этих трех женщин, которая не была сиротой и сама решила уйти из семьи.

случайной встречи преследовала бы героев и годы спустя). Однако это взаимодействие имеет ключевое значение, потому что это момент, когда персонажам внезапно напоминают об их общей человечности. Не нуждаясь ни в национальности, ни в расе, ни в религии, которые связывали бы их, Николай и немец понимают, что они братья, и они выходят за пределы национальных различий, прославляя сначала Австрию и Россию, а затем и весь мир.

Потенциал для этой искры братства присутствует всегда. Однако неясно, как следует поддерживать это чувство. Как справедливо отмечают Илья Клигер и Нассер Закария, Толстой воплощает всеобщее братство через «мистический образ, идиллическое прозрение, конечное озарение. Однако чего мы не видим, так это убедительного *нарратива* об этом братском целом» [Kliger, Zakariya 2011: 754]. Опора на образы и моменты, которые прерывают или завершают повествование, демонстрирует, что братство существовало для Толстого вне непрерывного времени. Хотя братское единство должно принадлежать сегодняшнему миру, — а не быть духовным состоянием будущего, как у Достоевского, — Толстому не удалось показать это *на практике*. Клигер и Закария отмечают это применительно к «Воскресению»: «Братство в его самом широком смысле подразумевает альтернативное ви́дение социальной организации в целом, при котором все индивиды в первую очередь заинтересованы в том, чтобы культивировать в себе любовь к другим», но далее они отмечают, что «здесь нет никаких предложений ни о том, как воздействовать на эту предрасположенность у всех индивидов, ни о том, как можно поддерживать человеческую организацию на основе такого ви́дения» [Ibid.: 771]. Толстой демонстративно игнорирует вопросы социальной организации, помимо отрицания всех существующих институтов. Он не затрагивает вопрос о распределении власти между равными братьями или о том, какие самоуправляющиеся структуры они могут создать для поддержания порядка.

Клигер и Закария отмечают, что в своем органическом подходе Толстой опирается на синекдоху: одна часть вселенского целого содержит в себе всеединство (все как часть Бога и Бог во всех) [Ibid.: 756]. Если Нехлюдов любит всех и живет в гармонии со всеми, это может означать отношения, которые должны быть у всех людей, хотя это мало что говорит нам о том, как заставить/уговорить/принудить других к этому состоянию любви, которое они должны выбрать добровольно. Синекдоха также может использоваться как метафора для описания роли, которую играют реальные братья и сестры в произведениях как Толстого, так и Достоевского; они выступают как представители или как часть, заключающая в себе целое вселенского братства.

Родственная связь — это структурный ответ, позволяющий Толстому перейти от любви к обожаемому брату в семье, — к любви к случайно встреченному немцу. Но наречение обеих этих форм связи «братской любовью» в конечном счете не разрешает лежащего в основе мышления Толстого парадокса. Персонажи могут осознавать свое общее братство в момент радости или внутреннего подъема, но Толстой не предлагает модели для поддержания этого чувства единства со всеми[47]. Как он ни старался, Толстой так и не нашел способа распространить любовь, которую он испытывал к своим муравейным братьям, прижавшимся друг к другу под одеялами, на все человечество под куполом небес. Всеобщее братство оставалось для него заманчивой и желанной абстракцией. Тем не менее, даже оставаясь недостижимым, этот идеал был достаточно силен, чтобы направлять ход его творчества на протяжении всего писательского пути и служить моральным ориентиром для его представлений об искусстве и религии в его поздней публицистике.

---

[47] В христианстве это единство достигается через Святое Причастие — принятие тела и крови Христовых, — но Толстой отвергал Евхаристию.

Заключение

Предыдущие главы стремились доказать, что взгляд на творчество Толстого и Достоевского через «призму братских отношений» дает новый способ понимания их представлений о семье, религии, любви, моральных обязательствах, обществе и братстве. Такая призма акцентирует важность горизонтальных связей, которым нет места в традиционных подходах исследователей, сфокусированных на вертикальной иерархии и конфликте поколений. Она также заставляет нас обратить внимание на формы семейной любви и привязанности, которые могут предложить недооценивавшуюся ранее альтернативу или противовес эротическому желанию и привлекавшему наибольшее внимание «брачному сюжету». Изучение темы братства в литературе также помогает нам лучше понять саму идею отношений между братьями и сестрами: если в некоторых романах подчеркивается соперничество и ревность, порождаемые этими отношениями, то многие изображают более позитивную, основанную на любви, сторону братской связи, которую теоретики семьи склонны упускать из виду[1]. Когда один персонаж утверждает, что он «брат» или «сестра» другому, это никогда не означает, что он или она вступает в жестокое соперничество, а скорее подразумевает особый вид любви и преданности.

Хотя призма братских отношений привлекает внимание к малоизученным ранее аспектам литературы, она была бы бесполезна, если бы каждый текст, рассматриваемый через нее, создавал

---

[1] Ответственность за установление стандарта отношения к братьям и сестрам как к источнику соперничества и ревности отчасти лежит на Фрейде. См., например, [Фрейд 2020б: 209].

одно и то же изображение. Ее применение к творчеству Толстого и Достоевского раскрывает одно из ключевых различий между ними и их современниками — философский и духовный смысл, придававшийся ими изображению семейной жизни. Включение произведений Толстого и Достоевского в более широкий литературный контекст раскрывает скрытый смысл их использования темы братьев и сестер, помогая нам понять не только мировоззрение каждого из них, но и значение братьев и сестер в романе XIX века. Я буду опираться как на английские, так и на русские примеры, чтобы подчеркнуть культурный контраст, в то же время сохраняя близость к традициям, повлиявшим на Толстого и Достоевского[2].

В большинстве романов того периода — как внутри России, так и за ее пределами — роль братьев и сестер была связана с материальными и социальными темами. Угроза семье и упадок семьи были среди них важнейшими, и, в отличие от представления братьев и сестер в качестве противоядия или альтернативной модели, как это делали Достоевский и Толстой, некоторые романисты делали братьев и сестер виновными в этих проблемах. М. Е. Салтыков-Щедрин в «Господах Головлевых» (1880) изображает упадок и окончательное разорение семьи на протяжении трех поколений, причем неудачи в отношениях между братьями и сестрами оказываются в центре этого разрушения. Центральный персонаж, брат, буквально известен как «Иудушка» и «кровопивец», высасывающий жизнь из членов своей семьи, по мере того как он жадно прибирает к рукам все богатства, которыми может завладеть. В романе Гончарова «Обломов» (1859) ключевые родственные отношения — между Агафьей Матвеевной и ее алчным братом Иваном — усиливают тему беспомощной зави-

---

[2] Меня не столько интересует влияние конкретных произведений, сколько более широкая осведомленность писателей об определенных литературных тенденциях, стандартных сюжетных линиях, техниках и темах. Толстой и Достоевский также находились под сильным влиянием французской и немецкой литературы, но четырехстороннее сравнение выходит за рамки настоящего заключения, а английский семейный роман был образцом этого жанра.

симости Обломова. Иван использует сестру в своей схеме вымогательства денег у Обломова, оставив их с Агафьей практически без средств к существованию.

Даже когда братья и сестры не играют негативной роли, они зачастую никак не способствуют обсуждению более общих философских или духовных тем. Отношения Татьяны и Ольги Лариных в «Евгении Онегине» (1832) воспринимаются как нейтральный факт повседневного существования. Их отношения поверхностны, не особо проработаны и имеют значение главным образом для сюжетных целей и для возможности, которую они предоставляют рассказчику, противопоставления двух девушек, причем Ольга составляет резкий контраст для Татьяны, его любимицы. Нам не следует вкладывать в эти отношения более общие истины о человеческих связях. Пушкин почти не упоминал в своих произведениях братьев и сестер; его «лишние люди», такие как Онегин и Алеко (и все «лишние люди» в русской традиции) — единственные дети, чьи страдания и отчуждение отчасти объясняются отсутствием того типа сопричастности, который может обеспечить братство. Семейные романы, появившиеся во второй половине века, можно рассматривать как попытку вылечить этот аспект «русской болезни». Даже в романах о братьях может отсутствовать связь с более широкими идеалами единства. Остап и Андрий в «Тарасе Бульбе» (1835) могут показаться перспективными кандидатами на роль представителей братства, когда они отправляются сражаться вместе со своим отрядом запорожских казаков, но Гоголь мало связывает братьев друг с другом, сосредоточившись вместо этого на отношениях отца с сыновьями. Их отношения не являются микрокосмом казачьего братства[3].

---

[3] Д. П. Святополк-Мирский утверждает, что современный ему русский роман не следовал ни за Пушкиным, ни за Гоголем, но «снова обратился к зарубежному руководству» [Святополк-Мирский 2018]. Поскольку Пушкин и Гоголь не придавали большого значения братьям и сестрам, точка зрения Мирского согласуется с моим предположением, что изучать отношение Толстого и Достоевского к братьям и сестрам следует в связи с вдохновившими их английскими семейными романами.

Значимость позитивных, хорошо развитых отношений между братьями и сестрами также может ограничиваться материальным, социальным и эмоциональным планами. Тургеневские «Отцы и дети» (1862) — вполне естественно — обычно анализируются как квинтэссенция конфликта поколений, хотя братья и сестры занимают видное место в жизни героев романа. Николай Петрович обеспечивает жилье и эмоциональную поддержку своему брату Павлу, который, в свою очередь, помогает ему финансово. Анна Одинцова, известная своей независимостью («Одинцова» происходит от слова «один»), на самом деле никогда не была одинока, потому что она отвечает за воспитание своей младшей сестры Кати. Вертикальные отношения оказываются хрупкими, романтические узы — неустойчивыми, тогда как братья и сестры остаются постоянными источниками любви и поддержки, во многом так же, как у Толстого и Достоевского. Однако в планы Тургенева не входило связывать отношения братьев и сестер с чем-либо, выходящим за рамки домашней сферы. Роман Чернышевского «Что делать?» (1863) как раз превращает родственные узы в модель если не всеобщего братства, то структуры идеального общества. Но эта модель существует исключительно на материальном уровне и не имеет более значимых духовных последствий.

Как и в этих примерах из русской литературы, в английских романах, столь любимых Толстым и Достоевским, семейные темы уходили корнями в материальное, повседневное существование. Собственность, богатство, наследство — в числе ключевых проблем, с которыми в английском романе должна справляться семья. Братья обретают значимость как наследники, сестры — как иждивенцы. Социальное положение каждого члена семьи отражается на семье в целом. Таким образом, сестры миссис Талливер должны прийти на помощь, когда ее имущество выставляется на аукцион в «Мельнице на Флоссе» Джордж Элиот (1860), или брат и сестра Эми Доррит упреками вынуждают ее поддерживать «достоинство» их недавно возвысившегося общественного класса (Диккенс, «Крошка Доррит», 1857). В русском романе стыдят отдельных людей; в английском романе от позора нужно защитить «доброе имя» всей семьи[4]. Всегда ощущается, что глаза общества — вездесущие соседи — наблюдают за семьей и выносят порицание, если что-то в ней не соответствует идеалам приличия и хорошего вкуса.

Помимо решения проблем, связанных с общественным положением, семья в английском романе является местом разработки идей о гендере и сексуальности. Ожидалось, что викторианский дом станет убежищем от суровых реалий внешнего мира. В то время как литературная критика традиционно фокусировалась на роли жен и матерей в создании этого домашнего идеала, некоторые более поздние ученые указывают на центральную роль сестры. Отмечая неуместность рассмотрения жены и матери в качестве идеала невинности, Лейла Сильвана Мэй указывает на сестру как на ключевую фигуру в формировании семейного идеала. «В отличие от матери, уже запятнанной нездоровым желанием другого человека, который сам был запятнан своим контактом с миром за пределами стен дома, сестра является святая святых моральной добродетели» [May 2001: 18][5]. Ярчайший пример — Флоренс Домби, воплощение нежной преданности своему брату Полу (Диккенс, «Домби и сын», 1848).

---

4 Мартинсен никогда прямо не говорит об этом в своем исследовании стыда у Достоевского, но она рассматривает стыд только на индивидуальном, а не на семейном уровне [Martinsen 2003]. Единственное важное исключение — сыновьям надлежит восхищаться своими отцами (важная тема и в английском романе). Илюша Снегирев испытывает стыд за отца после того, как Дмитрий жестоко с ним обошелся. Аркадий избавляется от чувства стыда за своего отца, когда Версилов отказывается от денег по его иску. Но эти случаи больше связаны с личной гордостью отцов и сыновей, и меньше — с мыслью о позоре семьи.

5 Далее Мэй усложняет свою точку зрения о ключевой роли, которую играют сестры, воплощающие чистоту домашней сферы, утверждая, что, хотя идеал викторианской семьи зависит от роли сестры, однако, исследуя викторианские романы, мы находим «возражения против мифа о чистоте любви между братом и сестрой; отсюда генезис критического отношения в культуре к идее семьи середины XIX века и, как следствие, основополагающих ценностей самого общества» [May 2001: 82]. Другими словами, в сюжетах о брате и сестре сестра — это понятие, через которое английские романисты рассматривали проблему викторианского идеала семейной чистоты. Возможно, это объясняет, почему так много исследований о братьях и сестрах в английской литературе сосредоточено на вопросах сексуальности.

Как в английском, так и во французском романе XIX века семейные темы часто связаны с моральными вопросами, но их значение по-прежнему коренится в материальных и социальных проблемах. Родители могут учить своих детей христианским добродетелям, но сама семья не используется как воплощение религиозных идеалов. В книге «Как русские читают французов» Присцилла Мейер утверждает, что Толстой и Достоевский использовали в своих романах произведения французской литературы в качестве подтекста, чтобы провести различие между чистыми ценностями России и развращенным Западом.

> Достоевский почитает Бальзака как художника, но хочет придать его романам недостающее духовное измерение; Толстой рад, что француз — Александр Дюма-сын — может серьезно относиться к браку, и поэтому хочет скорректировать его ви́дение брачного союза [Meyer 2008: 11].

Мейер утверждает, что в своих ответах французской литературе Толстой и Достоевский «озабочены более религиозно определяемой духовной истиной» [Ibid.: 12]. Хотя она не обращается конкретно к семье, ее понимание может быть применимо и к их отношению к братьям и сестрам.

И Толстой, и Достоевский подходили ко всем темам с аналогичных духовных позиций. В заголовке моей книги братья и сестры упоминаются как «путь ко всеобщему братству», но это не означает, что именно интерес к динамике реальных родственных связей привел Толстого и Достоевского к принятию духовного идеала братства. Братья и сестры — одно из человеческих сообществ, вокруг которых они синтезировали свое отношение к духовной и материальной реальности. Как явствует из их личной переписки, дневников, записных книжек и других документов, не относящихся к художественной литературе, идеал братства был для них первостепенным[6]. Привнося этот священ-

[6] Сканлан приходит к мысли, что «собственные упования Достоевского были ясны и постоянны: это была мечта о сообществе совершенной христианской любви и братстве, о которых он настойчиво говорил как об основных абсолютных ценностях для всех народов, независимо от “национальной почвы”, на которой они возникли» [Сканлан 2006: 156].

ный идеал в свое творчество, они использовали братьев и сестер для его воплощения. Таким образом, я считаю, что их представления об отношениях братьев и сестер не только сформировали их представления о братстве, — как утверждалось в предыдущих главах, — но и эти идеалы, в свою очередь, сформировали то, как они использовали индивидуальные отношения между братьями и сестрами в своем художественном творчестве.

Позволю себе привести пример. В английском романе, если Элизабет и Джейн Беннет или Мэгги и Том Талливер любят друг друга, это имеет значение только на индивидуальном уровне; это ничего не говорит нам о том, что два незнакомых человека — или даже соседи — должны относиться друг к другу с любовью. Однако, когда Иван Карамазов любит Дмитрия, это действительно кое-что говорит нам об универсальном качестве братской любви. Хотя можно было бы возразить, что это происходит потому, что, образно говоря, путь ко всеобщему братству обычно лежит через братьев, а не через сестер (или братьев и сестер), это возражение, по сути, подводит нас к поразительному наблюдению о различиях между русской и английской традициями: в английском романе XIX века почти нет значимых отношений между братьями[7]. Этот факт подчеркивает разницу в функциях, которые могут выполнять братья и сестры в двух национальных литературах. Взяв конкретную, материальную идею братских отношений, — которую мы находим в английских семейных романах, — и перенеся ее в область философии, Толстой и Достоевский поднимают ее на более высокий духовный план[8].

---

[7] Под «значимыми» я подразумеваю либо эмоционально значимые для персонажей, либо структурно значимые для сюжета и/или центральных тем. Это отсутствие отношений между братьями осталось практически незамеченным в исследованиях об отношениях братьев и сестер в английском романе, которые фокусируются в первую очередь на сестрах. Браун ссылается на это упущение в предисловии к [Brown 2003], но только для того, чтобы подкрепить свою точку зрения о важности сестер [Ibid.: vi].

[8] В этом контексте половые различия не имеют значения, что может объяснить, почему Толстой и Достоевский меньше различают отношения между сестрами и братьями.

Возвращаясь к «пути ко всеобщему братству», вынесенному в заголовок книги, по сути, я описала два пути: один для героя, другой для автора[9]. Для героя, находящегося в мире текста и вынужденного делать этический выбор в отношении своей жизни, братство становится моделью для того типа связей, который он хочет создавать. Так обстоит дело с Пьером Безуховым в его поисках братства и причастности, точно так же, как это было с Толстым-человеком (героем его собственных дневников и мемуаров), вспоминающим своих муравейных братьев и экстраполирующим их на свое ви́дение всеобщего единства. Аналогичным образом именно этот путь выбирает Иван Карамазов, проверяя свои философские представления о любви на своем *младшем брате.* И этот же путь укажет Алеша, прося Снегирева принять деньги от Катерины Ивановны как от «сестры». В каждый из этих моментов понимание героями того, что значит быть сестрой или братом, направляет их этический выбор.

В отличие от героя, живущего в реальности текста, автор стоит вне текста, и его задача — эстетическая: изобразить всеобщее братство на страницах завершенного романа в его окончательном варианте. Для Толстого и Достоевского как авторов буквальные родственные отношения становятся путем к изображению их более абстрактных идеалов братства. Таким образом, Достоевский берет разговор между братом и сестрой из «Подростка» и делает его основой для речи Алеши у камня, самого мощного призыва к братству в «Братьях Карамазовых». Именно автор, а не персонажи, опирается здесь на родственную модель. Когда Толстой пытается изобразить войну и армию в трилогии «Севастопольские рассказы», он переходит от практически документального повествования о путешествии в «Севастополе в декабре» к более беллетризованному «Севастополю в мае» и к полностью вымышленному «Севастополю в августе», и в этот момент в центре этой истории внезапно появляется пара братьев. Они служат литературным инструментом Толстого для изо-

---

[9] Здесь я опираюсь на формулировку М. М. Бахтина из его ранней работы «Автор и герой в эстетической деятельности» [Бахтин 2022: 128–130].

бражения его идеала братства. В художественном мире пара братьев может стать синекдохой для братства российской армии.

Толстой и Достоевский как авторы использовали разные приемы, чтобы передать чувство братства через изображение индивидуальных родственных уз. Толстой опирается на то, что Ричард Густафсон называет «эмблематическим реализмом».

> Изображаемая реальность включает в себя мир в нашем обычном понимании, во всей его психологической, общественной, экономической и исторической сложности. Это реализм. Но концепция реальности расширяется за пределы исторического материального мира, дабы открыть Божественное внутри и вовне. История, культура, природа и человеческая психология превосходят свои материальные границы, и открывается дух. Следовательно, в эмблематическом реализме Толстого обозначаемое есть эта расширенная реальность, которая сама воплощает и открывает нравственную и духовную истину как персонажам, так и читателям [Густафсон 2003: 211][10].

В эмблематическом реализме взаимодействие между сестрой и братом происходит в двух плоскостях: как утверждение об их индивидуальной связи и как отражение духовного принципа братства — присутствия Бога во всех и всех в Боге. У Достоевского каждая индивидуальная связь также является проверкой идеала братства во Христе и его воплощения в нашем мире. Конкретные пары братьев и сестер воплощают деятельную любовь, которая подкрепляет философские взгляды Достоевского. Я считаю, что этот двусторонний подход — один из ключевых элементов, отличающих произведения Достоевского и Толстого от буржуазных романов их века.

В русской беллетристике конца XIX века было больше причин, чем когда-либо, использовать братьев и сестер таким многознач-

---

[10] Донна Орвин высказывает аналогичную точку зрения, когда утверждает: «Мир, описанный Толстым в “Войне и мире”, не является ни аллегорическим, ни натуралистическим. Он может быть как конкретным, так и духовно значимым» [Orwin 1993: 30].

ным образом. Общеизвестно, что в России из-за жесткой цензуры все основные идеи обсуждались в литературе, а не в сочинениях по философии, политической теории и теологии, как это было в остальной Европе. Как я упоминала во введении, во Франции и Англии всеобщее братство было делом философов и мыслителей — утопистов-социалистов, таких как Фурье и Роберт Оуэн, а в Германии — таких политических теоретиков, как Маркс и Энгельс, которые предавали свои идеи гласности в речах и эссе. В России, где бо́льшая часть дискурса была ограничена жанром, в котором судьбы отдельных вымышленных персонажей могут быть использованы для иллюстрации универсальных истин, из этого следовало, что для авторов, интересующихся темой братства, родственные узы становились идеальным средством передачи этого второго, более высокого уровня смысла. «Братья Карамазовы» — это не просто история одной неблагополучной семьи. И, как показала реакция читателей, коллектив мастерской Веры Павловны в романе «Что делать?», где работницы были друг другу как сестры, рассматривался как общая модель для воплощения в жизнь. Как и произведениям, в которых они описывались, братьям и сестрам в русском романе приходилось нести более тяжелое идеологическое и философское бремя, чем на Западе.

Кода: советские братья и сестры

Заглядывая вперед, в XX век, можно сказать, что в советской литературе братство продолжало оставаться ключевой метафорой. Там, вместо того чтобы действовать на универсальном, духовном уровне, братья и сестры стали частью национальной семьи, преображенной опытом героической революционной борьбы и победы. Фундаментальное исследование советского романа Катерины Кларк проливает свет на распространенную схему семейных метафор, использовавшихся для структурирования советских текстов. Советская литература опирается на идею «большой семьи» государства, которая должна была действовать в сотрудничестве с отдельными нуклеарными семьями («малыми семьями»)[11]. Изначальное обещание Советов было основано на идеале братского равенства, и в первые годы существования страны это обещание часто воплощалось в метафорах братства. Тем не менее, как показывает Кларк, в 1930-е годы произошел сдвиг: «Оппозиция “отцы-дети” пришла на смену идеалу бесконечного “братства” периода первой пятилетки и создала новую модель для определения статуса каждого члена “семьи” в отношении иерархии зрелости и заботы» [Clark 2000: 129]. Анализ Кларк иллюстрирует переход от раннего, полного надежд образа братства обратно к патриархальной структуре отношений отца и сына, по мере того как первоначальный идеал социалистического равенства заменялся гораздо более зловещим ви́дением патернализма элиты, не слишком отличного от «Великого инквизитора» Достоевского. Советский Союз был чем угодно, только не любящей, духовно сплоченной группой сотрудничающих братьев и сестер, которых Толстой и Достоевский надеялись когда-нибудь увидеть. Его даже нельзя было назвать «случайным семейством», поскольку ему не хватало свободы, которая, по убеждению Достоевского, необходима для возникновения деятельной любви. Членов семьи нельзя заставить любить друг друга с помощью указов или принуждения.

И Достоевский, и Толстой обратились к отношениям братьев и сестер, потому что эти отношения сочетают структуру родства и семьи с особым видом любви, который, по их мнению, является необходимым связующим звеном для объединения всего человечества. Хотя любовь находится в центре мировоззрения обоих авторов, ни один из этих писателей не испытывает иллюзий относительно ее неустойчивости, навязчивых идей или ревности. По их мнению, братская любовь избегала наиболее опасных, воспламеняющихся типов привязанности, уделяя максимум внимания более терпеливым и сострадательным. Толстой и Достоевский писали романы, в которых они могли исследовать

---

[11] Эти термины взяты из этнографических исследований семьи. Понятия «большая семья» или «семейная община» относятся к группе, состоящей из трех-пяти поколений близких родственников с общими землями, производством, скотом или иной собственностью [Косвен 1963: 6].

идеал людей, объединенных братской любовью[12]. Но все исторические эксперименты в области братства — в периоды как предшествующие, так и следующие за их эпохой — доказали, что людьми нельзя управлять с помощью такого типа любви; порядок неизбежно поддерживается с помощью общественного договора или неравенства власти, которое вынуждает к послушанию или вдохновляет на него. Буквальное братство может стать путем ко всеобщему только в области литературы (или мечты/сна), где могут быть реализованы все наши лучшие идеалы. В этом вымышленном царстве Толстой и Достоевский использовали брата или сестру как повседневное, вездесущее, конкретное напоминание о нашей общей человечности, как «символ» всеобщего братства, о котором всегда мечтали, но который остается мучительно недосягаемым. Наши великие проекты в их мирах могут потерпеть неудачу: сон смешного человека о братстве остается сном, Левин отказывается от возвышенных целей, чтобы заботиться только о своей семье. Но первый шаг к большему единству сделан в тот момент, когда Алеша Карамазов целует своего сомневающегося брата Ивана, а голоса Наташи и Николая Ростовых сливаются в радостной песне.

---

[12] Марта Л. Уилкинсон предлагает интригующе негативное прочтение романа «Что делать?», предполагая, что этот идеал не мог даже возникнуть в «реальности» текста, а только в снах Веры [Wilkinson 2008: 78].

Библиография

Аполлонио 2020 — Аполлонио К. Секреты Достоевского: чтение против течения / пер. Е. Цыпина. Бостон; СПб.; Academy Studies Press; Библиороссика, 2020.

Бахтин 2002 — Бахтин М. М. Собр. соч.: в 7 т. Т. 6: Проблемы поэтики Достоевского, 1963. Работы 1960-х — 1970-х гг. М.: Русские словари; Языки славянской культуры, 2002.

Бахтин 2022 — Бахтин М. М. Автор и герой в эстетическом событии. СПб.: Алетейя, 2022.

Бердяев 2016 — Бердяев Н. А. Русская идея. Миросозерцание Достоевского. М.: Изд-во «Э», 2016.

Бердяев 2019 — Бердяев Н. А. Миросозерцание Достоевского. М.: Академический проект, 2019.

Билинкис 1959 — Билинкис Я. С. О творчестве Л. Н. Толстого. Л.: Советский писатель, 1959.

Вересаев 1999 — Вересаев В. В. Живая жизнь: о Достоевском, о Льве Толстой, о Нищце. М.: Республика, 1999.

Вулф 2008 — Вулф В. Русская точка зрения // Миссис Дэллоуэй. На маяк. Орландо. Волны. Флаш. Рассказы. Эссе. М.: АСТ, 2008.

Гегель 2000 — Гегель Г. Феноменология духа. М.: Наука, 2000.

Гоббс 2021 — Гоббс Т. Левиафан. М.: РИПОЛ классик, 2021.

Громова-Опульская 2005 — Громова-Опульская Л. Д. К философии и эстетике братства в художественных произведениях Л. Н. Толстого // Громова-Опульская Л. Д. Избранные труды. М.: Наука, 2005. С. 225–235.

Гроссман 1962 — Гроссман Л. П. Достоевский. М.: Молодая гвардия, 1962.

Гусев 1927а — Гусев Н. Н. Жизнь Льва Николаевич Толстого: Молодой Толстой (1828–1862). М.: Издание Толстовского музея, 1927.

Гусев 1927б — Гусев Н. Н. Жизнь Льва Николаевича Толстого: Л. Н. Толстой в расцвете художественного гения (1862–1877). М.: Издание Толстовского музея, 1927.

Густафсон 2003 — Густафсон Р. Ф. Обитатель и чужак. Теология и художественное творчество Льва Толстого. СПб., 2003.

Достоевский 1972–1990 — Достоевский Ф. М. Полн. собр. соч.: в 30 т. Л.: Наука, 1972–1990.

Ермилов 1961 — Ермилов В. В. Толстой-художник и роман «Война и мир». М.: Гос. изд-во художественной литературы, 1961.

Кант 2000 — Кант И. Лекции по этике. М.: Наука, 2000.

Косвен 1963 — Косвен М. О. Семейная община и патронимия. М.: Изд-во Академии наук СССР, 1963.

Кук 2005 — Кук Б. Толстой и новый дарвинизм: эволюционные структуры в романе «Война и мир» // Лев Толстой и мировая литература. Материалы III Международной научной конференции в Ясной Поляне, 28–30 августа, 2003. Тула: Ясная Поляна, 2005.

Лакан 2014 — Лакан Ж. Семинары. Кн. 3: Психозы / в ред. Ж.-А. Миллера; пер. А. Черноглазова. М.: Гнозис; Логос, 2014.

Маррезе 2009 — Маррезе М. Л. Бабье царство. Дворянки и владение имуществом в России (1700–1861) / пер. Н. Лужецкой. М.: Новое литературное обозрение, 2009.

Маркс, Энгельс 1955 — Маркс К., Энгельс Ф. Соч. М.: Гос. изд-во политической литературы, 1955.

Маркс, Энгельс 2014 — Маркс К., Энгельс Ф. Собр. соч. М.: Директ-Медиа, 2014.

Мейер 2011 — Мейер П. Русские читают французов. Лермонтов, Достоевский, Толстой и французская литература. М.: Три квадрата, 2011.

Мережковский 2000 — Мережковский Д. С. Толстой и Достоевский. М.: Наука, 2000.

Мочульский 1980 — Мочульский К. В. Достоевский. Жизнь и творчество. Paris: YMCA-Press, 1980.

Найденова 1996 — Найденова Л. П. «Свои и чужие» в Домострое: Внутрисемейные отношения в Москве XVI века // Найденова Л. П. Человек в кругу семьи. Очерки по истории частной жизни в Европе до начала нового времени. М.: Издательский центр РГГУ, 1996.

Орвин 2022 — Орвин Д. Следствие самоосознания. Тургенев, Достоевский, Толстой. СПб.: Academic Studies Press / Библиороссика, 2022.

Паперно 1996 — Паперно И. А. Семиотика поведения: Николай Чернышевский — человек эпохи реализма. М.: НЛО, 1996.

Платон 1993 — Платон. Собр. соч.: в 4 т. Т. 2 // Философское наследие. Т. 116. РАН, Институт философии. М.: Мысль, 1993.

Платон 2015 — Платон. Избранные диалоги. М.: Эксмо, 2015.

Померанц 1989 — Померанц Г. С. Открытость бездне: этюды о Достоевском. Нью-Йорк: Liberty, 1989.

Пушкин 1978 — Пушкин А. С. Евгений Онегин. М.: Детская литература, 1978.

Руссо 1981 — Руссо Ж.-Ж. Педагогические соч.: в 2 т. М.: Педагогика, 1981.

Санд 2009 — Санд Ж. Жак. М.: Мир книги; Литература, 2009.

Святополк-Мирский 2018 — Святополк-Мирский Д. П. Пушкин // Известия РАН. Серия литературы и языка. 2018. Т. 77. № 2.

Сказание о Борисе и Глебе 1997 — Сказание о Борисе и Глебе / Библиотека литературы Древней Руси: в 20 т. Т. 1. СПб: Наука, 1997.

Сканлан 2006 — Сканлан Д. Достоевский как мыслитель. М.: Академический проект, 2006.

Соловьев 1990 — Соловьев В. С. Три речи в память Достоевского // О Достоевском: Творчество Достоевского в русской мысли. М.: Книга, 1990.

Соловьев 1988 — Соловьев В. С. Собр. соч.: в 2 т. М.: Мысль, 1988.

Строганов 2008 — Мысль семейная в русской литературе: сборник статей и материалов / ред. М. В. Строганов. Тверь: Марина, 2008.

Строганова 2008 — Строганова Е. Н. Мысль семейная в русской литературе XIX века // Мысль семейная в русской литературе: сборник статей и материалов. Тверь: Марина, 2008.

Руссо 1968 — Руссо Ж.-Ж. Юлия, или Новая Элоиза. М.: Художественная литература, 1968.

Толстая 1978 — Толстая С. А. Дневники: в 2 т. М.: Художественная литература, 1978.

Толстой 1928–1959 — Толстой Л. Н. Полн. собр. соч. (Юбилейное издание): в 90 т. М.: Гос. изд-во художественной литературы, 1928–1959.

Толстой 1960–1965 — Толстой Л. Н. Собр. соч.: в 20 т. М.: Художественная литература, 1960–1965.

Томпсон 2000 — Томпсон Д. «Братья Карамазовы» и поэтика памяти. М.: Академический проект, 2000.

Топоров 1979 — Торопов В. Н. Семантика мифологических представлений о грибах // Балканика: Лингвистические исследования. М.: Наука, 1979.

Ушакин 2004 — Ушакин С. Местоимения: семья как способ организации жизни // Семейные узы: Модели для сборки. М.: Новое литературное обозрение, 2004.

Федотов 2015 — Федотов Г. П. Собр. соч.: в 12 т. М.: Sam & Sam, 2015.

Флоренский 2003 — Флоренский П. А. Столп и утверждение истины. Опыт православной теодиции в двенадцати письмах. М.: АСТ, 2003.

Флоровский 1990 — Флоровский Г. В. Религиозные темы Достоевского // О Достоевском: творчество Достоевского в русской мысли / под ред. Е. Л. Новицкой. М.: Книга, 1990.

Флоровский 1990 — Флоровский Г. В. Религиозные темы Достоевского. О Достоевском: творчество Достоевского в русской мысли. М.: Книга, 1990.

Фрейд 1913 — Фрейд З. Толкование сновидений. М.: Современные проблемы, 1913.

Фрейд 1995 — Фрейд З. Достоевский и отцеубийство. М.: Республика, 1995.

Фрейд 2012 — Фрейд З. Неудовлетворенность культурой // Фрейд З. Малое собр. соч. СПб.: Азбука, 2012. С. 907–990.

Фрейд 2016 — Фрейд З. Достоевский и отцеубийство // Фрейд З. Хрестоматия: в 3 т. Т. 3: Изобразительное искусство и литература. М.: Когито-центр, 2016. С. 267–286.

Фрейд 2017 — Фрейд З. Об унижении любовной жизни / пер. Г. В. Барышниковой // Фрейд З. Очерки по психологии сексуальности. М.: Эксмо, 2017. С. 78–84.

Фрейд 2005 — Фрейд З. Тотем и табу. М.: Азбука-классика, 2005.

Фрейд 2020а — Фрейд. З. Введение в психоанализ. М.: РИПОЛ классик, 2020.

Фрейд 2020б — Фрейд З. Толкование сновидений / пер. с нем. М. К. и Я. М. Коганов. М.: Академический проект, 2020.

Фридлендер 1985 — Фридлендер Г. М. Достоевский и мировая литература. Л.: Советский писатель, 1985.

Чернышевский 2023 — Чернышевский Н. Г. Что делать? М.: Детская литература, 2023.

Шекспир 1959 — Шекспир У. Полн. собр. соч.: в 8 т. М.: Искусство, 1959.

Шопенгауэр 2011 — Шопенгауэр А. Метафизика половой любви. СПб.: Азбука-классика, 2011.

Эйхенбаум 2009 — Эйхенбаум Б. М. Лев Толстой: Исследования. Статьи. СПб.: Факультет филологии и искусств Санкт-Петербургского государственного университета, 2009.

Akhtar, Kramer 1999 — Akhtar S., Kramer S. Beyond the Parental Orbit: Brothers, Sisters, and Others // Brothers and Sisters: Developmental, Dynamic, and Technical Aspects of the Sibling Relationship / ed. by Salman Akhtar and Selma Kramer. Northvale, N.J.: Jason Aronson, 1999. P. 1–24.

Alexandrov 2004 — Alexandrov V. Limits to Interpretation: The Meanings of "Anna Karenina". Madison: University of Wisconsin Press, 2004.

Apollonio 2004 — Appolonio C. Dostoevsky's Secrets: Reading against the Grain. Evanston, Ill.: Northwestern University Press, 2009.

Bank, Kahn 1982 — Bank S. P., Kahn Michael D. The Sibling Bond. New York: Basic Books, 1982,

Barran 1992 — Barran T. Rousseau's Political Vision and Tolstoy's What Is Art? // Tolstoy Studies Journal. 1992. Vol. 5.

Barran 2002 — Barran T. Russia Reads Rousseau, 1762–1825. Evanston, Ill.: Northwestern University Press, 2002.

Bartlett 2011 — Bartlett R. Tolstoy: A Russian Life. Boston: Houghton Mifflin Harcourt, 2011.

Bayley 1967 — Bayley J. Tolstoy and the Novel. New York: Viking, 1967.

Beer 2009 — Beer G. Darwin's Plots: Evolutionary Narrative in Darwin, George Eliot, and Nineteenth-Century Fiction. Cambridge: Cambridge University Press, 2009.

Benson 1973 — Benson R. Crego Women in Tolstoy: The Ideal and the Erotic. Urbana: University of Illinois Press, 1973.

Berlin 1994 — Berlin I. The Hedgehog and the Fox // Russian Thinkers. London: Penguin Books, 1994. P. 22–81.

Berman 2009 — Berman A. Siblings in The Brothers Karamazov // The Russian Review. 2009 (April). Vol. 68. P. 263–282.

Bernard et al — Bernard Claudie, Massol Chantal, Roulin Jean-Marie. Adelphiques: Soeurs et frères dans la littérature française du XIXe siècle. Paris: Éditions Kimé, 2010.

Blake 2006 — Blake E. Sonya, Silent No More: A Response to the Woman Question in Dostoevsky's 'Crime and Punishment // Slavic and East European Journal. 2006. Vol. 50. № 2. P. 252–271.

Blank 2010 — Blank K. Dostoevsky's Dialectics and the Problem of Sin. Evanston, Ill.: Northwestern University Press, 2010.

Bouchenafa 2004 — Bouchenafa H. Mon amour, ma soeur: L'imaginare de l'inceste frèressoeur dans la literature européenne à la fin du XIXe siècle. Paris: L'Harmattan, 2004.

Bowlby 1988 — Bowlby J. A Secure Base: Parent-Child Attachment and Healthy Human Development. New York: Basic Books, 1988.

Briggs 2009 — Briggs K. Jane How Dostoevsky Portrays Women in His Novels: A Feminist Analysis. Lewiston, N.Y.: Edwin Mellen, 2009.

Brooks 1984 — Brooks P. Reading for the Plot: Design and Intention in Narrative. New York: Alfred A. Knopf, 1984.

Broughton, Rogers 2007 — Broughton T., Rogers H. Introduction: The Empire of the Father // Gender and Fatherhood in the Nineteenth Century / ed. by Trev Lynn Broughton and Helen Rogers. Houndmills, Eng.: Palgrave Macmillan, 2007. P. 1–28.

Brown 2003 — Brown S. Devoted Sisters: Representations of the Sister Relationship in Nineteenth-Century British and American Literature. Aldershot, Eng.: Ashgate, 2003.

Carter 1991 — Carter K. S. The Political and Social Thought of F. M. Dostoevsky. New York: Garland, 1991.

Christian 1969 — Christian R. F. Tolstoy: A Critical Introduction. Cambridge: Cambridge University Press, 1969.

Clark 2000 — Clark K. The Soviet Novel: History as Ritual. Bloomington: Indiana University Press, 2000.

Cohen 1995 — Cohen M. Sisters: Relation and Rescue in Nineteenth-Century British Novels and Paintings. Cranbury, N.J.: Associated University Presses, 1995.

Coles 2003 — Coles P. The Importance of Sibling Relationships in Psychoanalysis. London: Karnac, 2003.

Colonna, Newman 1983 — Colonna A., Newman L. The Psychoanalytic Literature on Siblings // The Psychoanalytic Study of the Child. 1983. Vol. 38. P. 285–309.

Cruise 1977 — Cruise E. The Ideal Woman in Tolstoi: Resurrection // Canadian American Slavic Studies. 1977. Vol. 11. № 2. P. 281–286.

Cruise 2002 — Cruise E. Women, Sexuality, and the Family in Tolstoy // The Cambridge Companion to Tolstoy / ed. by Donna Tussing Orwin. Cambridge: Cambridge University Press, 2002. P. 191–205.

Cunningham 2001 — Cunningham D. The Brothers Karamazov as Trinitarian Theology // Dostoevsky and the Christian Tradition / ed. by George Pattison and Diane Oenning Thompson. Cambridge: Cambridge University Press, 2001. P. 134–155.

Curtis 2004 — Curtis L. Raskolnikov's Sexuality // Raskolnikov and Svidrigailov / ed. by Harold Bloom. Philadelphia: Chelsea House, 2004. P. 135–151.

Dalton 1989 — Dalton E. Myshkin and Rogozhin: From Unconscious Structure in 'The Idiot': A Study in Literature and Psychoanalysis // Russian Literature and Psychoanalysis / ed. by Daniel Rancour-Laferriere. Amsterdam: John Benjamins, 1989. P. 89–100.

Davidoff 2012 — Davidoff L. Thicker than Water: Siblings and Their Relations 1780–1920. Oxford: Oxford University Press, 2012.

Derrida 1986 — Derrida J. Glas / trans. by John P. Leavey, Jr. and Richard Rand. Lincoln: University of Nebraska Press, 1986.

Donskov, Woodsworth 1996 — Donskov A., Woodsworth J. Lev Tolstoy and the Concept of Brotherhood. Proceedings of a Conference Held at the University of Ottawa 22–24 February 1996. New York: Legas, 1996.

Drozd 2001 — Drozd A. Chernyshevskii's "What Is to Be Done?": A Reevaluation. Evanston, Ill.: Northwestern University Press, 2001.

Egeberg 1997 — Egeberg E. How Should We Then Read The Idiot? // Celebrating Creativity: Essays in Honor of Jostein Børtnes / ed. by Knut Andreas Grimstad and Ingunn Lunde. Bergen: University of Bergen, 1997. P. 163–169.

Emerson 2004 — Emerson C. Zosima's 'Mysterious Visitor': Again Bakhtin on Dostoevsky, and Dostoevsky on Heaven and Hell // A New Word on "The Brothers Karamazov" / ed. by Robert Louis Jackson. Evanston, Ill.: Northwestern University Press, 2004. P. 155–179.

Engel 1983 — Engel B. Mothers and Daughters: Women of the Intelligentsia in Nineteenth-Century Russia. Cambridge: Cambridge University Press, 1983.

Fedotov 1960 — Fedotov G. The Russian Religious Mind: Kievan Christianity from the Tenth to the Thirteenth Centuries. New York: Harper and Brothers, 1960.

Frenchel 2003 — Frenchel G. The Status of Siblings in Psychoanalysis: A Missed Opportunity // Issues in Psychoanalytic Psychology. 2003. Vol. 25. № 2. P. 5–12.

Feuer 1986 — Feuer K. Introduction // Nikolai Chernyshevsky. What Is to Be Done? Ann Arbor, Mich.: Ardis, 1986. P. xii–xxxiii.

Feuer 1996 — Feuer K. Tolstoy and the Genesis of War and Peace / ed. by Robin Feuer Miller and Donna Tussing Orwin. Ithaca, N.Y.: Cornell University Press, 1996.

Fox 1962 — Fox J. Sibling Incest // The British Journal of Sociology. 1962. Vol. 13. № 2. P. 128–150.

Frank 1976 — Frank J. Dostoevsky: The Seeds of Revolt 1821–1849. Princeton, N.J.: Princeton University Press, 1976.

Frank 1995 — Frank J. Dostoevsky: The Miraculous Years 1865–1871. Princeton, N.J.: Princeton University Press, 1995.

Frank 2002 — Frank J. Dostoevsky: The Mantle of the Prophet 1871–1881. Princeton, N.J.: Princeton University Press, 2002.

Fusso 2002 — Fusso S. Dostoevskii and the Family // The Cambridge Companion to Dostoevskii / ed. by W. J. Leatherbarrow. Cambridge: Cambridge University Press, 2002. P. 175–190.

Fusso 2006 — Fusso S. Discovering Sexuality in Dostoevsky. Evanston, Ill.: Northwestern University Press, 2006.

Furtell 1995 — Furtell M. Dostoevskii and Dickens // Dostoevskii and Britain / ed. by W. J. Leatherbarrow. Oxford: Berg, 1995. P. 83–122.

Galie 2007 — Galie J. The Clan, the Clique, and the Alien in Russian Literature and Society. Ph.D. diss., Columbia University, 2007.

Girard 1965 — Girard R. Deceit, Desire, and the Novel: Self and Other in Literary Structure / trans. by Yvonne Freccero. Baltimore: Johns Hopkins University Press, 1965.

Girard 1997 — Girard R. Resurrection from the Underground / ed. and trans. by James G. Williams. New York: Crossroad, 1997.

Golstein 2004 — Golstein V. Accidental Families and Surrogate Fathers: Richard, Grigory, and Smerdyakov // A New Word on "The Brothers Karamazov" / ed. by Robert Louis Jackson. Evanston, Ill.: Northwestern University Press, 2004. P. 90–106.

Gray, Steinberg 1999 — Gray M., Steinberg L. Adolescent Romance and the Parent-Child Relationship: A Contextual Perspective // The Development of Romantic Relationships in Adolescence / ed. by Wyndol B. Furman, Bradford Brown, and Candice Feiring. Cambridge: Cambridge University Press, 1999. P. 235–265.

Grenier 2001 — Grenier S. Representing the Marginal Woman in Nineteenth Century Russian Literature: Personalism, Feminism, and Polyphony. Westport, Conn.: Greenwood, 2001.

Gruner 1993 — Gruner E. R. Loving Difference': Sisters and Brothers from Frances Burney to Emily Brontë. Ohio: Bowling Green State University Popular Press, 1993

Gustafson 1978 — Gustafson R. The Three Stages of Man // Canadian-American Slavic Studies 12, № 4 (1978): 481–518.

Herman 1995–1996 — Herman D. Allowable Passions in Anna Karenina // Tolstoy Studies Journal. 1995–1996. Vol. 8. P. 5–32.

Hobbes 1996 — Hobbes T. Leviathan. Oxford: Oxford University Press, 1996.

Holbrook 1997 — Holbrook D. Tolstoy, Woman, and Death: A Study of "War and Peace" and "Anna Karenina." Madison, N.J.: Fairleigh Dickinson University Press; London: Associated University Presses, 1997.

Hollander 1974 — Hollander R. The Apocalyptic Framework in Dostoevsky's The Idiot // Mosaic. 1974. Vol. 7. P. 123–139.

Holquist 1977 — Holquist M. Dostoevsky and the Novel. Princeton, N.J.: Princeton University Press, 1977.

Hong 1995 — Hong H. "Historical Introduction" to Works of Love, by Søren Kierkegaard. Princeton, N.J.: Princeton University Press, 1995. P. ix–xvi.

Hooper 2001 — Hooper C. Forms of Love: Vladimir Solov'ev and Lev Tolstoy on Eros and Ego // Russian Review. 2001. Vol. 60. № 3. P. 360–380.

Hruska 2007 — Hruska A. Love and Slavery: Serfdom, Emancipation, and Family in Tolstoy's Fiction // Russian Review. 2007. Vol. 66. № 4. P. 627–646.

Hudson 1992 — Hudson G. Sibling Love and Incest in Jane Austen's Fiction. Houndmills, Eng.: Macmillan, 1992.

Hudspith 2004 — Hudspith S. Dostoevsky and the Idea of Russianness: A New Perspective on Unity and Brotherhood. London: Routledge-Curzon, 2004.

Hunt 1992 — Hunt L. The Family Romance of the French Revolution. Berkeley: University of California Press, 1992.

Hogg 1925 — Hogg J. E. Love Thy Neighbor // The American Journal of Semitic Languages and Literatures. 1925. Vol. 41, № 3. P. 197–198.

Ivanits 2002 — Ivanits L. The Other Lazarus in *Crime and Punishment* // The Russian Review. 2002. Vol. 61, № 3. P. 341–357.

Jackson 1993 — Jackson R. L. Dialogues with Dostoevsky: The Overwhelming Questions. Stanford, Calif.: Stanford University Press, 1993.

Jackson 2004 — Jackson R. Alyosha's Speech at the Stone: "The Whole Picture" // A New Word on "The Brothers Karamazov" / ed. by Robert Louis Jackson. Evanston, Ill.: Northwestern University Press, 2004. P. 234–253.

Jahn 1982 — Jahn G. The Unity of Anna Karenina // Russian Review. 1982. Vol. 41, № 2. P. 144–158.

Jahn 1996 — Jahn G. Brother or Other: Tolstoy's Equivocal Surrender to the Concept of Brotherhood // Lev Tolstoy and the Concept of Brotherhood:

Proceedings of a Conference Held at the University of Ottawa, 22–24 February 1996 / ed. by A. Donskov, J. Woodsworth. New York: Legas, 1996. P. 71–87.

Jones 1978 — Jones M. V. Problems of Communication in *Anna Karenina* // New Essays on Tolstoy / ed. by M. Jones. Cambridge: Cambridge University Press, 1978 .

Jones 1997 — Jones M. V. The Death and Resurrection of Orthodoxy in the Works of Dostoevskii / Cultural Discontinuity and Reconstruction: The Byzanto-Slav Heritage and the Creation of a Russian National Literature in the Nineteenth Century. Oslo: Solum forlag A/S, 1997.

Jones 1999 — Jones M. Sisters and Rivals: Variations on a Theme in Dostoevskii's Fiction // Die Wirklichkeit der Kunst und das Abenteuer der Interpretation: Festschrift für Horst-Jürgen Gerigk / Hg. von K. Manger. Heidelberg: Universitätsverlag C. Winter, 1999. S. 159–169.

Kanzer 1948 — Kanzer M. Dostoyevsky's Matricidal Impulses // Psychoanalytic Review. 1948. Vol. 35. P. 115–125.

Karpushina 2001 — Karpushina O. The Idea of the Family in Tolstoy's *Anna Karenina*: The Moral Hierarchy of Families // *Anna Karenina* on Page and Screen / ed. by H. Goscilo, P. Petrov. Pittsburgh: Dept. of Slavic Languages and Literatures and Center for Russian and East European Studies, University of Pittsburgh, 2001.

Keller 1972 — Keller H. Prince Myshkin: Success or Failure? // Journal of Russian Studies. 1972. Vol. 24. P. 17–23.

Kessous 1996 — Kessous N. Two French Precursors of Marxism: Rousseau and Fourier. Aldershot, Eng.: Ashgate, 1996.

Kilroy 2007 — Kilroy J. Nineteenth-Century English Novel: Family Ideology and Narrative Form. New York: Palgrave Macmillan, 2007.

Kiremidjian 1976 — Kiremidjian D. Crime and Punishment: Matricide and the Woman Question // American Imago. 1976. Vol. 33. P. 403–433.

Kliger, Zakariya 2011 — Kliger I., Zakariya N. Poetics of Brotherhood: Organic and Mechanistic Narrative in Late Tolstoi // Slavic Review. 2011. Vol. 70, № 4. P. 754–772.

Knapp 1995–1996 — Knapp L. The Estates of Pokrovskoe and Vozdvizhenskoe: Tolstoy's Labyrinth of Linkings in *Anna Karenina* // Tolstoy Studies Journal. 1995–1996. Vol. 8. P. 81–98.

Knapp 1998 — Knapp L. Myshkin through a Murky Glass, Guessingly // Dostoevsky's "The Idiot": A Critical Companion / ed. by L. Knapp. Evanston, Ill.: Northwestern University Press, 1998. P. 191–218.

Knapp 1999 — Knapp L. "Tue-la! Tue-le!": Death Sentences, Words, and Inner Monologue in Tolstoy's Anna Karenina and "Three More Deaths" // Tolstoy Studies Journal. 1999. Vol. 11. P. 8.

Knapp 2011 — Knapp L. Loving Your Neighbor in *Middlemarch* and *Anna Karenina*: Varieties of Multiplot Novels. Conference paper, Washington, D.C., November 2011.

Lary 1973 — Lary N. M. Dostoevsky and Dickens: A Study of Literary Influence. London: Routledge and Kegan Paul, 1973.

Leatherbarrow 1992 — Leatherbarrow W. J. Dostoevsky: The Brothers Karamazov. Cambridge: Cambridge University Press, 1992.

LeBlanc 2011 — LeBlanc R. D. No More Horsing Around: Sex, Love, and Motherhood in Tolstoi's Kholstomer // Slavic Review. 2011. Vol. 70, № 3. P. 545–568.

Lenhoff 1989 — Lenhoff G. The Martyred Princes Boris and Gleb: A Socio-Cultural Stu*dy of the* Cult and the Texts. Columbus, Ohio: Slavica, 1989.

Lesser 1963 — Lesser S. The Role of Unconscious Understanding in Flaubert and Dostoevsky // Daedalus. 1963. Vol. 92, № 2. P. 363–382.

Levin 1992 — Levin, Amy K. The Suppressed Sister: A Relationship in Novels by Nineteenth and Twentieth Century British Women. London: Associated University Presses, 1992.

Lévi-Strauss 1969 — Lévi-Strauss C. The Elementary Structures of Kinship / trans. by J. H. Bell, J. R. von Sturmer, R. Needham. Boston: Beacon, 1969.

Lonnqvist 2005 — Lonnqvist B. The Role of the Serbian War in Anna Karenina // Tolstoy Studies Journal. 2005. Vol. 17. P. 35–42.

Love 2008 — Love J. A Guide for the Perplexed. London: Continuum International, 2008.

Lower 1969 — On Raskolnikov's Dreams in Dostoyevsky's Crime and Punishment // Journal of the American Psychoanalytic Association. 1969. Vol. 17. P. 728–742.

MacCannell 1991 — MacCannell J. F. The Regime of the Brother: After the Patriarchy. London: Routledge, 1991.

MacPike 1981 — MacPike L. Dostoevsky's Dickens: A Study of Literary Influence. Totowa, N.J.: Barnes and Noble Books, 1981.

Mandelker 1993 — Mandelker A. Framing "Anna Karenina": Tolstoy, the Woman Question, and the Victorian Novel. Columbus: Ohio State University Press, 1993.

Martinsen 2003 — Martinsen D. A. Surprised by Shame: Dostoevsky's Liars and Narrative Exposure. Columbus: Ohio State University Press, 2003.

Matich 2005 — Matich O. Erotic Utopia: The Decadent Imagination in Russia's Fin de Siècle. Madison: University of Wisconsin Press, 2005.

Maude 2008 — Maude A. The Life of Tolstoy. Ware, Eng.: Wordsworth Editions, 2008.

May 2001 — May L. S. Disorderly Sisters: Sibling Relations and Sororal Resistance in Nineteenth Century British Literature. Lewisburg, Pa.: Bucknell University Press; London: Associated University Presses, 2001.

McLean 2008 — McLean H. In Quest of Tolstoy. Boston: Academic Studies, 2008.

Medzhibovskaya 2008 — Medzhibovskaya I. Tolstoy and the Religious Culture of His Time: A Biography of a Long Conversion, 1845–1887. Lanham, Md.: Lexington Books, 2008.

Meerson 1998 — Meerson O. Dostoevsky's Taboos. Dresden: Dresden University Press, 1998.

Metzele 1996 — Metzele J. Tolstoy's Late Prose // Lev Tolstoy and the Concept of Brotherhood: Proceedings of a Conference Held at the University of Ottawa 22–24 February 1996 / ed. by Andrew Donskov and John Woodsworth. New York: Legas, 1996. P. 152–167.

Meyer 2008 — Meyer P. How the Russians Read the French: Lermontov, Dostoevsky, Tolstoy. Madison: University of Wisconsin Press, 2008.

Miller R. C. 1982 — Miller R. C. The Biblical Story of Joseph in Dostoevskii's The Brothers Karamazov // Slavic Review. 1982. Vol. 41. № 4. P. 653–665.

Miller R. F. 1981 — Miller R. F. Dostoevsky and "The Idiot": Author, Narrator, and Reader. Cambridge, Mass.: Harvard University Press, 1981.

Miller R. F. 1992 — Miller R. F. The Brothers Karamazov: Worlds of the Novel. New York: Twayne, 1992.

Mitchell 2000 — Mitchell J. Mad Men and Medusas: Reclaiming Hysteria. New York: Basic Books, 2000.

Mitchell 2003 — Mitchell J. Siblings: Sex and Violence. Cambridge, Eng.: Polity, 2003.

Mitchell 2005 — Mitchell J. "A Conversation with Juliet Mitchell." October 113 (Summer 2005): 9–26.

Morgan 1964 — Morgan D. N. Love: Plato, the Bible and Freud. Englewoods Cliffs, N.J.: Prentice Hall, 1964.

Morson 1986 — Morson G. S. Verbal Pollution in The Brothers Karamazov // Critical Essays on Dostoevsky / ed. by Robin Feuer Miller. Boston, Mass.: G. K. Hall, 1986. P. 234–242.

Morson 1987 — Morson G. S. Hidden in Plain View: Narrative and Creative Potentials in "War and Peace." Stanford, Calif.: Stanford University Press, 1987.

Morson 1988 — Morson G. S. Prosaics in Anna Karenina // Tolstoy Studies Journal. 1988. Vol. 1. P. 1–12.

Morson 1991 — Morson G. S. The Second Dialogue: Two Kinds of Love // Literature, Culture, and Society in the Modern Age: In Honor of Joseph Frank. Part I / ed. by Edward J. Brown. (Stanford Slavic Studies vol. 4:1). Stanford, Calif.: Department of Slavic Languages and Literatures, Stanford University, 1991. P. 367–379.

Morson 1994 — Morson G. S. Introduction // Dostoevsky F. A Writer's Diary. Vol. 1: 1873–1876. Evanston, Ill.: Northwestern University Press, 1994. P. 1–117.

Morson 2007 — Morson G. S. "Anna Karenina" in Our Time: Seeing More Wisely. New Haven, Conn.: Yale University Press, 2007.

Moss 2009 — Moss A. E. Tolstoy's Politics of Love: "That Passionate and Tender Friendship That Exists Only among Women" // Slavic and East European Journal. 2009. Vol. 53. № 4. P. 566–586.

Murav 1989 — Murav H. Dora and the Underground Man // Russian Literature and Psychoanalysis / ed. by Daniel Rancour-Laferriere. Amsterdam: John Benjamins, 1989. P. 417–430.

Murav 1995 — Murav H. Reading Woman in Dostoevsky // A Plot of Her Own: The Female Protagonist in Russian Literature / ed. by Sona Stephan Hoisington. Evanston, Ill.: Northwestern University Press, 1995. P. 44–57.

Nelson 2007 — Nelson C. Family Ties in Victorian England. Westport, Conn.: Praeger, 2007.

Olson 1997 — Olson L. Russianness, Femininity, and Romantic Aesthetics in War and Peace // Russian Review. 1997. Vol. 56. № 4. P. 515–531.

Orwin 2007 — Orwin D. Consequences of Consciousness: Turgenev, Dostoevsky, and Tolstoy. Stanford, Calif.: Stanford University Press, 2007.

Orwin 1993 — Orwin D. Tolstoy's Art and Thought, 1847–1880. Princeton, N.J.: Princeton University Press, 1993.

Paperno 1988 — Paperno I. Chernyshevsky and the Age of Realism: A Study in the Semiotics of Behavior. Stanford, Calif.: Stanford University Press, 1988.

Perry 2004 — Perry R. Novel Relations: The Transformation of Kinship in English Literature and Culture 1748–1818. Cambridge: Cambridge University Press, 2004.

Piraino 1993 — Piraino A. A Psychological Study of Tolstoy's "Anna Karenina." San Francisco: EmText, 1993.

Popkin 2010 — Popkin C. Teaching 'Literature and Empire': The Case for Anna Karenina. Paper presented at "A Conference in Honor of Robert

L. Belknap: Formulations: Teaching Nineteenth-Century Literature," Columbia University, New York, February 2010.

Rancour-Laferriere 1998 — Rancour-Laferriere D. Tolstoy on the Couch: Misogyny, Masochism and the Absent Mother. New York: New York University Press, 1998.

Rank 1989 — Rank O. "The Double": A Psychoanalytic Study / trans. by Harry Tucker, Jr. London: Maresfield Library, 1989.

Rank 1992 — Rank O. The Incest Theme in Literature and Legend: Fundamentals of a Psychology of Literary Creation / trans. by Gregory C. Richter. Baltimore: Johns Hopkins University Press, 1992.

Reese-Weber, Bartle-Haring 1998 — Reese-Weber, M., Bartle-Haring S. Conflict Resolution Styles in Family Subsystems and Adolescent Romantic Relationships // Journal of Youth and Adolescence 27, № 6 (1998): 735–752.

Reiman 1991 — Reiman J. Moral Philosophy: The Critique of Capitalism and the Problem of Ideology // The Cambridge Companion to Marx / ed. by Terrell Carver. Cambridge: Cambridge University Press, 1991. P. 143–167.

Rice 2006 — Rice J. Dostoevsky's Endgame: The Projected Sequel to The Brothers Karamazov // Russian History/Histoire Russe. 2006. Vol. 33. № 1. P. 45–62.

Rice 1993 — Rice J. Freud's Russia: National Identity in the Evolution of Psychoanalysis. New Brunswick, N.J.: Transaction, 1993.

Richadrson 1985 — Richardson A. The Dangers of Sympathy: Sibling Incest in English Romantic Poetry // Studies in English Literature, 1500–1900. 1985. Vol. 25. № 4. P. 737–754.

Rousseau 1984 — Rousseau J. A Discourse on Inequality / trans. by Maurice Cranston. Harmondsworth, Eng.: Penguin Books, 1984.

Rousseau 1979 — Rousseau J. Emile, or On Education/ trans. by Allan Bloom. New York: Basic Books, 1979.

Rubin 1975 — Rubin G. The Traffic in Women: Notes toward a Political Economy of Sex // Toward an Anthropology of Women / ed. by Rayna Reiter. New York: Monthly Review, 1975. P. 157–210.

Said 1975 — Said E. Beginnings: Intention and Method. New York: Basic Books, 1975.

Sanders 2002 — Sanders V. Brother-Sister Culture in Nineteenth Century Literature: From Austen to Woolf. Houndmills, Eng.: Palgrave, 2002.

Schmidl 1965 — Schmidl F. Freud and Dostoevsky // Journal of the American Psychoanalytic Association. 1965. Vol. 13. P. 518–532.

Schneider 1957 — Schneider J. Das Geschwisterproblem // Geschlect und Gesellschaft. 1913. Bd. 8. S.

Sedgwick 1985 — Sedgwick E. Between Men: English Literature and Male Homosocial Desire. New York: Columbia University Press, 1985.

Seeley 2004 — Seeley F. The Two Faces of Svidrigailov // Raskolnikov and Svidrigailov / ed. by Harold Bloom. Philadelphia: Chelsea House, 2004. P. 81–86.

Shell 1988 — Shell M. The End of Kinship: "Measure for Measure," Incest, and the Ideal of Universal Siblinghood. Stanford, Calif.: Stanford University Press, 1988.

Sherman 1980 — Sherman D. Philosophical Dialogue and Tolstoj's War and Peace // Slavic and East European Journal. 1980. Vol. 24. № 1. P. 14–24.

Silbajoris 1996 — Silbajoris R. The Brotherhood and Solitude of Death in Tolstoy // Lev Tolstoy and the Concept of Brotherhood: Proceedings of a Conference Held at the University of Ottawa 22–24 February 1996 / ed. by Andrew Donskov and John Woodsworth. New York: Legas, 1996. P. 88–101.

Simmons 1960 — Simmons E. Leo Tolstoy. Vol. I: The Years of Development 1829–1879. New York: Vintage Books, 1960.

Singer 1984a — Singer I. The Nature of Love 1: Plato to Luther. Chicago: University of Chicago Press, 1984.

Singer 1984b — Singer I. The Nature of Love 2: Courtly and Romantic. Chicago: University of Chicago Press, 1984.

Slade 1963 — Slade T. Anna Karenina and the Family Ideal // Southern Review. 1963. Vol. 1. P. 85–90.

Snodgrass 1960 — Snodgrass W. Crime for Punishment: The Tenor of Part One // The Hudson Review. 1960. Vol. 13. № 2. P. 202–253.

Spencer 2005 — Spencer J. Literary Relations: Kinship and the Canon 1660–1830. Oxford: Oxford University Press, 2005.

Steiner 1996 — Steiner G. Tolstoy or Dostoevsky: An Essay in the Old Criticism. New Haven, Conn.: Yale University Press, 1996.

Straus 1993 — Straus N. P. "Why Did I Say 'Women!'?" Raskolnikov Reimagined // Diacritics. 1993. Vol. 23, № 1. P. 53–65.

Straus 1994 — Straus N. Dostoevsky and the Woman Question. New York: St. Martin's, 1994.

Sulloway 1996 — Sulloway F. Born to Rebel. New York: Pantheon Books, 1996.

Sutherland 1977 — Sutherland S. Atheism and the Rejection of God: Contemporary Philosophy and "The Brothers Karamazov." Oxford: Basil Blackwell, 1977.

Tanner 1979 — Tanner T. Adultery in the Novel: Contract and Transgression. Baltimore: Johns Hopkins University Press, 1979.

Thompson 1991 — Thompson D. O. "The Brothers Karamazov" and the Poetics of Memory. Cambridge: Cambridge University Press, 1991.

Thompson 1997 — Thompson D. O. Motifs of Compassion in Dostoevskii's Novels // Cultural Discontinuity and Reconstruction: The Byzanto-Slav Heritage and the Creation of a Russian National Literature in the Nineteenth Century / ed. by J. Børtnes, I. Lunde. Oslo: Solum forlag A/S, 1997.

Thorlby 1987 — Thorlby A. Leo Tolstoy: "Anna Karenina." Cambridge: Cambridge University Press, 1987.

Thorslev 1965 — Thorslev P. Incest as Romantic Symbol // Comparative Literature Studies. 1965. Vol. 2. № 1. P. 41–58.

Tovrov 1987 — Tovrov J. The Russian Noble Family: Structure and Change. New York: Garland, 1987.

Turner 1993 — Turner C. A Karenina Companion. Waterloo, Can.: Wilfrid Laurier University Press, 1993.

Turner 1996 — Turner C. Blood Is Thicker than Champagne: The Bonds of Kinship and the Marriage-Bond in Anna Karenina // Lev Tolstoy and the Concept of Brotherhood: Proceedings of a Conference Held at the University of Ottawa 22–24 February 1996 / ed. by Andrew Donskov and John Woodsworth. New York: Legas, 1996. P. 128–141.

Tyrras 1989 — Tyrras N. Whence Came the Innocent Perfection of Prince Myškin? // Slavic and East European Journal. 1989. Vol. 33. № 4. P. 530–538.

Wagner 1994 — Wagner W. Marriage, Property, and Law in Late Imperial Russia. Oxford: Clarendon, 1994.

Wasiolek 1964 — Wasiolek E. Dostoevsky: The Major Fiction. Cambridge, Mass.: MIT Press, 1964.

Wasiolek 1967 — Wasiolek E. The Notebooks for "Crime and Punishment". Chicago: University of Chicago Press, 1967.

Wasiolek 1974 — Wasiolek E. Raskolnikov's Motives: Love and Murder // American Imago. 1974. Vol. 31. P. 252–269.

Wasiolek 1978 — Wasiolek E. Tolstoy's Major Fiction. Chicago: University of Chicago Press, 1978.

Watson 1953 — Watson P. Translator's preface // Anders Nygren. Agape and Eros. Philadelphia: Westminster, 1953. P. v–xvii.

Westermarck 1926 — Westermarck E. A Short History of Marriage. New York: Macmillan, 1926.

Wilkinson 2008 — Wilkinson M. Antigone's Daughters: Gender, Family, and Expression in the Modern Novel. New York: Peter Lang, 2008.

Williams 1997 — Williams J. Foreword // Girard R. Resurrection from the Underground: Feodor Dostoevsky / Ed. and trans. by James G. Williams. New York: Crossroad, 1997. P. 7–14.

Wilson 1988 — Wilson A. Tolstoy. New York: W. W. Norton, 1988.

Woloch 2003 — Woloch A. The One vs. the Many: Minor Characters and the Space of the Protagonist in the Novel. Princeton, N.J.: Princeton University Press, 2003.

Young 2015 — Young S. Mapping St. Petersburg: Experiments in Literary Cartography // Last modified March. 2015. Vol. 10. URL: http://www.mappingpetersburg.org/site/

Young-Bruehl, Bethelard 2000 — Young-Bruehl E., Bethelard F. Cherishment: A Psychology of the Heart. New York: Free, 2000.

Оглавление

Научное издание

Анна А. Берман

БРАТЬЯ И СЕСТРЫ У ТОЛСТОГО И ДОСТОЕВСКОГО
Путь ко всеобщему братству

Директор издательства *И. В. Немировский*
Ответственный редактор *И. Белецкий*
Куратор серии *Р. Борисова*
Заведующая редакцией *Н. Ломтева*

Дизайн *И. Граве*
Редактор *Р. Гарн*
Корректоры *Е. Гайдель, А. Филимонова*
Верстка *Е. Падалки*

Подписано в печать 29.09.2024.
Формат издания 60 × 90 1/16. Усл. печ. л. 00,0.
Тираж 200 экз.

Academic Studies Press
1577 Beacon Street, Brookline, MA 02446 USA
https://www.academicstudiespress.com

ООО «Библиороссика».
198207, г. Санкт-Петербург, а/я № 8

Эксклюзивные дистрибьюторы:
ООО «Караван»
ООО «КНИЖНЫЙ КЛУБ 36.6»
http://www.club366.ru
Тел./факс: 8(495)9264544
e-mail: club366@club366.ru

Книги издательства можно купить
в интернет-магазине: www.bibliorossicapress.com
e-mail: sales@bibliorossicapress.ru

Знак информационной продукции согласно
Федеральному закону от 29.12.2010 № 436-ФЗ

www.ingramcontent.com/pod-product-compliance
Lightning Source LLC
Chambersburg PA
CBHW060629310726
48982CB00003B/715

* 9 7 9 8 8 8 7 1 9 7 0 2 9 *